Dr. Jaerock Lee oli kuoleman porteilla seitsemän vuoden ajan hänen kärsiessään useista eri sairauksista. Hän kuitenkin parantui täysin kohdatessaan elävän Jumalan. Tästä lähtien Dr. Lee on ollut Jumalan palvelija ja vuonna 1982 hän perusti Manmin keskuskirkon Soulissa, Koreassa. Manmin on viimeisten 27 vuoden aikana kasvanut 100 000 jäseniseksi kirkoksi. Koko uransa aikana Dr. Lee on tuonut esiin Jeesuksen Kristuksen voimaa ja kirkastanut Jumalaa ihmeellisillä merkeillä ja ihmeillä. Lukemattomien silminnähtävien ihmeiden avulla Jumala on vahvistanut yhä uudelleen Dr. Leen julistaman sanoman hän tehdessään ulkomaille suuntautuvia ristiretkiä useisiin eri maihin, kuten esimerkiksi Ugandaan, Japaniin, Pakistaniin, Keniaan, Filippiineille, Hondurasiin, Intiaan, Venäjälle, Saksaan, Peruun, Kongon Demokraattiseen Tasavaltaan, Yhdysvaltojen New Yorkiin sekä Israeliin. Nämä ristretket on välitetty koko maailmalle television ja internetin kautta. Varsinkin hänen voimallinen työnsä "2000 Uganda Holy Gospel Crusade" näkyi CNN-kanavalla (Cable News Network) ja ICC:ssä (Inernational Convention Center) pidetyn "2009 Israel United Crusaden" aikana hän julisti että Jeesus Kristus on Messias. Tämä ristiretki lähetettiin suorana yli 220 maahan. Tähän päivään mennessä Dr. Lee on kirjoittanut 60 elämän kallisarvoisilla sanoilla täytettyä kirjaa ja hän on johdattanut suuren joukon sieluja pelastuksen tielle. Eräs hänen voimallisista teoistaan, *Ristin sanoma,* on herättänyt sieluja hengellisestä unestaan ympäri koko maailman.

Ympäri koko maailman

Jumalan voiman kautta hän on julistanut rohkeasti maailmalle Jumalan olemassaolosta, ihmiskunnan ainoastan Pelastajasta Jeesuksesta Kristuksesta sekä kaikkeen Raamattuun kirjatun totuudenmukaisuudesta!

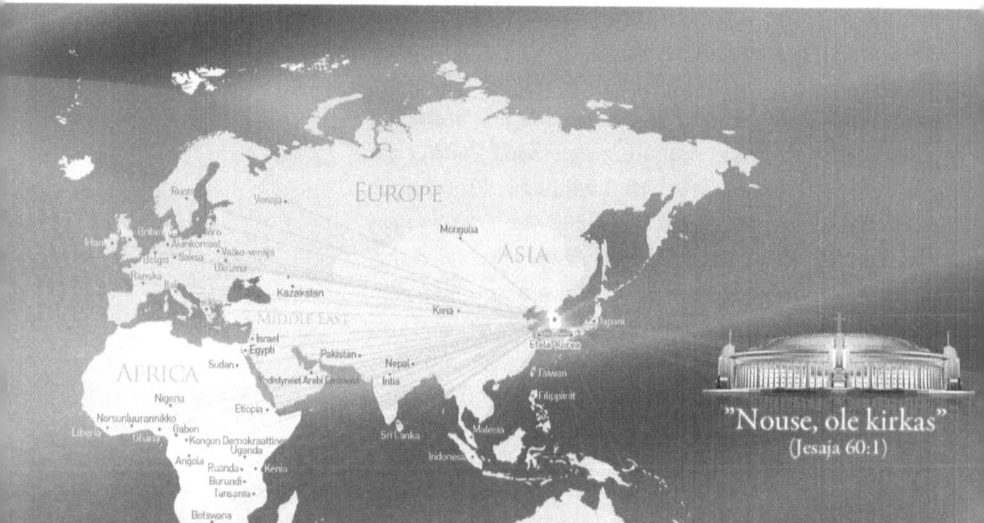

"Nouse, ole kirkas" (Jesaja 60:1)

"Sillä maa on oleva täynnä Herran kunnian tuntemusta, niinkuin vedet peittävät meren" (Habakuk 2:14)

Dr. Jaerock Leen pitämät
kymmenet ulkomaille
suuntautuneet ristiretket ovat
järisyttäneet maailmaa Pyhän
Hengen voimalla

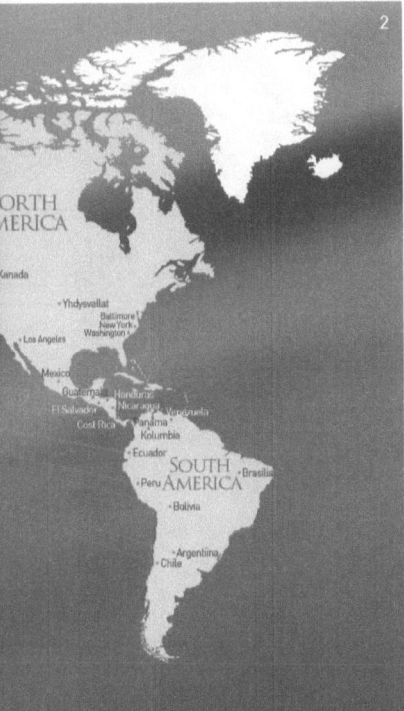

1 Kenian Holy Gospel Crusade
2 Manmin keskuskirkon World Ministries
3 Pakistanin Great United Crusade
4 Ugandan Holy Gospel Crusade
5 Filippiinien Revival and Healing Crusade
6 Hondurasin Miracle Healing Crusade
7 Perun Healing Crusade

Ympäri koko maailman

"Kun Pyhä Henki tulee teihin, niin te saatte voiman, ja te tulette olemaan minun todistajani sekä Jerusalemissa että koko Juudeassa ja Samariassa ja aina maan ääriin saakka." (Ap. t. 1:8)

3

Dr. Jaerock Leen pitämät
kymmenet ulkomaille
suuntautuneet ristiretket ovat
järisyttäneet maailmaa Pyhän
Hengen voimalla

1 Kongon Demokraattisen Tasavallan 'Miracle Healing Festival'
2 Israelin 'United Crusade'
3 New Yorkin ristiretki
4 Saksan 'Healing Festival'
5 Venäjän 'Miracle Healing Festival'
6 Intian 'Miracle Healing Prayer Festival'

GOD is GREAT

Ympäri koko maailman

"Kerran on Jumala sanonut, kahdesti olen sen kuullut: väkevyys on Jumalan." (Psalmi 62:11)

Dr. Jaerock Leen pitämät kymmenet ulkomaille suuntautuneet ristiretket ovat järisyttäneet maailmaa Pyhän Hengen voimalla

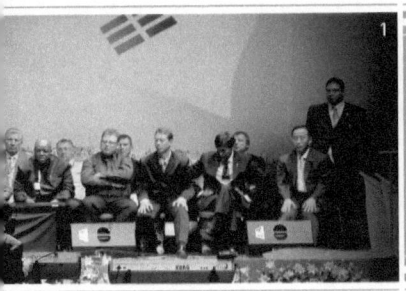

Jumala vahvistaa Hänen läsnäolonsa ja voimansa Dr. Jaerock Leen kautta, ja hänen kauttaan ihmisvoimin mahdottomat raamatulliset parantumistapaukset käyvät toteen tänäkin päivänä. Jokaisen ristiretken aikana lukemattomat ihmiset ovat parantuneet Jumalan voimalla sellaisista parantumattomista sairauksista kuin AIDS ja syöpä sillä hetkellä kun Dr. Lee on rukoillut heidän puolestaan saarnastuolista käsin asettamatta käsiään heidän päälleen.

1 Israelin 'United Crusade'
2 Intian 'Miracle Healing Prayer Festival'
3 Kongon Demokraattisen Tasavallan Joseph Kabilan kutsuvieraana vuonna 2006

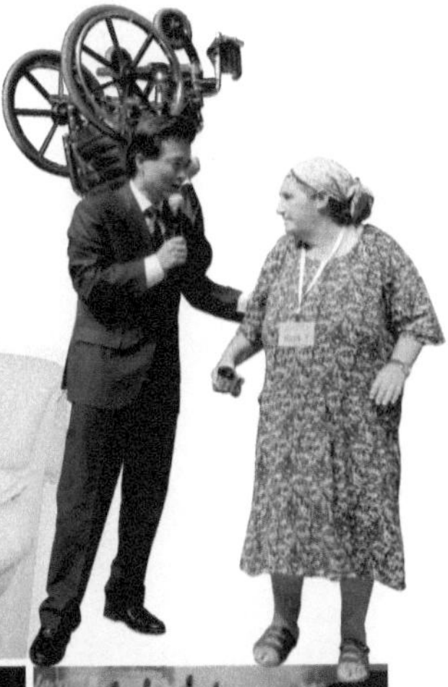

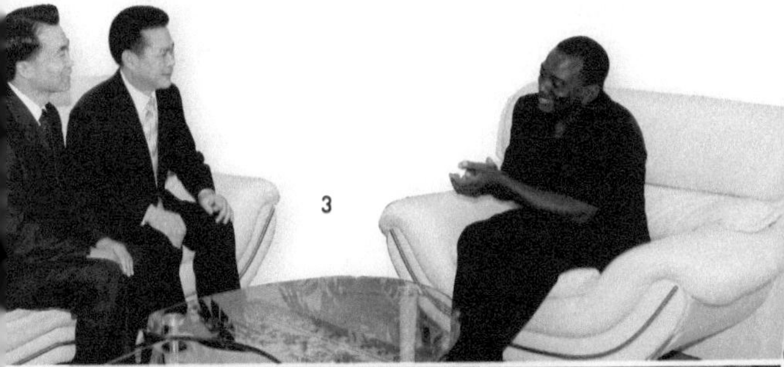

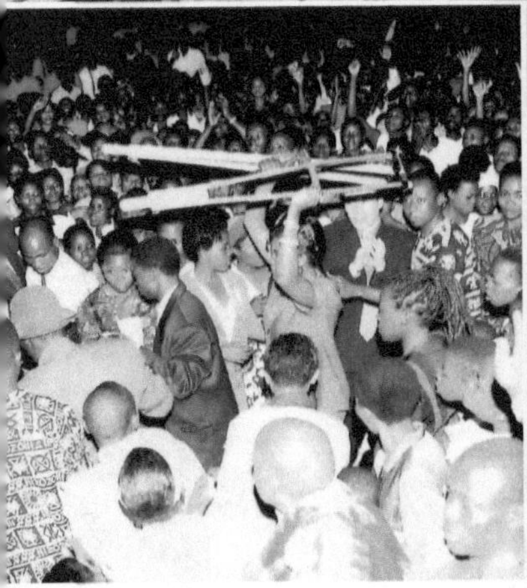

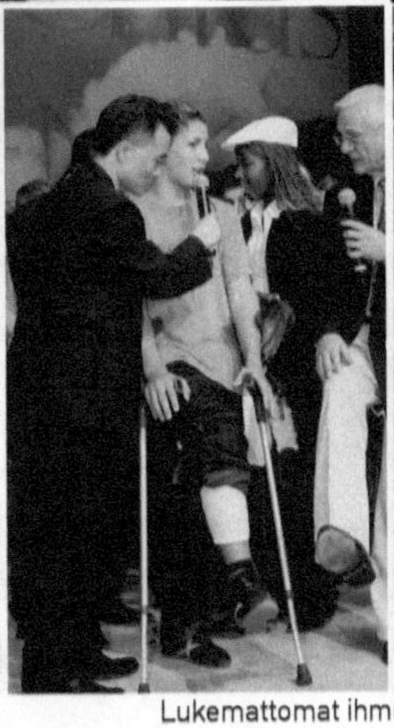

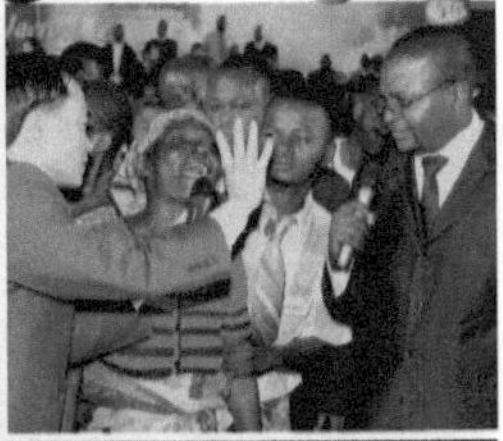

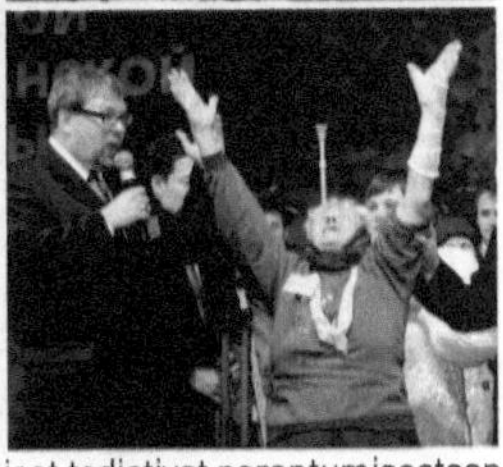

Lukemattomat ihmiset todistivat parantumisestaan

Manmin Keskuskirkko ottaa kansallisen evankelioimisen ja maailmanlaajuisen mission johdon.

Huhtikuussa 2010 Manminilla on 40 sivukirkkoa ja 13 paikallispyhättöä Etelä-Korean suurimmissa kaupungeissa sekä arviolta noin 9000 ulkomaista sivukirkkoa ympäri koko maailman. Jokainen Manmin Keskuskirkon palvelu lähetetään suorana sen korealaisiin sivukirkkoihin sekä useisiin maihin satelliittien "NSS-6" (New Skies Satellites 6), ThaiCom 5 ja GCN:n kautta, ja muualle maailmaan internetin kautta. Tämän lisäksi Manmin ottaa aktiicisesti osaa muunlaiseen työhän julkaisemalla kirjoja, sanomalehtiä ja lehtiä sekä esiintymällä. Manmin on myös maailmanlaajuisen lähetystyön johtotähti valmistautuen Pohjois-Korean lähetystyöhön. Manmin Keskuskirkko on myös saanut tehtäväkseen Suuren pyhätön rakentamisen, mikä tulee paljastamaan Jumalan kirkkautta suurella tavalla.

1 Pääsiäisjuhla
2 Kirkon vuosijuhla
3 Joulun kirkastusseremonia
4 Sadonkorjuujuhlan sunnuntai

5 GCN avajaisseremonia
6 WCDN konferenssi vuonna 2
7 Nissi-orkesteri

"Nouse, ole kirkas, sillä sinun valkeutesi tulee, ja Herran kunnia koittaa sinun yllesi." (Jesaja 60:1)

RISTIN

SANOMA

RISTIN
SANOMA

Tri. Jaerock Lee

URIM
BOOKS

RISTIN SANOMA

Englanninkielinen alkuteos
THE MESSAGE OF THE CROSS by Dr. Jaerock Lee

Julkaisija Urim Books (Edustaja: Seongnam Vin)
235-3, Guro-dong 3, Guro-gu, Soul, Korea
www.urimbooks.com

Julkaistu aikaisemmin koreaksi 2002, Urim Books, Soul, Korea
ISBN: 89-7557-006-1

Ensimmäinen painos kesä / heinäkuu 2010

Toimittanut Dr. Geumsun Vin
Kääntäjä: Henrik Eklund
Suunnittelu: Editorial Bureau of Urim Books
Painaja: Yewon Printing Company
Lisätietoja varten ota yhteyttä: urimbook@hotmail.com

v

ESIPUHE

Toivoen sinun ymmärtävän Jumalan sydämen ja Hänen suuren rakkautensa ja uskosi olevan vakaalla pohjalla.

Ristin sanoma on johdattanut lukemattomia ihmisiä pelastuksen tielle vuodesta 1986 ja esitellyt Pyhän Hengen lukemattomia töitä monilla ulkomaisilla ristiretkillä. Vihdoinkin, Jumala, Isä siunasi minua sen julkaisemisella. Kaikki kiitos siitä Hänelle!

Monet ihmiset sanovat uskovansa Jumalaan, Luojaan ja tietävänsä Hänen poikansa Jeesuksen Kristuksen rakkauden, mutta olevansa kykenemättömiä julistamaan sanaa luottamuksella. Itse asiassa, vain muutamat kristityt ymmärtävät Jumalan sydäntä ja kaitselmusta. Lisäksi, jotkut kristityt ovat Jumalasta erillään, koska he eivät ole joko saaneet selkeitä vastauksia moniin raamatun kysymyksiin, tai eivät ole ymmärtäneet Jumalan rakkauden mysteeristä kaitselmusta.

Esimerkiksi, mitä sanoisit, jos sinulta kysyttäisiin seuraavat kolme kysymystä. "Miksi Jumala loi hyvän ja pahan tiedon puun ja antoi miehen syödä puusta?" "Miksi Jumala loi helvetin ja uhrasi oman poikansa Jeesuksen Kristuksen syntisten puolesta?"

ja "Miksi Jeesus on *ainoa* pelastaja?"

En ymmärtänyt Jumalan syvää luomisen ja Hänen salaista ristiin piilotettua kaitselmustaan useina kristillisen elämäni ensimmäisinä vuosina. Saatuani kutsumuksen sanan lähettilääksi, aloin kysyä itseltäni, "kuinka voin johtaa lukemattomia ihmisiä pelastuksen tielle ja ylistää Jumalaa?" Minulle valkeni, että minun tulisi ymmärtää kaikki raamatun sanat mukaanlukien kohdat, joista on vaiketa saada otetta tulkitsemalla Jumalaa ja saarnata niitä ympäri maailmaa. Paastosin niin usein kuin voin ja rukoilin ymmärrystä. Kului seitsemän vuotta, ennen kuin Jumala alkoi paljastaa sanojaan.

Vuonna 1985 rukoillessani kiihkeästi, minut täytti Pyhä Henki. Henki alkoi tulkita Jumalan salaista kaitselmusta, joka oli ollut piilossa. Se oli "Ristin sanoma," Saarnasin sitä joka sunnuntaiaamu 21 viikkoa. "Ristin sanoman" kasettinauhat ovat vaikuttaneet lukemattomiin ihmisiin niin kotimaassa, kuin ulkomaillakin. Missä tahansa Ristin sanomaa saarnattiin, Pyhä Henki työskenteli kuin roihuava tulipalo. Monet ihmiset katuivat syntejään ja parantuivat sairauksistaan ja vaivoistaan. He heittivät pois epäilyksensä Jumalan kaitselmuksesta ja saivat todellisen uskon, sekä ikuisen elämän. Siihen asti he eivät olleet tietäneet tarkemmin Jumalasta ja hänen syvästä rakkaudestaan. He alkoivat ymmärtää Jumalan suunnitelmaa, tapasivat Hänet ja saivat toivon ikuisesta elämästä tämän sanoman välityksellä.

Jos ymmärrät selvästi, miksi Jumala sijoitti hyvän ja pahan tiedon puun paratiisiin, voit ymmärtää hänen kaitselmuksensa ihmiskunnan kehittämiseksi ja rakastaa Jumalaa vielä entistä aidommin. Sen lisäksi, tietäen oman elämäsi todellisen tarkoituksen, voit taistella syntejäsi vastaan aina verenvuodatukseen asti, voit yrittää parhaasi muistuttaaksesi Herramme Jeesuksen Kristuksen sydäntä ja voit olla uskollinen Jumalalle aina kuolemaan asti.

Ristin sanoma näyttää sinulle ristiin piilotetun Jumalan salaisen kaitselmuksen ja auttaa sinua luomaan vahvan perustan todelliselle ja hyvälle kristilliselle elämälle. Sen vuoksi, kuka tahansa, joka lukee tämän kirjan, tulee ymmärtämään Jumalan syvän kaitselmuksen ja rakkauden, saamaan todellisen uskon, sekä aloittamaan Hänen silmiään miellyttävän kristillisen elämän.

Annan kaiken kiitokseni editointitoimiston johtajalle ja hänen työntekijöilleen, jotka ovat tehneet kaiken voitavansa tämän teoksen julkaisemiseksi. Kiitän myös käännöstoimistoa.

Toivon lukemattomien ihmisten ymmärtävän Jumalan syvän kaitselmuksen, kohtaavan Jumalan rakkauden ja tulevan pelastetuiksi todellisina Jumalan lapsina - kaikkea tätä rukoilen Herramme Jeesuksen Kristuksen nimeen!

Jaerock Lee

JOHDANTO

Ristin sanoma on Jumalan viisaudesta ja voimasta, sekä voimakas viesti, jota kaikkien kristittyjen ympäri maailman tulisi syleillä!

Annan kaiken kiitokseni ja ylistykseni Jumalalle, joka johdatti meidät julkaisemaan Ristin sanoman. Niin monet Manmin jäsenet ympäri maailmaa ovat odottaneet sen julkaisemista. Tämä kirja antaa selkeät vastaukset moniin kristittyjä askarruttaneisiin kysymyksiin. 'Millainen oli Jumala, Luoja ennen kaiken alkua?' 'Miksi Jumala loi ihmisen ja antaa hänen elää tässä maailmassa?' 'Miksi Jumala sijoitti hyvän ja pahan tiedon puun paratiisiin?' 'Miksi Jumala lähetti ainoan poikansa syntien sovittamisuhrina?' 'Miksi Jumala suunnitteli pelastuksen kaitselmuksen käyttämällä karkeaa puuristiä?' ja moniin muihin kysymyksiin.

Tämä kirja sisältää Dr. Jaerock Lee'n saarnaamia hengen täyttämiä viestejä ja valaisee sinut ymmärtämään Jumalan syvän, laajan ja suuren rakkauden.

Kappale 1, "Jumala, Luoja ja raamattu," esittelee sinulle Jumalan ja kuinka Hän työskentelee kanssasi. Tästä kapppaleesta löydät todisteen elävästä Jumalasta ja tajuat raamatun todenperäisyyden ihmiskunnan historian valossa. Lisäksi se todistaa evoluutioteorian vääräksi ja Jumalan luomistyön todeksi.

Kappale 2, "Jumala luo ja vaalii ihmisiä" todistaa, että Jumala loi kaiken maailmankaikkeudessa ja loi ihmisen kuvakseen. Lisäksi tämä luku opettaa sinulle humaanin elämän merkityksen ja Hänen tarkoituksensa kohottamalla ihmiset Hänen todellisiksi hengellisiksi lapsikseen.

Kappale 3, "Tiedon puu hyvästä ja pahasta" antaa vastaukset kristittyjen peruskysymyksiin: Miksi Jumala loi hyvän ja pahan tiedon puun? Tämä luku kertoo syyt yksityiskohtaisesti ja auttaa sinua ymmärtämään Jumalan syvän rakkauden ja arvoituksellisen kaitselmuksen vaalia ihmisiä maailmassa.

Kappale 4, "Ennen aikojen alkua kätketty salaisuus" selittää suhteen maailman lunastuksen lain ja ihmisen pelastumisen hengellisen lain välillä (1. Mooseksen kirja 25). Se myös selittää, että kaikkien ihmisten täytyy kuolla syntiensä tähden, mutta Jumala valmisti heille ihmeellisen pelastuksen tien ennen ajan alkua. Lopuksi se opettaa sinulle, miksi Jumala on salannut pelastuksen tien valitsemaansa hetkeen asti, ja kuinka Jeesus täytti lunastuksen lain ehdot.

Luku 5 "Miksi Jeesus on ainoa pelastajamme?" selittää, kuinka Jumalan suunnitelma ihmisen pelastumisesta, joka on ollut kätkettynä aikojen alusta, toteutui Jeesuksen kautta, syyn hänen ristiinnaulitsemiseensa, Jumalan lasten siunaukset ja oikeudet, Jeesus Kristus nimen merkityksen, syyn, miksi Jumala ei antanut mitään muuta nimeä, kuin Jeesus Kristus, jonka kautta ihminen voi pelastua ja niin edelleen. Tunnet Jumalan mittaamattoman rakkauden, jos ymmärrät tämän kappaleen sisältämän hengellisen merkityksen.

Kappale 6, "Ristin kaitselmus", valottaa Jeesuksen kärsimyksen syvälliset merkitykset. Miksi Jeesus syntyi tallissa ja makasi seimessä, jos hän oli todellinen Jumalan Poika? Miksi hän oli köyhä koko elämänsä? Miksi hänet piiskattiin, kruunattiin orjantappuroilla ja naulattiin ristille käsiensä ja jalkojensa läpi? Miksi hän kärsi kivusta aina kaiken verensä vuodattamiseen asti?

Tämä kappale antaa tarkat vastaukset näihin kysymyksiin ja auttaa sinua ymmärtämään hänen kärsimystensä hengellisen merkityksen. Kaikenlaiset vaivat ja sairaudet, raha-, perhe-, liiketoiminta- ja muut vastaavat ongelmat ratkeavat, kun ymmärrät Jeesuksen kärsimysten hengellisen merkityksen ja uskot siihen. Tämä kappale auttaa sinua tuntemaan Jumalan syvän rakkauden, pääsemään irti kaikesta pahasta, ja osallistumaan jumalallisuuteen.

Kappale 7, "Jeeuksen seitsemän viimeistä sanaa ristillä" selittää näiden sanojen hengellisen merkityksen - sanojen, jotka hän lausui juuri ennen kuolemaansa. Viimeisten seitsemän, ristillä lausutun sanan kautta Hän täytti isältään Jumalalta saamansa tehtävän. Tämä kappale korostaa, että sinun tulisi ymmärtää Jeesuksen suuri rakkaus ihmisiä kohtaan, odottaa Hänen toista tulemistaan ja taistella hyvin loppuun asti ylösnousemuksen toivossa.

Kappale 8, "Tosi usko ja ikuinen elämä" kertoo sinulle meidän tulevan yhdeksi sulhasemme Jeesuksen Kristuksen kanssa vain todellisella uskolla. Raamattu varoittaa meitä niistä, jotka sanovat uskovansa pelastajaan Jeesukseen Kristukseen, mutta jotka eivät pelastu tuomiopäivänä. Raamattu ei painota ainoastaan hyväksymään Jeesusta Kristusta, vaan myös syömään Ihmisen Pojan lihaa ja juomaan Hänen vertaan ikuisen pelastuksen saavuttamiseksi. Sinä voit saada todellisen uskon, joka johtaa sinut pelastuksen tielle, kun syöt Häneen lihaansa ja juot Hänen vertaan. Tämä kappale myös opettaa sinulle, millainen on todellinen usko, kuinka saavutat sen ja mitä sinun tulisi tehdä saavuttaaksesi täyden pelastuksen.

Kappale 9, "Syntyä vedestä ja hengestä" mainitsee ensin keskustelun Jeesuksen ja Nikodemuksen välillä. Tämä keskustelu päättää Ristin sanoman. Sydämesi täytyy uudistua jatkuvasti Pyhästä Hengestä ja vedestä, kunnes Jeesus Kristus palaa ja sinun täytyy pitää koko henkesi, sielusi ja ruumiisi syyttömänä Herramme Jeesuksen Kristuksen toiseen tulemiseen, hetkeen, jolloin Herra vastaanottaa sinut Hänen kauniina morsiamenaan.

Kappale 10, "Mitä on harhaoppi?" syventyy harhaoppisuuden

luonteeseen ja keskustelee negatiivisesta ja väärästä ymmärryksestä, joka monella kristityllä on siitä. Nykyisin momet ihmiset erehtyvät, tai syyttävät Jumalan voimakkaita töitä helposti kerettiläisyydeksi, tai vääriksi, koska he eivät tiedä raamatun määritelmää harhaoppisuudesta. Tämä kappale varoittaa sinua syyttämästä, tai tuomitsemasta Pyhän Hengen töitä kerettiläisyytenä ja selittää, kuinka sinun tulisi erottaa totuuden henki ja vääryyden henki sekä määrittelee harhaoppisuutta. Lopuksi tämä kappale korostaa, että sinun tulisi rukoilla säännöllisesti ja pysyä totuuudessa, ettet lankeaisi väärän hengen kiusauksiin.

Apostoli Paavali sanoi ristin sanomasta, Jumalan viisaudesta, 1. kirjeessään korinttolaisille 1:18, *"Sillä sana rististä on hullutusta niille, jotka kadotukseen joutuvat, mutta meille, jotka pelastumme, se on Jumalan voima."* Kenellä tahansa voi olla todellinen usko, kuka tahansa voi tavata elävän Jumalan ja nauttia täysin kristillisestä elämästä, kun hän ymmärtää ristiin kätketyn salaisuuden ja tajuaa syvän kaitselmuksen Jumalan suuressa rakkaudessa ihmisiin.

Ristin sanoma on elämän perusopetuksia. Sen vuoksi rukoilen Herramme nimeen, että lasket perustuksen kristilliselle elämällesi ja saavutat koko pelastuksen, sekä ikuisen elämän.

Geumsun Vin
Editointitoimiston johtaja

SISÄLLYSLUETTELO

Kappale 1

JUMALA, LUOJA JA RAAMATTU

- Evoluutioteorian harhaluulo
- Jumala on Luoja
- Minä olen se, joka minä olen
- Jumala on kaikkitietävä ja kaikkivaltias
- Jumala on raamatun tekijä
- Raamatun jokainen sana on totta

Alussa Jumala
loi taivaan ja maan.

1. Mooseksen kirja 1:1

Teoriat ihmisskunnan alkuperästä, tai elämästä yleensä on toistaiseksi luonut paljon kiistoja ja erilaisia mielipiteitä. Yleisesti ottaen, ne kuitenkin seuraavat jompaakumpaa alla olevaa kategoriaa: luominen ja evoluutio

Yhtäältä luominen väittää Jumalan suunnitelleen ja luoneen viisaudessaan maailmankaikkeuden ja kaikki asiat. Kaikilla niillä, jotka uskovat luomiseen, on Jumala-keskeinen näkökanta ja he uskovat Jumalan määräävän elämästä ja kuolemasta, ihmiskunnan onnesta ja epäonnesta, ja Hänen täyttävän raamattuun kirjoitetun sanansa. Sen vuoksi, he elävät Jumalan sanan mukaan taivaallisen valtakunnan vastaanottamisen toivossa.

Toisaalta, evolutionistit väittävät kaikkien elollisten olioiden syntyneen spontaanisti kohteista, ilman elämää, ja kehittyneen yksinkertaisista olioista monimutkaisemmiksi olennoiksi. Lisäksi evolutionistit väittävät yhden lajin kehittyneen lukemattomiksi muiksi lajeiksi. He uskovat elämän syntyneen sattumalta. Sen vuoksi, he eivät tunnusta Jumalan, Luojan olemassaoloa, eikä heillä ole toivoa taivaallisesta valtakunnasta. Luonnollisesti heillä on ihmiskeskeinen perspektiivi ja maalliset päämäärät elämässään.

Koska heidän täytyy ratkaista kaikki ongelmansa itse, eikä luottaen Jumalaan, Luojaan, he elävät aina huolestuneina ruuasta, vaatteista ja niin edelleen. Lisäksi, nauttiakseen maallisesta elämästä mahdollisimman paljon, he etsivät epätoivoisesti ja jatkuvasti jotakin täyttämään yksinäisyytensä ja tyhjyytensä. Kuitenkaan mikään tässä maailmassa ei voi tuoda heille todellista iloa. Lopuksi he päätyvät kouralliseksi tuhkaa. Kuinka turhaa tällainen elämänkaari onkaan!

Kaksi tällaista vastakkaista teoriaa vaikuttavat elämän merkitykseen ja tarkoitukseen, ja lopuksi, ne tulevat ratkaisevaksi tekijäksi määräämään, joko ikuisen elämän, tai ikuisen kadotuksen. Tästä syystä selkeä ja oikea ymmärtäminen on välttämätöntä.

Evoluutioteorian harhaluulo

Nykyisin havaitsemme - mitä enemmän tiede kehittyy, sitä enemmän se hylkää evoluution. Itse asiassa on paljon vaikeampaa uskoa evoluutioon, kuin luomiseen. Syventyessäsi evoluution teoriaan tieteellisesti, havaitset todennäköisyyden maailmankaikkeuden ja kaikkien asioiden synnystä pitkän ajanjakson kuluessa olevan vähemmän kuin yksi sadasta miljardista.

Evolutionismi perustuu todentamattomaan hypoteesiin

Evolutionistien mukaan maailmankaikkeus syntyi aikojen alussa suuressa räjähdyksessä. He väittävät vetyä kehittyneen maahan ja aurinkokuntaan. Maassa oleva vesi syntyi maan sisällä olevan hapon neutralisoitumisesta ja emäksestä maan pinnalla. He tulivat johtopäätökseen, että vesi oli liuottanut mineraaleja ja suoloja useita satoja miljoonia vuosia ja muodostanut meret. Merestä nousi elämän organismi, melkeinpä spontaanisesti. Evoluutio perustui alunperin oletuksiin, jotka teki Charles Darwin matkallaan *H.M.S. Beagle* laivalla, viiden vuoden aikana, alkaen vuonna 1831. Matkallaan, havainnoidessaan kasveja ja eläimiä, hän oletti kaikkien kasvien ja eläimien maan päällä kehittyneen alemmista elämänmuodoista korkeampimuotoisiksi, yhdestä lajista erilaisiksi lajeiksi ja ihmisen kehittyneen apinoista.

Darwin, kirjassaan *Lajien syntyperä*, esitti hypoteesin kaikkien elollisten olentojen syntyneen spontaanisti elottomista aineksista. Tämä olettamus ei ole todennettu tosiasia, vaan ainoastaan väliaikainen teoria. Voitko uskoa evoluutioon, perustuen ainoastaan tähän hypoteesiin?

Fossiilit kieltävät evoluution

Voit myös todeta evoluution harhakuvitelman fossiileista. Maanpinnan muutosten johdosta sedimenttiin hautautuneet fossiilit ovat elävien organismien päämäärite, kuolleet ruhot, tai jalanjäljet maassa ovt säilyneet. Yleisesti ottaen, näiden fossiilien on ajateltu olevan evoluutiota tukeva todiste, mutta se ei ole totta.

Sensijaan fossiilit todistavat kaikkien elollisten organismien tulleen luoduksi sellaisina, kuin ovat. Tutkittaessa tähän asti löydettyjä fossiilieja, voidaan havaita eri lajien keskuudessa olevan ilmeisä aukkoja, eikä välimuodon fossiileja ole koskaan löydetty.

On myös todistettu, että ne fossiilit, joiden tulisi tukea hypoteesia ihmisen kehittymisestä apinasta, ovat joko ihmisä, tai apinoita, eivät välimuotoisia eläimiä.

Esimerkiksi, ihmisen leukaluu ja kallo, jotka löydettiin 1912 lähellä Piltdown'ia Englannissa, oli asinatuntijoiden arvion mukaan vähintään 500.000 vuotta vanha. Niitä pidettiin välimuotoisena elämänmuotona, näyttäen ihmisen asteittaisen evoluutioprosessin.

Kuitenkin, huolelliset tutkimukset ja testit paljastivat ihmisen kallon ja apinan leukaluun laitetun yhteen keskenään ja ne olivat vain muutamia tuhansia vuosia vanhoja. Lisäksi todistettiin, että rautaa sisältävää nestettä oli käytetty tahrimaan luita ja niitä oli viilattu tekemään niistä vanhemman näköisiä. Kansainvälisesti tunnustetut tiedemiehet totesivat niiden olevan väärennös, jotkut ihmiset olivat yhdistäneet apinan ja ihmisen luita saattaakseen sen näyttämään ihmisapinalta.

Jopa evolutionistit kiistävät evoluution todellisuuden

Vuonna 1980 kansainvälinen evoluutiokongressi Chicago'ssa Yhdysvalloissa, ironisesti, jopa evolutionistien itsensä toimesta kiisti Darwin'in evoluutioteorian. He korjasivat erittäin paljon teoriaansa ja hyväksyivät, ettei evoluutiota lajista toiseen voi esiintyä.

Evolutionismi, vaikkakin harhaluulo, on tuonut niin paljon

kärsimystä ihmiskunnalle, sillä se antoi perustan kommunismille ja ateismille. Paavalan kirje roomalaisille 1:25 sanoo, *"Sellaisina he ovat vaihtaneet Jumalan totuuden valheeseen ja kunnioittaneet ja palvelleet luotua, sivuuttaen Luojan, joka on ylistetty iankaikkisesti, amen."* Kuten sanottu tässä säkeessä, monien ihmisten arvot olivat niin sekaisin, että he päätyivät kieltämään Jumalan, Luojan.

Sen tähden, materialismiin perustuva kommunismi ja ateismi väheksyivät ihmisen arvokkuutta ja käsittelivät ihmisen elämää katoavaisena ja johtivat suuren määrän ihmisiä terroriin, köyhyyteen ja kuolemaan.

Jumala on Luoja

Tänä päivänä maailmassa on lukemattomia kirjoja, mutta vain raamattu antaa yksityiskohtaiset ja selkeät vastaukset kysymyksiin, koskien maailmankaikkeuden alkuperää ja luomista, sekä ihmiskunnan alkua ja loppua.

Raamattu antaa selkeän vastauksen maailmankaikkeuden ja elämän alkuperään. Mooses 1:1 sanoo, *"Alussa Jumala loi taivaan ja maan"* ja Hebrealaisille 11:3 sanoo, *"Uskon kautta tajuamme, että maailmat ovat rakennetut Jumalan sanalla, niin että se, mikä nähdään ei ole syntynyt näkyväisestä."*

Ei kaikkea näkyvää luotu jostakin jo olemassa olevasta. Se luotiin "ei mistään" Jumalan käskystä.

Ihminen voi luoda jotakin jo jostain olemassa olevasta, kuten muuntaen tai yhdistäen jo olemassa olevia materiaaleja

luodakseen jotakin, muttei voi luoda jotakin "ei mistään".
On mahdotonta kuvitella ihmisen voivan luoda elävän organismin. Vaikka ihminen on kehittänyt tieteellistä teknologiaa riittävästi, luomaan keinotekoista älyä, tietokoneita, tai kloonattuja lampaita, hän ei voi luoda edes ameebaa "ei mistään".
Sen vuoksi, ihmiset vain eristävät eläviä organismeja Jumalan antamista asioista ja yhdistelevät niitä eri tavoin. Sinun tulee tietää, ettei kyseessä ole mitään muuta.
Täten sinun tulisi tietää vain Jumalan olevan kykenevä luomaan jotain "ei mistään." Vain Jumala, Luoja loi maailmankaikkeuden käskystään ja Hän valvoo koko maailmankaikkeutta, maailman historiaa, elämää ja kuolemaa, sekä ihmiskunnan siunausta ja kirousta.

Todiste, joka saa sinut uskomaan Jumalaan, Luojaan

Kaikki - talo, pöytä, tai jopa naula - on jonkun suunnittelema. On sanomattakin selvää, että tälle laajalle maailmankaikkeudelle täytyy olla suunnittelija. Täytyy olla olemassa sen omistaja ja hallitsija. Se on, raamatun toistamiseen sinulle kertoma, Jumala, Luoja.
Kun katsot ympärillesi, näet runsaasti todisteita luomisesta. Helppona esimerkkinä, harkitse maailmassa olevien ihmisten suunnatonta lukumäärää. Riippumatta rodusta, iästä, sukupuolesta, sosiaalisesta asemasta ja niin edelleen, kaikilla on kaksi silmää, kaksi korvaa, nenä, kaksi sierainta ja suu.

Vaikkakin jokaisella eläimellä on lajinsa mukaan pieniä eroavaisuuksia, niillä on kaikilla sama kasvojen rakenne. Esimerkiksi elefantilla on pitkä kärsä, mutta se on keskellä kasvoja ja suun yläpuolella. Se ei ole silmien yläpuolella, suun alapuolella, tai pään päällä. Jokaisella elefantilla on kaksi sierainta, kaksi korvaa ja yksi suu. Kaikilla taivaan linnuilla, kaikilla merien, tai jokien kaloilla on sama rakenne.

Kaikki eläimet eivät ainoastaan jaa samanlaista kasvojen rakennetta, kaikkien imettäväisten ruoansulatus- ja lisääntymisjärjestelmät ovat myös samanlaisia. Samoin jokainen kuluttaa ruokaa suullaan ja mitä menee suuhun, menee vatsalaukkuun ja tulee ulos kehosta. Kaikki imettäväiset parittelevat vastakkaisen sukupuolen kanssa ja synnyttävät jälkeläisiä.

Laittaessasi nämä ilmiselvät asiat yhteen, et voi mitenkään sanoa sen olevan sattumaa, tai evoluution tulevan todistetuksi "vahvimman eloonjäämisellä." Mikään tällainen ei voi koskaan selittää evoluution teoriaa.

Sen vuoksi tosiasia, että ihmiset ja eläimet jakavat saman orgaanisen rakenteen toimii hyvin todisteena Jumalan, Luojan suunnitelleen ja luoneen kaiken. Mikäli Jumala olisi vain yksi monista jumalista, olennoilla olisi eri lukumäärä elimiä, erilaiset rakenteet, sekä asemat.

Sitä paitsi, jos katsot lähemmin luontoa ja maailmankaikkeutta, havaitset niissä vielä enemmän luomisen todisteita. Miten hienoa onkaan tietää, että kaikki aurinkokunnassa, kuten maan kiertäminen ja pyöriminen toimii ilman pienintäkään virhettä!

Katso kelloa ranteessasi. Siinä on iso joukko hienoja ossia. Se ei toimi pienimmänkään osan puuttuessa. Täten, maailmankaikkeus on luotu toimimaan Jumalan kaitselmuksessa.

Esimerkiksi, sen enempää ihminen, kuin muutkaan elämänmuodot eivät voi olla olemassa ilman kuun kiertämistä maan ympäri. Kuu ei voisi olla yhtään lähempänä, tai kauempanan nykyistä asemaansa. Jumala sijoitti sen paikalleen, jotta ihminen voisi elää maassa.

Kuun nykyisestä asemasta johtuen sen vetovoima aiheuttaa mereen nousu- ja laskuveden. Tämä aiheuttaa veden liikkumisen ja puhdistumisen meressä. Vastaavasti, kaikki muukin maailmankaikkeudessa liikkuu tarkasti Jumalan kaitselmuksen mukaisesti.

Miksi jotkut eivät usko Jumalaan, Luojaan?

Jotkut ihmiset uskovat Jumalaan, Luojaan ja elävät Hänen sanansa mukaisesti. Mikseivät ihmiset, jotka osaavat perustella asiansa ja löytää vastauksia tieteestä, usko Jumalaan, Luojaan?

Jos olet oppinut jo lapsuudessa uskollisilta kristityiltä Jumalan olevan elävä ja kaikkivaltias Luoja, on vaikeaa olla uskomatta Jumalaan, Luojaan.

Kuitenkin nykyisin, moniin teistä on vaikuttanut evolutionismi aikuusuutenne aikana ja on olemassa niin paljon "tietoa", joka ei kuitenkaan ole kaikki välttämättä totta. Samoin seurustelette myös niiden kanssa, jotka eivät joko usko Jumalaan, tai kiistävät Hänet.

Elettyäsi tässä ympäristössä, jos menet kirkkoon ja kuulet

Jumalan sanaa, olet usein epäileväinen ja ristiriidassa etkä voi uskoa Jumalaan, Luojaan, koska aikaisempi tietosi on ristiriidassa kirkossa oppimasi ja kuulemasi kanssa.

Vaikkakin kävisit säännöllisesti kirkossa, niin kauan kuin et pääse irti aiemmista ajatuksistasi, tai oppimastasi, sinulla ei voi olla hengellistä uskoa - Jumala loi uskon - se on kaiken epäilyksen yläpuolella.

Et voi uskoa taivaalliseen valtakuntaan, tai helvettiin ilman hengellistä uskoa. Katsot näkyvää maailmaa ainoana maailmana ja elät omaa elämääsi omalla tavallasi.

Kuinka usein näetkään ajassaan todettujen ja hyväksyttyjen teorioiden tulleen käännetyksi päälaelleen, tai tulleen korvatuiksi jälkeenpäin uudella teorialla? Vaikka asia ei olisikaan juuri näin, on totta, että perinteelliset teoriat ja väitteet on jatkuvasti, joko muutettu, tai korvattu myöhemmin löydetyillä uusilla asioilla.

Ajan kuluessa ja tieteen kehittyessä, ihmisillä on parempia selityksiä ja teorioita, vaikkeivat ne olisikaan täydellisiä. En sanoisi monien tieteentekijöiden tutkimusten olevan kokonaan väärässä.

Silti on olemassa monia asioita maailmassa, joita ihmisen kapasiteetti ei riitä selvittämään, tämä tosiasia sinun täytyy hyväksyä.

Esimerkiksi, mitä tulee mailmankaikkeuteen, et ole koskaan ollut maailmankaikkeuden toisella laidalla, tai et ole koskaan mennyt takaisin historillisiin aikoihin. Kuitenkin ihmiset yrittävät selittää maailmankaikkeutta esittämällä kaikenlaisia hypoteeseja ja teorioita.

Ennen kuin ihminen meni kuuhun, me oletimme "Siellä saattaa olla eläviä organismeja, tai ne saattavat olla jossain tässä aurinkokunnassa maan ulkopuolella." Kuitenkin, kuussa käynnin jälkeen, me ilmoitimme "Kuussa ei ole eläviä organismeja." Nykyisin tiedemiehet sanovat, "On mahdollista, että Marsissa on elämää", tai "Punaisella planeetalla on joitain merkkejä vedestä."

Vaikkakin olisit tutkinut ja lisännyt tietämystäsi pitkän aikaa, ellet tunne Jumalan, Luojan tahtoa, voimaa ja kaitselmusta, päädyt huomaamaan ihmisen kapasiteetin rajoitukset.

Senvuoksi Paavalin kirje roomalaisille 1:20 sanoo, *"Sillä Hänen näkymättömät ominaisuutensa, iankaikkinen voimansa ja jumalallisuutensa, ovat, kun niitä Hänen teoissaan tarkastetaan, maailman luomisesta asti nähtävinä, niin etteivät he voi sanoa itseänsä syyttömiksi."*

Kuka tahansa, joka avaa sydämensä ja mietiskelee, voi tuntea Jumalan voiman ja hänen jumalallisen luonteensa sellaisten luomistöiden kautta, kuten aurinko, kuu ja tähdet - asioiden, joiden kautta Jumala sallii sinun tietävän Hänen olemassaolonsa ja uskoa Häneen.

Minä olen se, joka minä olen

Kuullessaan Jumalasta, Luojasta, monet ihmiset saattavat ihmetellä, "Kuinka Hän alun alkaen oli olemassa.?" "Mistä Hän tuli?", tai "Millaisessa olomuodossa Hän oli olemassa?"

Ihmisen tietämys ja ajatukset eivät voi ylittää tiettyä rajaa, mikä sanelee, että kaikella olevaisella tulisi olisi alkunsa ja loppunsa. Senvuoksi vaadimme selkeitä vastauksia tällaisiin kysymyksiin. Kuitenkin Jumalan olemassaolo on ihmisen ymmärryksen yläpuolella, Hän on, joka Hän "oli", ja "on" ja "tulee olemaan."

2. Mooseksen kirja 3 näyttää tapahtuman, jossa Jumala määräsi Mooseksen johtamaan israelilaiset Kaanaan maahan. Mooses puolestaan kysyi Jumalalta, miten hänen tulisi vastata israelilaisille, jos he kysyisivät häneltä Jumalasta.

Tällöin Jumala kertoi Moosekselle, "OLEN KUKA OLEN," ja määräsi hänet sanomaan israelilaisille, "MINÄ OLEN se, mikä olen" (2. Mooseksen kirja 3:14).

"MINÄ OLEN" ovat sanat, joita Jumala käytti itsestään, ja se merkitsee, ettei kukaan synnyttänyt Häntä, tai luonut Häntä vaan, että Hän on täydellinen olevainen, itse Luoja.

Jumala oli valo ja ääni aikojen alussa

Johanneksen evankeliumi 1:1 sanoo, "Alussa oli Sana ja Sana oli Jumalan tykönä ja Sana oli Jumala." Tällä tavoin Jumala oli sana aikojen alussa, oli olento, joka oli ollut olemassa täysin yksin, eikä häntä ollut luotu. Kuinka ja missä Hän oli olemassa?

Jumala on henki, Hän oli ollut sanan muodossa olemassa neljännessä ulottuvuudessa, hengellisessä todellisuudessa, ei kolmannessa näkyvässä ulottuvuudessa. Jumala ei esiintynyt missään muussa muodossa, kuin syvällisenä ja kauniina valona ja kirkkaana äänenä, sekä koko maailmankaikkeuden valtiaana.

Niinpä, 1. Johanneksen kirje 1:5 sanoo, *"Ja valo loistaa pimeässä ja pimeä ei sitä käsittänyt."* Siinä on hengellinen merkitys ja ilmaisu Jumalan ominaisuudesta, joka oli valo aikojen alussa. Alussa Jumala esiintyi valona ja äänenä. Hänen äänensä oli selvä, kaunis ja pehmeä, ja soi läpi koko maailmankaikkeuden. Ne, jotka ovat kuulleet Jumalan äänen henkilökohtaisesti ymmärtävät tämän.

Jossakin vaiheessa, Jumala MINÄ OLEN, tuli kolminaisuudeksi ravitsemaan Hänen tosi lapsiaan, joiden kanssa Hän voi jakaa rakkautensa. Täytyi olla poika, joka täyttää pelastajan tehtävän ja Pyhä Henki, joka täyttää tehtävän auttajana.

Jumala oli yksin ennen aikojen alkua

Senvuoksi, Ilmestyskirja 22:13 sanoo, että *"Minä olen Alfa ja Omega, ensimmäinen ja viimeinen, alku ja loppu."* Se mainitsee Jumalan, Isän, Jumalan, Pojan, sekä Jumalan, pyhän hengen.

Jumala jakoi itsensä Jumalaan, Isään, joka on kaiken ihmiskunnan tiedon ja sivistyksen alfa ja omega; Jumalaan, poikaan, joka on ihmiskunnan ensimmäinen ja viimeinen pelastus, sekä Jumalaan, pyhään henkeen, joka on ihmiskunnan alku ja loppu. Tällöin, jokainen kolminaisuuden osa oli Hänen omakuvansa todellisten hengellisten lasten saavuttamiseksi. 1. Mooseksen kirja 1:26 näyttää selvästi kolminaisuuden kuvan ja se on samanlainen, kuin Hänen luodessaan taivaan ja maan. *"Sitten Jumala sanoi, 'Tehkäämme ihmisiä kuvaksemme, kaltaisiksemme ja vallitkoot he kalat meressä ja taivaan linnut ja karjaeläimet ja koko maan ja kaikki maan päällä liikkuvat.'"*

Jumala, Luoja oli olemassa ennen kaiken alkua, suunnitteli Hänen todellisten hengellisten lastensa nousun ja toteutti sen. Sen vuoksi, jos todella tulet ymmärtämään sanat, Jumala MINÄ OLEN, sinun tulisi heittää pois kaikki omat tapasi ajatella, teoriasi ja kaavamaisuutesi, sekä hyväksyä Jumalan suorittama luomisen työ.

Toisin, kuin Jumalan luomissa, ihmisten luomissa asioissa on rajansa ja vikansa. Ihmiskunnan tiedon ja sivistyksen jatkuvasti kasvaessa, parempia tuotteita valmistetaan, mutta niissä on silti runsaasti puutteita.

Jotkut tekevät kuvia kullasta, hopeasta ja metallista ja kutsuvat niitä jumaliksi, sekä kumartuvat niiden edessä ja rukoilevat siunausta. Ne ovat vain puisia, metallisia, tai kivestä tehtyjä kuvia, jotka eivät voi hengittää, puhua, tai edes räpäyttää silmäänsä (Habakuk 2:18-19).

Vaikkakin he väittävät olevansa viisaita, ihmiset itse asiassa eivät voi erottaa totta ja valetta, vaan mieluummin tekevät kuvia ja kutsuvat niitä jumalikseen ja palvovat niitä (Paavalin kirje roomalaisille 1:22-25). Kuinka tyhmää ja häpeällistä tällainen onkaan?

Näin ollen, jos ihmiset ovat, epäuskossaan Jumalaan, palvoneet turhia jumalia, heidän tulisi kokonaan katua sitä, palvoa "Jumala MINÄ OLEN" ja huolehtia tehtävistään Hänen lapsinaan.

Jumala on kaikkitietävä ja kaikkivaltias

Jumala, Luoja, joka loi koko maailmankaikkeuden, on täydellinen ja oli olemassa ennen aikojen alkua. Hän on kaikkitietävä ja kaikkivaltias. Raamatussa mainitaan lukemattomista ihmeteoista, joita ihminen ei voi tiedoillaan ja taidoillaan tehdä.

Kaikkitietävän ja kaikkivaltiaan Jumalan, joka on samanlainen kuin eilen ja tänään, voimalliset teot tapahtuivat niin vanhan, kuin uudenkin testamentin aikoina monien sellaisten Jumalan ihmisten toimesta, joilla oli Hänen voimansa.

Näin on, koska kuten Jeesus sanoi Johanneksen evankeliumissa 4:48, *"Ellette näe tunnusmerkkejä ja ihmeitä, ette usko"* ihmiset eivät usko, elleivät he näe kaikkivaltiaan Jumalan tekoja.

Jumala näyttää ihmeitä ja ennusmerkejä

Israelilaisten muutto Egyptistä kertoo yksityiskohtaisesti kaikkitietävän ja kaikkivaltiaan Jumalan tekemät ihmeet ja ennusmerkit Mooseksen kautta Hänen tuodessaan israelilaiset Egyptistä Kaanaan maahan.

Esimerkiksi Jumalan lähettäessä Mooseksen faaraon luo, hän toi mukanaan hänelle kymmenen vitsausta ja kansansa, pani israelilaiset kävelemään kuivalla maalla jakamalla punaisen meren vedet ja pyyhkäisi kauhistuneen Egyptin armeijan vesipyörteisiin.

Vielä israelilaisten Egyptistä muuton jälkeen vettä tuli kalliosta Mooseksen iskiessä sitä sauvallaan, katkera vesi muuttui makeaksi ja mannaa satoi taivaasta, niin että miljoonat ihmiset saattoivat elää ilman huolta leivästä.

Myöhemmin vanhassa testamentissa löydämme Jumalan antavan Eliaalle profetian kolmen ja puolen vuoden kuivuudesta, sateesta hänen rukoustensa voimasta ja kuolleiden herättämisestä.

Uudessa testamentissa, näemme Jeesuksen, Jumalan pojan herättävän neljä päivää kuolleena olleen Lasaruksen, avaavan sokean silmät ja parantavan monia sairaita, vanhuudenheikkoja ja pahoja henkiä. Hän käveli vetten päällä, tyynnytti tuulen ja aallot.

Jumala suoritti Paavalin käsillä ihmetekoja, niin että kun hänen käyttämiään nenäliinoja, tai esiliinoja tuotiin sairaan luo, sairaudet jättivät heidät ja paha henki meni pois (Apostolien teot 19:11-12). Pietaria, joka oli yksi Jeesuksen parhaista opetuslapsista, seurasivat lukemattomat ihmeteot. Ihmiset toivat sairaat kaduille ja laskivat heidät vuoteille ja matoille, niin että edes Pietarin varjo lankeaisi heihin hänen kulkiessaan ohi. (Apostolien teot 5:15).

Sitäpaitsi Jumala suoritti ihmetekoja ja näytti tunnusmerkkejä raamatussa, ja Hän jatkaa niiden näyttämistä kirkkomme kautta vielä tänäänkin.

Monia sellaisia parantumattomia tauteja, kuten syöpä, tuberkuloosi, leukemia ja AIDS on parannettu. Kuolleita on herätetty, halvaantuneet ovat nousseet, kävelleet ja juosseet.

Lisäksi, Jumala näyttää vielä suurempia ihmeitä ja tunnusmerkkejä sekä huomattavia asioita: rukouksilla puhelimessa ja rukouksissa käyttämälläni nenäliinalla monet ihmiset ovat parantuneet, rikkoutuneet koneet ovat korjautuneet ja sydämen halut ovat täyttyneet.

Sen vuoksi, kuka tahansa, joka uskoo tähän kaikkivaltiaaseen Jumalaan ja rukoilee Hänen tahtonsa mukaisesti voi saada vastauksen mihin tahansa, mitä hän pyytää rukouksessaan.

Jumala on raamatun tekijä

Jumala on henki, niinpä Hän on näkymätön, mutta näyttää itsensä monin tavoin. Jumala näyttää itsensä monin tavoin luonnossa ja erityisesti niiden ihmisten todistuksissa, jotka ovat parantuneet ja saaneet Häneltä vastauksia. Hän myös näyttää itsensä monin tavoin raamatussa.

Näin ollen, raamatussa voit tuntea todellisen ainoan Jumalan, tavata Hänet ja saavuttaa pelastuksen sekä ikuisen elämän tajuamalla Jumalan teot. Lisäksi, voit elää menestyksellisen elämän ja antaa Jumalallle kunnian ymmärtämällä Jumalan sydäntä ja kuinka rakastaa Häntä ja kuinka tulla Hänen rakastamakseen (Paavalin 2. kirje Timoteukselle 3:15-17).

Kirjoitukset ovat Jumalan sanomia

Pietarin toinen kirje 1:21 sanoo, että *"Sillä ei koskaan ole mitään profetiaa tuotu esiin ihmisen tahdosta, vaan Pyhän Hengen johtamina ihmiset ovat puhuneet sen, minkä saivat Jumalalta"* ja Paavalin 2. kirjeTimoteukselle 3:16 sanoo *"Jokainen kirjoitus, Jumalan henkivakuutuksesta syntynyt."* Tämä merkitsee raamatun olevan kansainvaelluksesta ilmestyskirjaan Jumalan sana, joka kirjoitettiin vain Jumalan tahdosta.

Sen vuoksi, on monia sellaisia sanontoja, kuin "Jumala sanoo", "Herra sanoo" ja "Herra Jumala sanoo." Tämä vahvistaa raamatun olevan Jumalan, ei ihmisen sana.

Raamatussa on kuusikymmentäkuusi kirjaa, kolmekymmentäyhdeksän vanhassa testamentissa ja kaksikymmentäseitsemän uudessa testamentissa. Kirjoittajien lukumäärän arvioidaan olevan 34. Raamatun kirjoittamisen ajankohta alkaa vuodesta 1500e.a.a. ja ulottuu 1.600 vuoden ajanjaksolle. Mikä on huomionarvoista, on se, että vaikka monet eri tekijät kirjoittivat sen, raamattu kokonaisuudessaan on täysin yhtäpitävä alusta loppuun ja jokainen säe on yhtenevä muiden säkeiden kanssa.

Niinpä Jesaja 34:16 sanoo, *"Tutkikaa Herran kirjaa ja lukekaa: ei yksikään niistä ole puuttuva eikä toinen toistansa kaipaava. sillä suuni on sen käskenyt ja hänen henkensä on sen kokoon pannut."*

Sellaista voi tapahtua, koska raamatun alkuperäinen tekijä on Jumala, Pyhä Henki vallitsi kirjoittajien sydämissä ja laittoi sanat yhteen. Mitä sinun tulisi muistaa, on että raamatun kirjoittajat eivät ole vain Jumalan puolesta kirjoittavia haamukirjoittajia ja että Jumala on raamatun alkuperäinen kirjoittaja.

Ottakamme esimerkki. Oletetaan, että on olemassa maaseudulla elävä ikääntynyt äiti. Hän lähettää kirjeen kaupungissa opiskelevalle nuoremmalle pojalleen. Hän on kirjoitustaidoton, joten hän sanelee viestin vanhemmalle pojalleen. Nuoremman pojan saadessa kirjeen kaupungissa, hän ajattelisi äitinsä lähettäneen kirjeen hänelle, ei että, hänen vanhempi veljensä lähetti, vaikkakin se itse asiassa oli hänen veljensä kirjoittama. Sama pätee raamattuun.

Jumalan rakkauskirje täynnä siunausta ja lupauksia

Raamatun kirjoittivat Pyhän hengen täyttämät Jumalan palvelijat näyttääkseen itse Jumalan. Sinun täytyy uskoa tosiasiaa, että se on uskollisen itsensä näyttävän Jumalan sana.

Jumalan sana on henki ja elämä (Johanneksen evankeliumi 6:63), kuka tahansa kuulee ja uskoo sen, saavuttaa ikuisen elämän ja sielun rikkauden. Kuka tahansa uskoo ja noudattaa Jumalan sanaa nauttii hyvän elämän ja on Jumalan täydellinen ihminen Jeesuksessa Kristuksessa.

Jumala tuli maan päälle lihana näyttääkseen itsensä ihmisille ja se liha oli Jeesus. Filippus, Jeesuksen opetuslapsi, oli tästä epäileväinen ja vaati Jeesuksen näyttävän hänelle Jumalan. Hän ei tajunnut Jeesuksen olevan Jumala uudestisyntyneenä, kuten sanalasku sanoo, "majakka ei loista juurestaan."

Johanneksen evankeliumi 14:8 ja suraavat säkeet kertovat Jeesuksen ja Filippuksen vuoropuhelusta:

Filippus sanoi Hänelle, "Herra, näytä meille Isä, niin tyydymme." Jeesus sanoi hänelle, "Niin kauan aikaa olen ollut teidän kanssanne, etkä tunne minua, Filippus? Joka on nähnyt minut, on nähnyt isän; kuinka sinä sitten sanot, 'Näytä meille Isä'? Etkö usko, että minä olen Isässä ja että Isä on minussa? Niitä sanoja, joita puhun teille, en puhu itsestäni; vaan Isä, joka minussa asuu, tekee teot, ne ovat hänen" (Johanneken evankeliumi 14:8-10).

Vaikkakin Jeesus antoi vakuuttavan todisteen Hänen ja Jumalan olevan yhtä suorittamalla ihmetekoja, jotka eivät olisi olleet mahdollisia ilman Jumalan voimaa, Filippus tahtoi Jeesuksen näyttävän hänelle Isän. Jeesus käski hänen uskoa opetuksiinsa itse ihmetekojen todistuksen perusteella.

Jumala tuli tähän maailmaan lihana näyttääkseen itsensä ja Jumala kirjoitutti raamatun, koska ihmisille on silmillään tavallisesti mahdotonta nähdä häntä.

Tämän vuoksi, voit saada Jumalan raamatussa lupaamat siunaukset ja vastaukset, seuraamalla elävän Jumalan arvokasta kumppanuutta raamatun avulla, tietäen Hänen tahtonsa ja kaitselmuksensa ja seuraamalla Hänen sanaansa.

Raamatun jokainen sana on totta

Historiankirjoitukset antavat sinulle mahdollisuuden saada tietoa ihmisistä ja tapahtumista tiettynä menneenä ajanjaksona.

Historia kertoo aikojen mukana tapahtuneista muutoksista ja se tekee sinut tietoiseksi yksittäisistä tapahtumista, ihmisistä, tai noiden aikojen elinolosuhteista. Ihmiskunnan historia on todistanut raamatun olevan totta. Huomaat itse raamatun olevan historiallinen ja realistinen, erityisesti kun katsot huolellisesti raamattuun kirjattuja tapahtumia, ihmisiä, paikkoja, tai tapoja.

Koska vanha testamentti on todellakin annettu parustuen tosiasioihin, sekä tärkeisiin, että merkityksettömiin tiedon palasiin, jotka ovat tapahtuneet yksittäisille ihmisille, ryhmille, tai ihmisille yleensä Aatamin ja Eevan ajoista alkaen, Israel pitää vanhaa testamenttia kansansa pyhänä ja historiallisena dokumenttina ja perintönä vielä tänäkin päivänä. Vieläpä monet historioitsijat pitävät ramattua luotettavana lähteenä.

Historia todistaa raamatun todenmukaisuuden

Ennen kaikkea, raamattuun perustuen haluaisin jakaa Israelin historian kanssasi ja todistaa raamatun sanan Jumalasta olevan totta.

Aatami, ihmisten esi-isä teki syntiä Jumalaa vastaan, joten hänen jälkeläisensä ovat kulkeneet synnin tietä ja eläneet tietämättä Jumalasta, Luojasta. Sitten Jumala valitsi yhden kansan ja aikoi paljastaa Hänen tahtonsa ja kaitselmuksensa tämän kansan kautta.

Ensiksi, Jumala kutsui Abrahamia, jolla oli paras "sydämen kenttä", jalosti hänet ja asetti hänet uskon isäksi. Abraham oli Iisakin ja Iisakki Jaakobin isä, Jumala kutsui Jaakobia "Israeliksi" ja teki kaksitoista heimoa kahdestatoista pojastaan.

Jaakobin eläessä Jumala siirsi hänet Egyptiin ja antoi hänen luoda kansan lisäämällä hänen jälkeläisiään ja lopulta johdatti heidät Kaanaan maahan. Jumala antoi Moosekselle lain hänen ollessaan autiomaassa, opetti israelilaiset elämään Hänen Sanansa mukaan ja johti heitä vain Sanallaan.

Heidän tultuaan johdatetuiksi Kaanaan maahan, he menestyivät vain seuratessaan Hänen lakiaan. Israelin palveltua epäjumalia ja syyllistyessä pahuuteen, sen kansallinen voima hiipui ja sinne hyökättiin. Israelilaiset joko vangittiin, tai heistä tehtiin orjia. Kun he katuivat, heidän valtionsa saatettiin ennalleen. Tämä tapahtui yhä uudelleen ja uudelleen.

Näin Jumala näyttää kaikille ihmisille Israelin historian avulla Jumalan olevan elävä ja Hänen hallitsevan kaikkea Sanallaan.

Näet myös raamatun profetioiden toteutuneen ja olevan toteutumassa. Esimerkiksi Luukkaan evankeliumissa 19:43- 44, Jeesus viittasi Jerusalemin tuhoon, sanoen:

Sillä sinulle tulevat ne päivät, jolloin vihollisesi sinut vallalla saartavat ja piirittävät sinut ja ahdistavat sinua joka puolelta ja he kukistavat sinut maan tasalle ja surmaavat lapsesi, jotka sinussa ovat, eivätkä jätä sinuun kiveä kiven päälle, sen tähden ettet tuntenut etsikkoaikaasi.

Näissä säkeissä Jeesus tarkoitti, kuinka Jerusalemin kaupunki tuhottaisiin heidän lisääntyvän pahuutensa tähden. Profetia toteutui vuonna 70 j.k. Rooman imperiumin kenraali Tiituksen laittaessa miehensä rakentamaan penkereen Jerusalemia vastaan, ympäröiden sen ja tappaen monia ihmisiä vallituksen sisäpuolella. Tämä tapahtui vain 40 vuotta Jeesuksen profetian jälkeen.

Jeesus sanoi Matteuksen evankeliumissa 24:32, *"Mutta oppikaa viikunapuusta vertaus: Kun sen oksa jo mehevöityy ja lehdet puhkeavat, niin tiedätte, että kesä on lähellä."* Viikunapuu symboloi Israelin kansakuntaa ja tämä vertaus opettaa, että Israel tulee olemaan itsenäinen Jeesuksen toisen tulemisen ollessa lähellä. Lopuksi, historia todistaa tämän Jumalan sanan olleen totta Irselin tuhouduttua vuonna 70j.k. ja tullessa ihmeellisesti uudestisyntyneeksi toukokuun 14, 1948 - 1900 vuotta tuhoutumisensa jälkeen.

Vanhan testamentin profetia ja sen toteutuminen uudessa testamentissa.

Todistan raamatussa olevan Jumalan Sanan olevan totta tutkimalla, kuinka vanhan testamentin profetia on toteutunut uuden testamentin aikoina.

Vanhan testamentin laki ei ollut paras tapa "saavuttaa Jumalan tosi lapsia." Se oli vain Jumalan varjo. Siksi Jumala oli luvannut Messiaan tulemisen läpi koko vanhan testamentin. Kun aika tuli, Hän lähetti Jeesuksen Kristuksen tähän maailmaan pitääkseen lupauksensa.

On ilmeistä Jeesuksen tulleen maahan noin 2000 vuotta sitten. Länsimainen historia on yleisesti ottaen jakaantunut kahteen ryhmään koskien Jeesuksen syntymää. "E.a.." tarkoittaa Ennen ajanlaskua , ennen Kristusta, tarkoittaen historiaa ennen Jeesuksen aikaa, kun taas "a.d.." tarkoittaa Anno Domini joka on "Herramme vuonna." Jopa historia itsekin tunnustaa Jeesuksen syntymän. Katsotaanpa ensin ensimmäistä Mooseksen kirjaa 3:15:

Ja minä panen vainon sinun ja vaimon välille ja sinun siemenesi ja hänen siemenensä välille; se on polkeva rikki sinun pääsi ja sinä olet pistävä sitä kantapäähän.

Säe pfofetioi Pelastajamme, naisen siemenenä, tulevan ja tuhoavan kuoleman vallan. "Nainen" tässä vertauksessa tarkoittaa Israelia. Itse asiassa, Jeesus tuli maahan Joosefin poikana Israelin Juudaan heimoon (Luukkaan evankeliumi 1:26 -32).

Jesaja 7:14 sanoo, *"Sentähden Herra itse antaa teille merkin; katso neitsyt tulee raskaaksi ja synnyttää pojan ja antaa hänelle nimen Immanuel."*

Tämä kertoo, että Jumalan poika tulee lähetetyksi sovittamaan ihmisten synnit sikiämällä Pyhästä Hengestä. Todellakin, Jeesus syntyi Neitsyt Mariasta Pyhästä Hengestä (Matteuksen evankeliumi 1:18- 25)

Jeesuksen profetioitiin syntyvän Betlehemin alueella, kuten Miika 5:2 sanoo:

Ja sinä, Betlehem Efrata, joka vähäinen olet

Juudan tuhansien joukossa, sinusta tulee minulle se, joka on Israelin hallitsija, ja jonka alku on alusta ja iankaikkisuudesta.

Täyttäen tämän Sanan, Jeesus syntyi Betlehemissä, Juudaan maassa kuningas Herodeksen aikana. Jopa historia vahvistaa tämän.

Monien vastasyntyneiden tapattaminen kuningas Herodeksen toimesta Jeesuksen syntymän aikaan (Jeremia 31:15; Matteus 2:16), Jeesuksen saapuminen Jerusalemiin (Sakaria 9:9; Matteus 21:1-11) ja Jeesuksen taivaaseenastuminen (Psalmit 16:10; Apostolien teot 1:9) profetioitiin ja toteutuivat ennustusten mukaisesti.

Lisäksi Juudas Iskariotin pettäminen hänen seurattuaan Jeesusta kolme vuotta (Psalmit 41:9) ja Jeesuksen myyminen kolmestakymmenesä hoparahasta (Sakaria 11:12), molemmat profetioitiin ja tapahtuivat.

Näin voit uskoa raamatun oevan totta ja todellinen Jumalan Sana, erityisesti nähdessäsi kaikkien vanhan testamentin profetioiden toteutuneen tarkasti.

Raamatun vielä toteutumattomat profetiat

Herra teki Jeesuksesta Kristuksesta pelastajamme täyttäen kaikki vanhan testamentin profetiat uuden testamentin aikoina. Joka ainoa profetian pala Jeesuksesta, Israelin historian kulku ja ihmiskunnan historia täyttyivät ilman yhtään virhettä. Maailmanhistorian tutkiminen johtaa havaintoon kaikkien raamatun profetiasanojen tulleen todeksi ja tulevan todeksi. Vanhan testamentin profeetat ja uuden testamentin ajat profetioivat maailmanvallan nousun ja tuhon, Jerusalemin tuhon ja jälleenrakentamisen, sekä tärkeiden henkilöiden tulevat teot. Monet raamatun profetiat ovat toteutuneet, ovat nyt toteutumassa ja ihmiset tulevat vielä näkemään Jeesuksen toisen tulemisen, lumouksen, tuhatvuotisen valtakunnan sekä suuren valkoisen kruunun tuomion. Herramme valmistelee paikkasi lupauksensa mukaisesti (Johannes 14:2) ja Hän vie sinut pian ikuiseen paikkaan.

Maailmamme kärsii nyt nälänhädistä, maanjäristyksistä, epätavallisesta säästä sekä kolossaalisista onnettomuuksista. Sinun ei tulisi pitää sitä sattumana, vaan sensijaan tajuta Jeesuksen toisen tulemisen tulevan lähemmäksi (Matteus 24:3-14). sinun tulisi tavoitella koko pelastumista olemalla hereillä ja koristelemalla itsesi morsiameksi.

Kappale 2

JUMALA LUO JA VAALII IHMISIÄ

- Ihmisten pelastuksen tie
- Jumala luo ihmisen
- Miksi Jumala vaalii ihmisiä?
- Jumala erottaa jyvät akanoista

Ja Jumala loi ihmisen omaksi kuvakseen, Jumalan kuvaksi hän hänet loi; mieheksi ja naiseksi hän heidät loi. Ja Jumala siunasi heitä ja Jumala sanoi heille; "Olkaa hedelmälliset ja lisääntykää ja täyttäkää maa ja tehkää se itsellene alamaiseksi; ja vallitkaa kalat meressä ja taivaan linnut ja kaikki maan päällä liikkuvat eläimet."

1. Mooseksen kirja 1:27-28

Ainakin kerran elämässäsi saatat kysyä itseltäsi periaatteellisia kysymyksiä, kuten elämän alkuperää, kohtaloa, tarkoitusta ja merkitystä. Sitten yrität löytää vastauksia. Monet ihmiset kokeilevat erilaisia keinoja ratkaista näitä pulmia, mutta kuolevat saamatta yhtään alkuperäisistä vastauksista.

Myös maailmankuulut tietäjät, kuten Konfutse, Buddha, tai Sokrates yrittivät saada näitä periaatteellisia vastauksia. Konfutse keskittyi moraaleihin, jotka korostivat täydellisen hyveen olevan eettisesti ihanteellinen, ja hän sai monia oppilaita. Buddha teki katumusharjoituksia pitkän ajan poistuakseen maallisesta olemuksesta. Sokrates ajoi takaa totuutta omalla tavallaan ja tutki tiedon totuutta.

Kuitenkaan kukaan heistä ei voinut löytää pysyvää, periaatteellista ratkaisua, yltää todelliseen totuuteen, tai saavuttaa ikuista elämää. Tämä sen vuoksi, että ennen maailman luomista kätketty totuus on jotain henkistä, joka on näkymätöntä ja ei konkreettista. Et voi löytää selkeitä vastauksia elämästä, ennen kuin ymmärrät Jumalan, Luojan kaitselmuksen ihmisten vaalimisessa.

Ihmisten pelastuksen tie

Jumala, Luoja, Jeesus Kristus, sielujemme juuret, kuolemanjälkeinen elämä, elämän päämäärä, tie ikuiseen elämään ovat selvästi selitetty raamatussa, elävän Jumalan Sanassa. Pelastuksen sanoma Jeesuksen Kristuksen ristin kautta on Jumalan salaisuus, joka on ollut kätkettynä ikuisuudesta asti ja sisältää Jumalan rakkauden ja oikeudenmukaisuuden.

Pelastuksen tie Jeesuksessa Kristuksessa

Kristinuskoa on usein kutsuttu "ristin uskoksi." Tiedätkö, mitä tämä merkitsee ja miksi jopa joidenkin kansakuntien johtajat polvistuvat sen edessä. Mikä on salaisuus siihen, että monien ihmisten synnit ovat uskolla anteeksiannetut ja he saavat pelastuksen ja ikuisen elämän.

Monet kristityt ajattelevat tuntevansa Jeesuksen Kristuksen ja ristin merkityksen. Jos kysyn ristin merkitystä, useimmat uskovaiset - jopa uudet uskovaiset usean kuukauden ajan - saattavat vastata näin, "Noin kaksi tuhatta vuotta sitten Jeesus, Jumalan Poika, tuli lihaksi maahan, ja ristiinnnaulittiin sovittamaan meidän syntimme. Kolmantena päivänä Hän ylösnousi kuolleista ja tuli pelastajaksemme. Niinpä, kuka tahansa, joka uskoo Jeesukseen Kristukseen, voi tulla pelastetuksi ja päästä taivasten valtakuntaan."

Kuitenkin, sinä tiedät varmasti, ettei tämän pelkkä tietäminen voi johtaa pelastukseen. Jaakobin kirje 2:19 sanoo, että "Sinä uskot, että Jumala on yksi. Sinä teet oikein, riivaajatkin sen uskovat ja vapisevat." Jopa vihollisemme piru tietää ja uskoo Jumalaan, muttei voi tulla koskaan pelastetuksi.

On olemassa syy, miksi Jumala sanoo tietämisen ja uskomisen olevan yksi asia ja ymmärtämisen ja uskomisen koko sydämellään olevan aivan jotain muuta.

Jos tunnustat suullasi Jeesuksen, Herramme ja uskot sydämessäsi Jumalan nostaneen Hänet kuolleista, tulet olemaan pelastettu; sillä sydämellään ihminen uskoo, johtaen oikeudenmukaisuuteen, ja suullaan hän tunnustaa, johtaen pelastukseen (Paavalin kirje roomalaisille 10:9-10).

Oletetaan, että sinulla on appelsiini. Voit helposti sanoa ja hyväksyä, "tuo on appelsiini." Näin, koska tunnet sen. Kuitekin, jos kysyisin, "Voitko kertoa minulle yksityiskohtaisesti, mitä hyvää appelsiini tekee kehollesi?", vain muutama ihminen osaisi vastata. Vaikka kuulisit ja oppisit siitä montakin kertaa, jos et pidä sitä mielessäsi, unohtaisit sen useinkin. Ellet ole alan asiantuntija, sitä on hyvin vaikea selittää yksityiskohtaisesti.

Kuinka sitten tiedät kaiken appelsiineista? Ensinnäkin, sinun tulisi oppia asiantuntijoilta ja pitää tieto mielessäsi. Silti sinulle on hyödytöntä vain kuulla ja oppia niistä. Ne ovat hyödyllisiä sinulle vain, jos kuorit ja syöt ne. Syödessäsi ne, voit maistaa ne ja ne voivat ruokkia veresi, lihasi ja luusi antamalla kehollesi ravintoa.

Vastaavasti on sinulle hyödytöntä, ellet opi ristissä näytettyä

Jumalan hallintoa ja Hänen kaitselmustaan ja ymmärrä selvästi Jumalan rakkautta ja armoa sinua kohtaan.

Uskoa sydämellään ja tunnustaa suullaan

Jos ymmärrät ristin sanoman ja sinulla on sydämessäsi tosi rakkaus Jumalaan, sinulla voi olla tosi usko ja voit viettää todellista, ikuiseen elämään.johtavaa kristityn elämää. Jos ei, vaikka kävisit kirkossa kymmenen tai kaksikymmentä vuotta, saatat silti löytää itsesi synnistä ja maallisuudesta. Et voi koskaan tulla pelastetuksi.

Ennen kuin tapasin Jumalan, olin ollut ateisti ja kieltänyt Jumalan, paholaisen, taivaallisen valtakunnan ja helvetin olemassaolon. Opin ateismin koulussa ja oletin tämän väitteen olevan totta ja ihmisten pitävän minua hienona ihmisenä.

Kuitenkin tunsin sydämessäni, että se ei ollut totta. En voinut kieltää kuolemanjälkeistä elämää ja pelkäsin joutuvani kuollessani helvettiin.

Lopuksi, kärsin sairauksista ja olin lähellä kuolemaa. Tavattuani elävän Jumalan, parannuin kaikista taudeista ja ymmärsin selvästi ristiin kätketyn Jumalan rakkauden.

Minut kutsuttiin Herran palvelijaksi. Nyt johdan elävän Jumalan ja Herramme Jeesuksen Kristuksen todistusta ihmisille. Johdan lukemattomia sieluja pelastuksen tielle. Jos täysin ymmärrät Jumalan suuren rakkauden ja hänen kaitselmuksensa ihmisten pelastukseen, voit saavuttaa ikuisen elämän ja oikeuden päästä taivaaseen ja tulla Jeesuksen Kristuksen evankeliumin todistajaksi. Sinun täytyy ymmärtää. miksi Jumala loi ihmisen ja vaalii ihmisiä toteuttaakseen elämän todellisen merkityksen ja tarkoituksen.

Jumala luo ihmisen

Ihmisen elimien, solujen ja kudosten ihmeellinen muodostuminen on mittaamatonta. Jumala, joka loi näin ihmisen, haluaa saada todellisia lapsia, joiden kanssa Hän voi jakaa rakkautta ikuisesti ja enemmän. Tätä tarkoitusta varten Jumala loi ihmisen kuvakseen ja kaltaisekseen ja on vaalinut ihmisiä ja tehnyt taivaan.

Kuinka sitten Jumala loi kaiken elollisen maailmankaikkeudessa ja teki ihmisen?

Jumalan kuusipäiväinen luomistyö

Ensimmäinen Mooseksen kirja kuvaa hyvin prosessia, jonka aikana Jumala loi taivaan ja maan kuudessa päivässä. Jumala sanoi, *"Tulkoon valo,"* ja valo tuli (1.Mooseksen kirja 1:3). Sitten Hän sanoi, *"Kokoontukoot vedet, jotka ovat taivaan alla, yhteen paikkaan, niin että kuiva tulee näkyviin,"* ja niin tapahtui (1. Mooseksen kirja 1:9). Ja niin edelleen.

Ja kirjeessä hebrealaisille sanotaan 11:3, *"Uskon kautta tajuamme, että maailmat ovat rakennetut Jumalan sanalla, niin että se, mikä nähdään ei ole syntynyt näkyväisestä."* Jumala loi sanallaan koko maailmankaikkeuden.

Jumala loi ensimmäisenä päivänä valon, ja toisena päivänä

taivaankannen. Kolmantena päivänä, kun Jumala sanoi, "Kokoontukoot vedet, jotka ovat taivaan alla, yhteen paikkaan, niin että kuiva tulee näkyviin," niin tapahtui ja Jumala kutsui kuivaa maaksi ja vesiä Hän kutsui mereksi. Sitten Jumala sanoi, "Kasvakooon maa vihantaa: ruohoja, jotka tekevät siementä ja hedelmäpuita, jotka lajiensa mukaan kantavat hedelmää, jossa niiden siemen on," ja maasta kasvoi vihantaa, lajiensa mukaan siemeniä tekeviä ruohoja ja lajiensa mukaan siemeniä kantavia hedelmiä hedelmäpuissa. Neljäntenä päivänä Hän loi auringon, kuun ja tähdet taivaankannelle ja antoi auringon hallita päivää ja kuun yötä. Viidentenä päivänä Hän loi suuret merieläimet ja kaikkinaiset liikkuvat, vesissä vilisevät elävät olennot niiden lajien mukaan ja kaikkinaiset siivekkäät linnut niiden lajien mukaan. Kuudentena päivänä hän loi eläviä olentoja niiden lajien mukaan, karjaeläimiä ja matelijoita ja metsäeläimiä niiden lajien mukaan.

Ihminen luotiin Jumalan kuvaksi

Jumala, Luoja oli rakentanut ympäristöä, missä ihminen voisi elää, kuusi päivää ja loi sitten ihmisen kuvakseen. Hän siunasi ihmisen kaikkien elävien herraksi ja käski häntä tekemään ne alamaisikseen.

Jumala loi ihmisen omaksi kuvaksensa, Jumalan kuvaksi Hän hänet loi; mieheksi ja naiseksi Hän heidät loi. Jumala siunasi heitä; ja Jumala sanoi heille, "Olkaa hedelmälliset ja lisääntykää ja täyttäkää maa

ja tehkää se itsellenne alamaiseksi; ja vallitkaa kalat
meressä ja taivaan linnut ja kaikki maan päällä
liikkuvat eläimet." (1. Mooseksen kirja 1:27-28).

Kuinka sitten Jumala loi ihmisen?

"Silloin HERRA Jumala muovaili maan tomusta
ihmisen ja puhalsi hänen sieraimiinsa elämän
henkäyksen ja niin ihmisestä tuli elävä olento." (1.
Mooseksen kirja 2:7).

Tässä säkeessä pöly tarkoittaa savea. Taitava savenvalaja,
käyttäen hyvälaatuista savea, valmistaa kallisarvoista
vaaleanvihreää, tai valkoista porsliinia Vastavuoroisesti jotkut
savenvalajat valmistavat lasittamattomia astioita, kattotiiliä, tai
tiiliä.

Tuotteen arvo riippuu etupäässä tekijästä, kuinka hyvin se on
tehty, millaista savea käytettiin, ja millainen astia on. Kun
kaikkivaltias Jumala, Luoja teki ihmisen kuvakseen, kuinka hyvin
Hän teki sen?

Luotuaan tomusta ihmisen kuvakseen Jumala puhalsi hänen
sieraimiinsa elämän henkäyksen, se on elämän energian.
Ihmisestä tuli elävä henki. Elämän henkäys on Jumalan vahvuus,
voima, energia, ja henki.

Jumala puhaltaa elämän henkäyksen ihmiseen

Kun ajattelet loisteputkivalon hehkumista, voit helpommin

ymmärtää prosessin, miten ihminen luotiin eläväksi hengeksi. Jos haluat loisteputken hehkuvan valoa, sinun täytyy ensin valmistaa sellainen hyvin, sitten kytkeä se kiinni, ja kuitenkaan se ei hehku valoa, ennen kuin kytket siihen sähkön.

Televisiovastaanotin kotonasi toimii samoin. Et voi nähdä kuvaputkella mitään, enenkuin laitat sen päälle, mutta niin tehtyäsi, voit nähdä ja kuulla erilaisia kuvia ja ääniä. Voit tehdä kuvat näkyviksi, vain kääntämällä virran päälle televisioon. Kuitenkin, televisiossa mutkikkaat osat on kokoonpantu monimutkaisella tavalla.

Samoin Jumala ei luonut ainoastaan ihmisen muodon, vaan myös hänen sisäiset elimensä ja luunsa maan tomusta. Hän teki suonet, joiden läpi veri virtaa ja hermostojärjestelmän, joka täyttää täydellisesti tehtävänsä.

Jumalan voima voi muuttaa tomun pehmeäksi ihoksi Hänen niin halutessaan. Samoin, kuin sallia sähkövirran kulku, Hän puhalsi elämän henkäyksen ihmiseen. Sitten veri alkoi virrata hänessä välittömästi ja hän saattoi hengittää ja liikkua.

Lisäksi, koska Jumala tekee muistiyksiköitä ihmisen aivosoluista, ihminen laittaa muistiin ja muistaa, mitä hän kuulee ja tuntee. Mitä on laitettu muistiin, muuttuu tiedoksi ja tieto muuttuu ajatuksiksi. Kun käytät muistiinlaitettua tietoa elämässä, kutsut sitä viisaudeksi.

Ihmiset, vaikkakin vain olentoja, ovat lisänneet viisauttaan ja tietämystään ja kehittäneet monimutkaisen tieteellisen sivilisaation. Nyt he tutkivat maailmankaikkeutta ja tekevät tietokoneita ja laittavat niihin valtavan määrän informaatiota, tai toistavat sitä ja niin he hyötyvät suunnattomasti tietokoneista, juuri samoin kuin Jumala teki aivosoluista muistiyksiköitä. Heovat päässeet niin pitkälle, että tietokoneet voivat tunnistaa kirjaimia, tai ihmisen ääntä ja ne voivat kommunikoida keskenään. Ne kehittyvät aikaa myöten yhä enemmän ja enemmän.

Kuinka paljon helpompaa sen onkaan täytynyt olla kaikkivaltiaalle Jumalalle, Luojalle tehdä ihminen maan tomusta ja puhaltaa häneen elämän henkäys tehdäkseen hänestä elävä olento! Se on niin helppoa Jumalalle, joka voi tehdä jotain "ei mistään", mutta se on niin sanomattoman ihmeellistä ihmiselle (Psalmi 139:13-14).

Miksi Jumala vaalii ihmisiä?

Jeesus opetti meille Jumalan kaitselmusta monin vertauksin. Koska hengellistä valtakuntaa ei voi ymmärtää ihmisen tiedoilla, Hän käytti maallisia kohteita vertauksissaan saadakseen sinut ymmärtämään.

Monet näistä koskettavat vaalimista. Esimerkiksi vertaus kylväjästä (Matteus 13:3-23; Markus 4:3-20; Luukas 8:4-15), vertaus sinapin siemenestä (Matteus 13:31-32; Markus 4:30-32; Luukas 13:18-19), vertaus rikkaruohoista pellolla (Matteus 13:24-30, 36-43), vertaus viinitarhan työmiehistä (Matteus 20:1-16), ja vertaus viinitarhan vuokraajasta (Matteus 21:33-41; Markus 12:1-9; Luukas 20:9-16).

Nämä vertaukset näyttävät meille, samoin kuin viljelijät puhdistavat pellon, kylvävät, kitkevät ja korjaavat sadon, Jumala tekee samoin, ja vaalii ihmisolentoja maan päällä ja erottaa jyvät akanoista.

Jumala tahtoo jakaa tosi rakkauden lastensa kanssa

Jumalalla ei ole ainoastaan jumalallisuus van myös inhimillisyys. Jumalallisuus on kaikkivaltiaan ja kaikkitietävän Jumalan, Luojan itsensä voima, ja inhimillisyys on ihmisen mieli. Täten, Jumala loi ja hallitsee kaikkea maailmankaikkeudessa, ihmisten historiaa ja elämää. Hän myös tuntee iloa, suuttumusta, surua ja mielihyvää ja tahtoo jakaa rakkauden lastensa kanssa.

Raamattu näyttää meille niin monta kertaa Jumalalla olevan persoonallisuus, kuten ihmisillä; Jumala iloitsee ja siunaa Jumalan kuvaksi tehtyjä ihmisiä heidän tehdessä oikein, mutta Hän suree ja valittaa suuttumuksessa heidän tehdessä syntiä. Jumalan halu kommunikoida lastensa kanssa ja antaa heille hyviä asioita on usein mainittu Jumalan sanassa.

Jos Jumalalla olisi vain jumalalliset ominaisuudet, Hänen ei olisi tarvinnut levätä kuuden päivän maailmankaikkeuden luomistyön jälkeen, eikä hän olisi tarvinnut toveruutta meidän kanssamme, sanoen, *"Rukoile lakkaamatta"* (Paavalin 1. kirje tessalonikalaisille 5:17), *"Huuda minua ja niin minä vastaan sinulle ja ilmoitan sinulle suuria ja vaikeita asioita, joita et tiedä"* (Jeremia 33:3).

Joskus haluat olla yksin, mutta saatat olla toisinaan onnellisempi samanmielisen ystävän seurassa, joka voi jakaa rakkautensa kanssasi. Samoin Jumala loi ihmisen kuvakseen, koska Hän halusi vaihtaa rakkautta jonkun kanssa. Hän vaalii ihmismieliä maan päällä, koska Hän haluaa tosi lapsia, jotka voivat ymmärtää Hänen sydäntään ja rakastaa Häntä koko sydämestään.

Jumala tahtoo lasten tottelevan omasta halustaan

Jotkut saattavat ihmetellä, miksi Jumala loi ihmiset ja on kasvattanut heitä, vaikka on olemassa niin monia tottelevaisia enkeleitä ja taivaallista väkeä. Kuitenkin, useimmilla enkeleillä ei ole ihmisen ominaisuuksia, joka ovat tärkeintä rakkauden jakamisessa. toisin sanoen, heillä ei ole vapaata tahtoa valita itse. He noudattavat määräyksiä hyvin, kuten robotit, mutteivat voi tuntea iloa, suuttumusta, surua, tai mielihyvää yhtä paljon kuin ihmiset. Sentähden he eivät voi jakaa rakkautta sydämensä pohjasta.

Esimerkiksi, olettakaamme sinulla olevan kaksi lasta. Toinen heistä vain seuraa määräyksiäsi näyttämättä mitään tunteita, mielipiteitä, tai rakkautta, kuten hyvin ohjelmoitu robotti. Toinen loukkaa toisinaan tunteitasi, mutta katuu pian tekemistään, takertuu sinuun ihanasti ja ilmaisee rakkautensa monin tavoin. Kumpaa rakastaisit enemmän? Luonnollisesti jälkimmäistä.

Olettakaamme sinulla olevan robotti, joka keittää, siivoaa talon ja palvelee sinua. Vaikkakin näin, et rakasta robottia enemmän kuin lapsiasi. Ei sillä väliä, kuinka kovasti robotti tekee työtä hyväksesi ja kuinka avulias se on, se ei voi ottaa lapsiesi paikkaa.

Samoin Jumala asettaa mieluummin etusijalle ihmiset, jotka iloisin mielin tottelevat häntä omasta syyn ja tunteen halustaan, kuin tottelevaisiksi ohjelmoitujen robottien tavoin käyttäytyvät enkelit ja taivaallisen väen. Hän antaa ihmisille vapaan tahdon ja Hänen Sanansa. Sitten hän opettaa heitä, mikä on hyvää ja pahaa ja mikä on pelastuksen, tai kuoleman tie. Hän odottaa kärsivällisesti, kunnes heistä tulee tosi lapsia.

Jumala vaalii ihmisiä vanhemmuuden kiintymyksellä

1 Mooseksen kirja 6:5-6 sanoo *"Mutta kun Herra näki, että ihmisten pahuus oli suuri maan päällä ja että kaikki heidän sydämensä aikeet ja ajatukset olivat kaiken aikaa ainoastaan pahat, niin Herra katui tehneensä ihmiset maan päälle ja Hän tuli murheelliseksi sydämessänsä."*

Tarkoittaako tämä, ettei Jumala tiennyt tätä asiaa luodessaan ihmisen? Aivan varmasti hän tiesi siitä. Jumala on kaikkivaltias ja kaikkitietävä, niinpä hän on tiennyt kaiken ennen aikojen alkua. Siitä huolimatta hän loi ihmisen ja vaalii heitä.

Jos sinulla on lapsia, kenties ymmärrät tämän helpommin. Kuinka vaikeaa onkaan synnyttää lapsia ja kasvattaa heitä! Naisen ollessa raskaana, monet vaivat, kuten pahoinvointi, seuraavat häntä yhdeksän kuukautta. Synnytyksen aikana äiti kokee suuret tuskat. Syöttääkseen, vaatettaakseen ja opettaakseen lapsia, vanhemmat yrittävät ja tekevät työtä kovasti päivin ja öin. Lasten tullessa myöhään kotiin, vanhemmat ovat heistä huolissaan. Heidän ollessaan sairaita, vanhemmat tuntevat enemmän tuskaa kuin lapset.

Miksi vanhemmat kasvattavat lapsiansa riippumatta sellaisesta tuskasta ja vaivannäöstä? Syy on, että vanhemmat haluavat jonkun, jonka kanssa jakaa rakkautensa, jonkun, joka tuntee vanhempien rakkauden ja joka rakastaa vanhempiaan koko sydämestään. Vanhemmille jopa sellaiset tuskat tuottavat onnellisuutta. Lisäksi, jos lapset muistuttavat läheisesti vanhempiaan, kuinka ihania he ovatkaan! Luonnollisesti eivät kaikki lapset tottele vanhempiaan. Jotkut lapset rakastavat ja kunnioittavat vanhempiaan, jotkut tuottavat heille surua.

Vastaavasti, tietäen kaikki lasten kasvatukseen liittyvät tuskat, vanhemmat eivät pidä sellaisia asioita tuskana. Sen sijaan he yrittävät suuresti, odottaen lastensa kasvavan hyviksi ihmisiksi ja tuottavan heille iloa. Samalla tavoin Jumala tiesi ihmisten tulevan olemaan tottelemattomia, korruptoituvan, ja aiheuttavan murhetta, mutta hän myös tiesi tulevan olemaan joitakin tosi lapsia, jotka jakaisivat rakkauden hänen kanssaan. Täten Jumala loi ihmisen ja on mielellään vaalinut heitä.

Jumala haluaa tosi lastensa ylistävän häntä

Jumala vaalii ihmisiä maassa, ei vain saadakseen tosi lapsia, vaan myös tullakseen ylistetyksi heidän toimestaan. Jumala voi saada ylistystä suurelta määrältä enkeleitä ja taivaalliselta väeltä. Kuitenkin mitä hän todella haluaa, on tulla ylistetyksi vaalimiltaan tosi lapsilta koko heidän sydäntensä syvyyksistä.

Jumala sanoo Jesajassa 43:7, *"kaikki, jotka minun nimelläni nimitetään ja jotka minä kunniakseni olen luonut, tehnyt ja valmistanut,,"* ja neuvoo Paavalin 1. kirjeessä korinttilaisille

10:31, *"Söittepä siis tai joitte tai teittepä mitä hyvänsä, tehkää kaikki Jumalan kunniaksi."*

Jumala on Luoja, rakkaus ja oikeus. Hän antoi meille ainoan poikansa pelastaakseen meidät ja valmisti taivaan ja ikuisen elämän. Hän on enemmän kuin ylistyksen arvoinen. Lisäksi, hän haluaa palauttaa ylistyksen niille, jotka ylistävät häntä.

Sen tähden, sinun tulisi tulla Jumalan tosi lapseksi, joka voi jakaa rakkauden hänen kanssaan ikuisesti ymmärtämällä, miksi Jumala haluaa tulla ylistetyksi hengen täyttämien lastensa toimesta.

Jumala erottaa jyvät akanoista

Viljelijät vaalivat peltoja, koska he haluavat korjata runsaan sadon. Myös Jumala vaalii ihmismieliä maan päällä saadakseen tosi lapsia, jotka eivät ainoastaan rakasta ja ylistä häntä sydämestään, vaan myös jakavat rakkauden hänen kanssaan taivaallisessa ikuisuudessa.

Sadonkorjuussa on aina jyviä ja akanoita, niinpä viljelijät erottavat ne toisistaan, keräävät jyvät aittoihinsa ja polttavat akanat tulella. Samoin, Jumala erottaa jyvät akanoista ihmismielen vaalimisen lopuksi.

Hänellä on viskimensä kädessään ja hän puhdistaa puimatantereensa ja kokoaa vehnänsä aittaan, mutta akanat hän polttaa sammumattomassa tulessa (Matteuksen evankeliumi 3:12).

Senvuoksi sinun tulee vahvasti uskoa Jumalan vaalivan ihmismieltä maan päällä ja ajallaan hän tulee keräämään vehnän - tosi lapset - taivaan ikuiseen elämään, mutta polttamaan akanat helvetin sammumattomassa tulessa. Katsokaamme sitten, millaiset ihmiset ovat Jumalan silmissä vehnää ja akanoita, sekä millaisia paikkoja taivas ja helvetti ovat.

Jyvät ja akanat

Jyvät (vehnä) symboloivat heitä, jotka hyväksyvät Jeesuksen Kristuksen, kulkevat totuudessa ja jakavat rakkauden Jumalan kanssa. He ovat valon lapsia, jotka löytävät uudelleen kadottamansa Jumalan kuvan ja tekevät, mitä Jumala määrää.

Toisaalta, akanat edustavat heitä, jotka eivät tunnusta Jeesusta Kristusta, tai heitä, jotka väittävät uskovansa, mutta eivät elä Jumalan sanan mukaisesti, vaan seuraten omia pahoja halujaan.

Paavalin 1. kirje Timoteukselle 2:4 kuvaa Jumalaamme *"joka tahtoo, että kaikki ihmiset pelastuisivat ja tulisivat tuntemaan totuuden."* Se tarkoittaa Jumalan haluavan kaikkien ihmisten olevan jyviä ja tulevan taivaan valtakuntaan. Jumala yrittää monin tavoin saada sinut ymmärtämään tämän ja näyttämään sinulle pelastuksen tien. Kuitenkin, jotkut ihmiset lopuksi rikkovat Jumalan tahtoa ja kaitselmusta vastaan omasta vapaasta halustaan. Nämä ihmiset eivät ole petoja parempia Jumalan edessä, koska he ovat menettäneet ihmisen arvot.

Viljelijät polttavat akanat tulessa, tai käyttävät niitä lannoitteena, sillä jos sekä jyvät, että akanat kerätään aittaan, jyvät mätänevät. Sen vuoksi, Jumala ei salli akanoita taivaan valtakuntaan, missä jyvät tulevat olemaan. Toisin kuin eläimet, ihmisellä on ikuinen henki, koska Jumala puhalsi häneen elämän henkäyksen luodessaan hänet. Niinpä Jumala ei voi tuhota jyviä, tai sallia niiden olevan merkitsemättä mitään.

Väistämättä Jumala tulee keräämään jyvät taivaaseen ja antaa niiden nauttia ikuisesta onnesta ja tulee polttamaan akanat ikuisessa helvetin tulessa. Tämä sinun tulee pitää mielessäsi, ettet tule heitetyksi helvetin tuleen.

Taivaan ihanuus ja helvetin kauhu

Yhtäältä, taivas on liian ihana, jotta sitä voisi verrata mihinkään maailmassa. Esimerkiksi, maailman kukat lakastuvat pian, mutta taivaan kukat eivät lakastu, tai kuihdu, koska taivaassa kaikki on ikuista. Tiet ovat tehdyt puhtaasta kullasta, joka on kirkasta kuin lasi, elämän joki virtaa ja loistaa kristallinkirkkaana ja talot on tehty kaikenlaisista hienoista jalokivistä. Kaikki on sanoinkuvaamattoman kaunista (katso *Taivas I & II*).

Toisaalta, helvetissä madot eivät kuole eikä tuli sammu. Sillä jokainen ihminen on tulella suolattava (Markuksen evankeliumi 9:48-49). Lisäksi, helvetissä on tuli- ja tulikivijärvi, joka on seitsemän kertaa tulta kuumempaa (Johanneksen ilmestys 20:10, 15) Pelastumattomien ihmisten täytyy elää ikuisessa tuli- , tai tulikivimeressä ikuisesti. Kuinka kauheaa ja pelottavaa onkaan elää siellä ikuisesti (katso *Helvetti*)!

Sen vuoksi Jeesus sanoi Markukselle 9:43, että *"Ios kätesi viettelee sinut, hakkaa se poikki. Parempi on sinulle, että käsipuolena pääset elämään sisälle, kuin että, molemmat kädet tallella, menet helvettiin, sammumattomaan tuleen."* Miksi rakkauden Jumala valmistaa sekä kauhean helvetin, että ihanan taivaan? Jos pahojen ihmisten sallitaan pääsevän paikkaan, missä he, jotka ovat Jumalalle hyviä ja rakastettavia, se on tuskallista hyville ihmisille ja taivas olisi pahan saastuttama. Lyhyesti sanottuna, Jumala loi helvetin, koska hän rakastaa ihmisiä ja tahtoo lapsilleen vain parasta.

Suuren valkoisen kruunun tuomio

Samoin kuin viljelijä kylvää siemenet ja korjaa ne vuosi vuodelta, Jumala on vaalinut ihmisten mieliä siitä asti, kun Aatami ajettiin pois paratiisista ja tekee niin uudelleen Jeesuksen toiseen tulemiseen asti.

Jumala näytti tahtonsa sellaisille uskon esi-isille, kuin Nooa, Abraham, Johannes Kastaja, Pietari ja apostoli Paavali. Tänään hän vaalii jatkuvasti ihmismieliä pappiensa ja työntekijöidensä kautta. Kuitenkin, samoin kuin loppu on alun jälkeen tarpeellinen, ihmismielen vaaliminen ei jatku loputtomasti.

Pietarin 2. kirja 3:8 kertoo meille, *"Mutta tämä yksi älköön oltu teiltä, rakkaani salassa, että yksi päivä on Herran edessä niinkuin tuhat vuotta ja tuhat vuotta niinkuin yksi päivä."* Samoin kuin Jumala lepäsi seitsemäntenä päivänä kuuden maailmankaikkeuden luomispäivän jälkeen, Jeesuksen tuleminen ja uusi vuosituhat, uuden sapatin aika tulee kuuden tuhannen vuoden kuluttua Aatamin tottelemattomuudesta. Tämän jälkeen, suuren, valkoisen kruunun tuomion kautta

Jumala tulee sallimaan jyvien tulevan taivaaseen ja tulee heittämään akanat helvetin tuleen.

Sen vuoksi, rukoilen Herramme Jeesuksen Kristuksen nimeen, että ymmärrän syvällisesti Jumalan kaitselmuksen ja ihmisten vaalimisen rakkauden, rukoilen siunattua elämää ja ylistän Jumalaa horjumattomalla taivaan toivolla.

Kappale 3

TIEDON PUU HYVÄSTÄ JA PAHASTA

- Aatami ja Eeva paratiisissa
- Aatami oli tottelematon omasta
  vapaasta tahdostaan
- Synnin palkka on kuolema
- Miksi Jumala laittoi hyvän ja pahan tiedon
  puun paratiisiin, Eedenin puutarhaan?

Sitten Herra Jumala otti miehen ja laittoi hänet paratiisiin vaaliakseen sitä ja pitääkseen sen. Herra Jumala määräsi miestä, sanoen, "Voit syödä vapaasti mistä tahansa puutarhan puusta; mutta sinun ei pidä syödä hyvän ja pahan tiedon puusta, sillä sinä päivänä, kun siitä syöt, tulet varmasti kuolemaan."

1. Mooseksen kirja 2:15-17

Ne, jotka eivät tunne Luojan, Jumalan suurta rakkautta ja hänen syvää ja voimakasta kaitselmustaan kasvattaakseen tosi lapsiaan voivat kysyä, "Miksi Jumala laittoi hyvän ja pahan tiedon puun paratiisiin?" "Miksi hän antoi ensimmäisen miehen mennä tuhon tielle?" He ajattelevat, kenties mies ei olisi kuollut ja nauttisi onnellisesta elämästä ikuisesti paratiisissa, ellei Jumala olisi sijoittanut puuta sinne.

Jotkut heistä jopa sanovat jotain seuraavanlaista "Kenties Jumala ei tiennyt etukäteen, että Aatami söisi hyvän ja pahan tiedon puun hedelmän", koska he eivät usko Jumalan kaikkivaltiuteen ja kaikkitietävyyteen. Laittoiko hän puun paratiisiin ajattelemattomasti, tietämättä Aatamin tulevan tottelemattomuuden? Vai tekikö Jumala sen tarkoituksellisesti ja johti miehen kuoleman tielle? Ei tietenkään!

Miksi sitten Jumala laittoi hyvän ja pahan tiedon puun keskelle paratiisia? Miksi Aatami ei totellut Jumalan käskyä ja suistui kuoleman tielle?

Aatami ja Eeva paratiisissa

Jumala loi ihmisen maan tomusta ja puhalsi hänen sieraimiinsa elämän henkäyksen, ja niin ihmisestä tuli elävä olento (1. Mooseksen kirja 2:7). Elävä olento on hengellinen olento, jolla ei ole mitään tietoa silloin, kun hänet on ensi kerran luotu. Otetaanpa esimerkki. Vastasyntyneellä lapsella ei ole mitään viisautta, tai tietämystä. Lapsella on aivoissaan muistijärjestelmä, mutta hän ei ole koskaan nähnyt, tai kuullut mitään, eikä hänelle ole opetettu mitään. Niinpä lapsi toimii vain vaistolla.

Samalla tavoin, Aatamilla ei ollut hengellistä viisautta, tai tietämystä, kun hänestä tuli elävä olento.

Aatami oppi elämän tiedon Jumalalta

Jumala sijoitti puutarhan itään, Eedeniin ja laittoi Aatamin sinne. Jumala antoi Aatamille elämän tiedon ja totuuden häneltä hänelle, käveli hänen kanssaan siellä, niin että saattoi valvoa Aatamia ja johtaa paratiisia.

Mooseksen kirja 2:19 sanoo, *"Ja Herra Jumala muovaili maasta kaikki kedon eläimet ja kaikki taivaan linnut ja toi ne ihmisen luo nähdäkseen, kuinka hän ne nimittäisi ja niinkuin ihminen nimitti jokaisen elävän olennon, niin oli myös sen nimi oleva."*

Aatamilla oli riittävät elämän tiedot hallitakseen kaikkia olentoja.

Jumalan mielestä ei ollut myöskään hyväksi Aatamille olla yksin. Täten, Jumala vaivutti hänet syvään uneen tehdäkseen hänelle sopivan apulaisen. Jumala otti yhden miehen kylkiluista ja täytti paikan lihalla miehen nukkuessa. Sitten hän loi naisen kylkiluusta, jonka hän oli ottanut miehestä ja toi hänet miehen luo. Jumala yhdisti miehen vaimoonsa ja he tulivat yhdeksi lihaksi (1. Mooseksen kirja 2:20-22)

Näin ei ollut, koska Aatami tunsi itsensä yksinäiseksi, vaan koska Jumala oli ollut yksin pitkän aikaa ennen aikojen alkua ja tiesi mitä yksinäisyys oli. Jumalan suuri rakkaus ja armo johtivat hänet tekemään Aatamin apulaisen ja hän, tietäen Aatamin tilanteen etukäteen, siunasi miehen ja vaimon olemaan hedelmällisisä, menestymään ja täyttämään maan.

Aatamin pitkä elämä paratiisissa

Kuinka kauan Aatami ja hänen vaimonsa Eeva elivät paratiisissa? Raamattu ei mainitse tästä yksityiskohtaisesti, mutta sinun tulee tietää heidän eläneen siellä paljon kauemmin, kuin mitä useimmat ihmiset ajattelevat.

Raamattu mainitsee näistä asioista vain muutamassa säkeessä. Näin, monet ihmiset ajattelevat Aatamin syöneen kielletyn hedelmän ja ajautuneen tuhoon pian sen jälkeen, kun Jumala laittoi hänet paratiisiin. Jotkut heistä kysyvät, "Raamattu sanoo ihmisen historian olevan kuusi tuhatta vuotta vanha, mutta kuinka voit selittää monet fossiilit, jotka ovat useita satoja tuhansia vuosia vanhoja?"

Raamatussa ihmisen vaalimisen historia on 6.000 vuotta vanha, alkaen hetkestä, jolloin Aatami ja Eeva ajettiin pois paratiisista. Se ei sisällä sitä pitkää aikaa, jonka he olivat eläneet paratiisissa. Pitkän ajan kuluessa maassa oli tapahtunut suuria geologisia ja maantieteellisiä muutoksia, kuten maankuoren reaktioita, useita lajien sukupolvia oli kulunut ja lajien häviämisiä oli tapahtunut. Kuten keskusteltu kappaleessa 1, monet fossiilit todistavat tämän.

Samoin kuin Jumala siunasi Aatamia ja hänen vaimoaan Mooseksen ensimmäisessä kirjassa 1:28, ensimmäinen mies Aatami, ennen kuin hänet kirottiin, oli kulkenut Jumalan kanssa ja saanut monia lapsia, jotka täyttivät paratiisin. Kaikkien luotujen olentojen herrana, Aatami hallitsi ja johti maata samoin kuin paratiisia.

Aatami oli tottelematon omasta vapaasta tahdostaan

Jumala antoi Aatamille ja Eevalle kummallekin vapaan tahdon ja salli heidän nauttia paratiisin yltäkylläisyydestä ja iloista. Kuitenkin, oli yksi asia, jonka Jumala kielsi. Jumala määräsi heidät olemaan syömättä hyvän ja pahan tiedon puusta.

Jos Aatami olisi ymmärtänyt Jumalan syvän sydämen ja todella rakastanut häntä, hän ei olisi syönyt kiellettyä hedelmää tietäen Jumalan määräyksen. Hän ei kuitenkaan seurannut hänen erityistä käskyään, koska ei todella rakastanut Jumalaa.

Jumala laittoi hyvän ja pahan tiedon puun paratiisiin ja otti käyttöön tiukan lain Jumalan ja ihmisen välillä. Hän salli ihmisen pitää oman vapaan tahtonsa määräysvallan. Näin, koska hän halusi saada todellisia lapsia, jotka tottelisivat häntä sydämiensä pohjasta.

Aatami laiminlöi Jumalan sanan

Raamatussa, Jumala usein lupaa siunausta heille, jotka noudattavat hänen määräyksiään ja huomioivat hänen sanansa (Aikakirjat 15:4-6, 28:1-14). Kuitenkin, kuka noudattaa kaikkia hänen määräyksiään? Jopa raamattu myöntää maailmassa olevan vain muutaman ihmisen, jotka siihen kykenevät.

Jumalan on täytynyt opettaa ensimmäistä miestä Aatamia, että hän tulisi nauttimaan ikuisesta elämästä ja siunauksista, niin kauan, kuin hän totteli Jumalaa, mutta päätyisi ikuiseen kuolemaan, jos hän ei totellut Jumalaa. Jumala varoitti häntä syömästä hyvän ja pahan tiedon puusta.

Kuitenkin, Aatami ja Eeva jättivät noudattamatta Jumalan käskyn ja söivät kielletyn hedelmän. Saatana yritti alusta alkaen häiritä Jumalan suunnitelmaa kasvattaa tosia ja hengellisiä lapsia. Lopulta saatana onnistui houkuttelemaan heidät syömään hedelmä käärmeen avulla, joka oli viekkaampi, kuin mikään muu villieläin (1. Mooseksen kirja 3:1). Aatami ja Eeva eivät totelleet Jumalan käskyä. Kuinka sitten, Aatami ei noudattanut Jumalan käskyä, vaikka hän oli elävä henki ja oli vain Jumalan opettama, koskien totuutta.

Mooseksen 1. kirjan säkeestä 2:15 havaitsemme, että Jumala laittoi Aatamin johtamaan paratiisia ja huolehtimaan siitä. Aatami sai voiman ja vallan Jumalalta hallita ja valvoa sitä. Jumala pani hänet vartioimaan sitä, mikäli viholliset piru ja saatana murtautuisivat sisään. Kuitenkin, saatana ei epäonnistunut hallitsemaan käärmettä ja houkuttelemaan Aatamia ja Eevaa käärmeen avulla. Kuinka tämä on mahdollista?

Sanalla sanottuna, saatana on paha henki, jolla on on voima
yli ilman valtakunnan. Saatanalla ei ole hahmoa. Jobin kirjassa
2:2 saatanaa kuvaillaan prinssiksi, jolla on ilman valta, hengeksi,
joka työskentelee tottelemattomien poikien kanssa.

Saatanan ollessa kuin radioaallot, jotka lentävät ilman halki,
saatana saattoi laittaa käärmeen houkuttelemaan Aatamia ja
Eevaa paratiisissa. Mooseksen 1. kirja näyttää toistuvasti
erityisen lauseen. Luomisen jokaisen päivän päättyessä raamattu
toistaa, "Jumala näki, että se oli hyvä." Tätä lausetta ei sanottu
toisena päivänä, jolloin taivaankansi luotiin.

Jälleen Paavalin kirje efesolaisille 2:2 puhuu ajasta *"Joissa te
ennen vaelsitte tämän maailman menon mukaan, ilmavallan
hallitsijan, sen hengen hallitsijan, mukaan, joka nyt tekee
työtään tottelemattomuuden lapsissa."* Jumala tiesi etukäteen,
että pahoilla hengillä olisi voima ilman valtakunnassa.

Eeva lankesi käärmeen houkutuksiin

Käärme on vain yksi maan eläimistä. Kuinka sen onnistui
houkutella Eeva olemaan tottelematta Jumalan käskyä?

Paratiisissa ihmiset saattoivat keskustella kaikkien elollisten
olentojen kanssa, kuten kukkien, puiden, lintujen, petojen ja niin
edelleen. Eeva saattoi myös keskustella käärmeen kanssa.
Alunperin ihmiset rakastivat käärmeitä ja olivat, toisin kuin
nykyisin, hyvissä väleissä niiden kanssa. Ne olivat niin sileitä,
puhtaita, pitkiä, pyöreitä ja viisaita, että Eeva suosi niitä. Ne
tunsivat hänet hyvin ja miellyttivät häntä. Asia on samoin kuin
koirien kanssa, joita niiden omistajat suosivat, koska ne ovat

viisaampia ja seuraavat paremmin, kuin mitkään muut eläimet. Kuitenkin monet ihmiset sanovat, "Käärmeet ovat kamalia, myrkyllisiä ja inhottavia." He eivät pidä lähes vaistomaisesti käärmeistä, koska ne houkuttelivat ensimmäisen miehen Aatamin ja hänen vaimonsa Eevan olemaan tottelematta määräystä ja syöksivät heidät kuoleman tielle.

Ymmärtääksesi käärmeen luonteen, sinun tulee ymmärtää alkuperäinen maan olosuhteet. Kullakin maaperällä on erilaiset lisäaineet ja erilaiset ainesuhteet. Sen mukaan, mitä alkuaineita maassa on, maaperä on joko hyvää tai huonoa. Jumalan luodessa kaikki maan pedot ja kaikki taivaan linnut, hän valitsi kullekin lajille sopivan maaperän (1. Mooseksen kirja 2:19).

Jumala ei aluksi luonut käärmettä ovelaksi. Jumala teki siitä tarpeeksi viisaan, jotta ihminen rakastaisi sitä. Kuitenkin käärmeestä tuli ovela pahan hengen vaikutuksesta. Ellei käärme olisi kuunnellut saatanan ääntä, vaan toteuttanut Jumalan tahdon, siitä olisi tullut viisas ja hyvä eläin. Koska se kuitenkin kuunteli ja noudatti saatanan ääntä, käärmeestä tuli ovela eläin, joka houkutteli Eevan lankeamaan kuolemaan.

Koska Eeva muutti Jumalan sanan

Käärme tiesi, mitä Jumala oli sanonut Aatamille: *"Syö vapaasti kaikista muista paratiisin puista, mutta hyvän ja pahan tiedon puusta älä syö, sillä sinä päivänä sinä siitä syöt, on sinun kuolemalla kuoltava"* (1. Mooseksen kirja 2:16-17). Niinpä käärme kysyi Eevalta ovelasti, "Varmaankin Jumala on sanonut, ettet, 'saa syödä mistään paratiisin puusta'?" (Säe. 1)

Miten Eeva vastasi käärmeelle?

Me saamme syödä muiden puiden hedelmiä paratiisissa, mutta sen puun hedelmästä, joka on keskellä paratiisia, on Jumala sanonut, "Älkää syökö siitä älkääkä koskeko siihen, ettette kuolisi." (1. Mooseksen kirja 3:2-3)

Jumala antoi Aatamille selvän varoituksen: *"Mutta hyvän ja pahan tiedon puusta älä syö, sillä sinä päivänä sinä siitä syöt, on sinun kuolemalla kuoltava"* (1. Mooseksen kirja 2:17). Hän korosti, etteivät he eläisi, jos he söisivät tästä puusta. Kuitenkaan Eevan vastaus ei ollut yhtä ilmiselvä. Hän vain vastasi epämääräisesti, "Tulet kuolemaan." Hän jätti pois "sinä päivänä." Toisin sanoen hän tarkoitti, "Jos syötte kielletyn hedelmän, saatatte kuolla, tai saatatte olla kuolematta."

Hän ei pitänyt Jumalan käskyä mielessään ja epäili hieman Jumalan sanaa. Käärmeen kuultua hänen välttelevän ja epävarman vastauksen, se kiiruhti houkuttelemaan häntä entistä enemmän. Se jopa vääristeli Jumalan käskyä. Käärme sanoi naiselle, "Ethän sinä varmastikaan kuole." Se alkoi muuttamaan Jumalan käskyä ja rohkaisemaan naista: *"Vaan Jumala tietää, että sinä päivänä te syötte siitä, aukenevat silmänne ja te tulette Jumalan kaltaisiksi, tietämään hyvän ja pahan"* (1. Mooseksen kirja 3:5). Se houketteli häntä uudelleen, nostaen hänen uteliaisuuttaan yhä enemmän.

Eeva oli tottelematon omasta vapaasta tahdostaan

Saatanan puhallettua synnillisiä haluja naiseen valheellisilla ajatuksillaan, puu näytti hänestä aikaisempaan nähden erilaiselta. Mooseksen 1. kirja 3:6 sanoo, *"Ja vaimo näki, että siitä puusta oli hyvä syödä ja että se oli ihana katsella sekä viehättävä puu, omansa antamaan ymmärrystä; ja hän otti sen hedelmistä ja söi ja antoi myös miehellensä, joka oli hänen kanssaan ja hänkin söi."* Hänen olisi tullut kieltäytyä selvästi ja täysin käärmeen houkutuksista. Syntisen ihmisen halut, himo hänen silmissään, ja elämän ylpeys veivät hänet kuitenkin mukanaan ja ajoivat hänet tottelemattomuuden syntiin.

Jotkut sanovat, "Eivätkö Aatami ja Eeva syöneet hyvän ja pahan tiedon puun hedelmän, koska heillä oli 'syntinen luonne?" Heillä ei ollut syntinen luonne, vaan pelkkää hyvyyttä ennen tottelemattomuutta. Heillä oli vain heidän oma vapaa tahtonsa, jonka perusteella he saattoivat syödä, tai olla syömättä kiellettyä hedelmää, vastoin Jumalan käskyä.

Ajan kuluessa he jättivät noudattamatta Jumalan käskyä. Saatana houkutteli heitä käärmeen avulla ja he lankesivat kiusaukseen. Näin synti tuli heihin ja he rikkoivat käskyä, jonka Jumala oli asettanut.

Tämä on samanlaista kuin lasten kasvu pahuudessa. Jopa haluissaan ja sanoissaan ovela lapsi ei ole aina niin paha, tai ovela syntymästään asti. Aluksi, hän matkii toisten lasten raakoja sanoja, tai kiroilee tietämättä sanojen merkitystä. Tai hän saattaa matkia toista poikaa lyövää poikaa ja nauttia toisten poikien lyömisestä ja heidän itkuun purskahtamisestaan. Niinpä hän lyö toisia jatkuvasti ja paha on pesiytynyt häneen ja kasvaa hänessä. Samalla tavalla, Aatamilla ei ollut alussa synnillinen luonne. Kun hän ei totellut Jumalan käskyä ja söi puusta omasta vapaasta halustaan, tapahtui synti ja paha sai hänessä paikan.

Synnin palkka on kuolema

Kuten Jumala sanoi Aatamille "Sinun ei tule syödä hyvän ja pahan tiedon puusta. Kun syöt siitä, kuolet varmasti, "Aatami ja Eeva kuolivat varmasti puusta syötyään. Jaakobin kirje 1:15 sanoo, *"Kun sitten himo on tullut raskaaksi, synnyttää se synnin, mutta kun synti on täysin kehittynyt, synnyttää se kuoleman."*

Paavalin kirje roomalaisille 6:23 opettaa sinulle hengellisen totuuden lain synnin seurauksesta, "Synnin palkka on kuolema." Katsokaamme, kuinka Aatami ja Eeva kuolivat tottelemattomuutensa vuoksi.

Heidän sielujensa kuolema

Jumala selvästi sanoi Aatamille, *"Mutta hyvän ja pahan tiedon puusta älä syö, sillä sinä päivänä sinä siitä syöt, on sinun kuolemalla kuoltava."* Kuitenkaan he eivät kuolleet välittömästi oltuaan tottelemattomia Jumalan käskyä kohtaan. He elivät pitkään ja saivat paljon lisää lapsia. Siten, mikä oli "kuolema", josta Jumala varoitti.

Hän ei tarkoittanut heidän kehojensa kuolemaa, vaan heidän sielujensa kuolemaa. Ihmisellä on henki, jonka avulla hän voi keskustella Jumalan kanssa, sielu joka on hengen apulainen ja keho, jossa heidän sielunsa ja henkensä asuvat. Paavalin 1. kirje tessalonikalaisille 5:23 sanoo, että ihminen muodostuu hengestä, sielusta ja ruumiista. Aatamin ja Eevan oltua tottelemattomia Jumalan käskyä kohtaan, heidän henkensä, ihmisen arvokkain, kuoli.

Jumala on syytön ja tahraton ja pyhä, ja asuu saavuttamattomassa valossa, niin etteivät syntiset voi olla hänen kanssaan. Aatami saattoi keskustella Jumalan kanssa ollessaan elävä henki, muttei voinut enää keskustella Jumalan kanssa hänen henkensä kuoltua syntien tähden.

Tuskallisen elämän alku

Paratiisi oli hyvin runsas ja ihana paikka, missä heillä ei ollut huolia, tai murheita ja Aatami ja Eeva olisivat saattaneet elää siellä ikuisesti, syöden elämän puusta. Mutta heidät ajettiin pois paratiisista heidän langettuaan syntiin. Siitä hetkestä alkoivat heidän ongelmansa ja vaikeutensa.

Naiselle synnytys tuli kivuliaammaksi. Hän alkoi himoita miestään ja mies alkoi määrätä häntä. Vasta sen jälkeen, kun mies oli vaalinut kirottua maata raa'alla, kivuliaalla raadannalla, hän saattoi syödä siitä elämänsä joka päivä (Mooseksen 1. kirja 3:16-17).

Jumala sanoo Aatamille, Mooseksen 1. kirjassa 3:18-19, *"Orjantappuroita ja ohdakkeita se on kasvava sinulle ja sinun on syötävä kedon ruohoja. Otsa hiessä sinun on syötävä leipäsi, kunnes maahan jälleen palajat, sillä siitä sinä olet otettu. Sillä tomua sinä olet ja tomuksi sinun sinun on jälleen tultava.*" Näillä säkeillä Jumala ilmaisee, että ihminen palaa kouralliseksi tomua.

Koska Aatami, ihmiskunnan esi-isä teki tottelemattomuuden synnin ja hänen henkensä kuoli, kaikki hänen jälkeläisensä ovat syntyneet syntisinä ja menevät kuoleman tietä.

Paavalin kirje roomalaisille sisältää Aatamin kovan perinnön: *"Sen tähden, koska vain yhden miehen kautta synti ja kuolema tuli maailmaan, kuolema koskee kaikkia ihmisiä, koska kaikki tekivät syntiä."*

Kaikki ihmiset syntyvät syntisinä

Jumala sallii ihmisten olevan hedelmällisiä ja lisääntyvän lukumäärässä elämän siementen kautta, jotka hän antaa heille kun hän tekee heidät. Ihminen on synnytetty, kun sperma ja munasolu ovat yhdistyneet, jotka Jumala antaa miehelle ja naiselle elämän siemeninä. Koska spermalla ja munasolulla on vanhempiensa piirteet, lapsi muistuttaa vanhempiensa näköä, luonnetta, makuja, tapoja ja niin edelleen.

Tällä tavoin Aatamin synnillinen luonne on siirtynyt kaikkiin hänen jälkeläisiinsä, sen jälkeen kun Aatami, kaikkien miesten esi-isä teki syntiä. Sitä kutsutaan "alkuperäiseksi synniksi." Aatamin jälkeläiset syntyvät alkuperäisen synnin kanssa. Niinpä kaikki miehet ovat väistämättä syntisiä.

Jotkut ei uskovaiset valittavat, "Miksi, tai kuinka ihmeessä minä olen syntinen? En ole tehnyt mitään syntiä." Tai toiset kysyvät, "Kuinka Aatamin synti voi siirtyä minuun?" Otetaanpa esimerkki lapsesta. Huolehtivalla äidillä on alle yksivuotias lapsi. Hän rintaruokkii toista lasta oman lapsensa silmien edessä. On hyvin luultavaa, että lapsi hermostuu ja yrittää työntää toisen lapsen pois. Ellei äiti lopeta ruokkimasta toista lasta, tai lapsi lopeta imemästä hänen rintaansa, hänen oma lapsensa saattaa tönäistä, tai lyödä äitiä, tai toista lasta. Jos äiti jatkaa maidon antamista toiselle lapselle, hänen omansa saattaa purskahtaa itkuun.

Vaikkakaan kukaan ei opettanut pienelle lapselle, kadehtimista, mustasukkaisuutta, vihaa, ahneutta, tai lyömistä, lapsella on nuo pahat asiat mielessään syntymästään asti. Tämä tosiasia selittää, että ihmiset ovat syntyneet alkuperäisen synnin kera, joka on peritty heidän vanhemmiltaan.

Kuinka paljon lisää kukin henkilö tekee syntiä elinaikanaan? Sinun tulee ymmärtää, etteivät ainoastaan synnilliset teot, vaan myös kaikenlainen paha omassa mielessä on syntiä Jumalan edessä, joka on valo itse. Jumala näkee ja valvoo sellaista pahaa mielessä, kuin viha, ahneus, tuomitseminen ja monet muut.

Sentähden, ettei yksikään ihminen tule vanhurskaaksi hänen edessään lain teoista; sillä lain kautta tulee synnin tunto. Sillä kaikki ovat syntiä tehneet (Paavalin kirje roomalaisille 3:20, 23)

Ei vain ihminen, vaan kaikki asiat ovat kirotut

Kun Aatami, joka oli kaikkien herra, teki syntiä ja kirottiin, maa ja kaikki karjaeläimet, kaikki maan pedot ja taivaan linnut kirottiin hänen kanssaan. Siitä lähtien syntyivät vahingolliset ja myrkylliset hyönteiset, kuten hyttyset, jotka välittävät kaikenlaisia sairauksia.

Maa alkoi tuottaa orjantappuroita ja ohdakkeita ja ihminen saattoi kerätä kasveista satoa ruoaksi, vain tuskallisella raadannalla ja otsansa hiessä. Ihminen oli pakotettu kohtaamaan kyyneleitä, surua, tuskaa, sairauksia, kuolemaa ja vastaavaa, koska he olivat kirottuja maan päällä.

Sen vuoksi Paavalin kirje roomalaisille 8:20-22 sanoo, *"Sillä luomakunta on alistettu katoavaisuuden alle, ei omasta tahdostaan, van sen tahdosta, joka sen alisti, kuitenkin toivon varaan. Koska itse luomakuntakin tulee vapautettavaksi turmeltuneisuuden orjuudesta Jumalan lasten kirkkauden vapauteen. Sillä me tiedämme, että koko luomakunta yhdessä huokaa ja on synnytystuskissa aina tähän asti."*

Miten sitten käärme kirottiin? Mooseksen 1. kirjassa 3:14, Jumala sanoi käärmeelle, *"Koska tämän teit, ole kaikkien karjaeläinten ja kaikkien kedon eläinten joukossa kirottu sinä. Vatsallasi sinun on käytävä ja tomua sinun on syötävä kaiken elinaikasi."* Käärmeet eivät kuitenkaan syö tomua, vaan eläviä eläimiä, kuten lintuja, sammakoita, hiiriä ja hyönteisiä. Jumala sanoi selvästi, "Ja tomua sinun on syötävä kaiken elinaikasi." Kuinka sinun tulisi tulkita tämä säe?

Pöly tässä symboloi "ihmistä, joka on tehty maan tomusta" (Mooseksen 1. kirja 2:7) ja "käärme" edustaa vihollista pirua ja saatanaa (Ilmestyskirja 20:2). *"Tomua sinun on syötävä kaiken elinaikasi"* symboloi, että saatana ja piru pistävät poskeensa ihmiset, jotka eivät elä Jumalan sanan mukaan, vaan kulkevat mieluummin pimeässä.

Jopa Jumalan lapset kokevat ongelmia ja vaikeuksia, joita saatana ja piru heille tuovat, jos he tekevät pahoin tai syntiä Jumalan tahtoa vastaan. Tänä päivänä saatana ja piru kulkevat ympäriinsä, kuin muriseva leijona, etsien jotakuta pistettäväksi poskeensa. (Pietarin 1. kirje 5:8) Jos he löytävät jonkun, he orjuuttavat hänet synnin kirouksen alle ja vetävät ihmisen tuhon tielle. Jos mahdollista, he yrittävät viekoitella jopa Jumalan lapsia.

Saatana ja piru viekoittelevat heitä, jotka sanovat, "Uskon Jumalaan", mutta eivät ole varmoja Jumalan sanasta, ja johtavat heidät kuoleman tielle. Tavallisesti, saatana ja piru yrittävät viekoitella sinut lähimmäistesi kautta, kuten puolisosi, ystäväsi ja sukulaisesi - Samoin, kuin he viekoittelivat Eevaa käärmeen avulla, yhden eniten rakastetun lemmikin avulla.

Esimerkiksi, puolisosi, tai ystäväsi saattaa kysyä, "Eikö ole riittävää sinulle osallistua vain sununtaiaamun jumalanpalvelukseen? Täytyykö sinun aina osallistua myös sunnuntai-illan jumalanpalvelukseen?", tai "Yritätkö aina parhaasi kokoontuaksesi joka päivä?" Jumala näkee ja tietää, jopa sisimmän sydämesi, koska hän on kaikkivaltias ja kaikkitietävä. Pitäisikö sinun itkeä rukoillessasi?

Jumala määräsi sinut muistamaan lepopäivän ja pitämään sitä pyhänä (Mooseksen 2. kirja 20:8), yrittämään kokoontua Herran nimessä (Kirje heprealaisille 10:25) ja itkemään rukoillessa (Jeremia 33:3). Saatana ei voi viekoitella, eikä panna tekemään syntiä niitä, jotka asuvat kokonaan Jumalan sanassa

(Matteuksen evankeliumi 7:24-25).

Samoin kuin Paavalin kirje efesolaisille 6:11 sanoo, *"Pukekaa yllenne Jumalan koko sota-asu, voidaksenne kestää perkeleen kavalat juonet,"* sinun tulee varustaa itsesi Jumalan sanan totuudella ja rohkeasti ajaa pois uskolla vihollinen perkele ja saatana.

Miksi Jumala laittoi hyvän ja pahan tiedon puun paratiisiin, Eedenin puutarhaan?

Jumala ei laittanut hyvän ja pahan tiedon puuta paratiisiin ajaakseen ihmisen tuhoon, vaan antakseen heille todellisen onnen. Ymmärtämättä hänen syvällistä suunnitelmaansa, monet ihmiset väärinymmärtävät Jumalan rakkauden ja oikeudenmukaisuuden, eivätkä jopa usko Jumalaan. He elävät tylsän ja elottoman elämän löytämättä elämälleen todellista tarkoitusta.

Miksi sitten Jumala laittoi hyvän ja pahan tiedon puun paratiisiin ja miksi se tuo sinulle suuren siunauksen?

Aatami ja Eeva eivät tietäneet todellisesta onnesta

Paratiisi oli hyvin kaunis ja runsas ylitse mielikuvituksesi. Jumala laittoi kaikenlaisia puita kasvamaan maasta. Ne olivat silmille miellyttäviä ja antoivat hyvää ruokaa. Paratiisin keskellä oli hyvän ja pahan tiedon puu (Mooseksen 1. kirja 2:9). Miksi Jumala sitten laittoi hyvän ja pahan tiedon puun keskelle paratiisia elämän puun viereen, niin että se näkyi hyvin? Jumala ei koskaan aikonut ajaa heitä tuhon tielle, viekoittelemalla heitä syömään puusta. Oli Jumalan kaitselmusta antaa meidän ymmärtää suhde hyvään ja pahan tiedon puuhun ja tulla hänen tosi ja hengellisiksi lapsikseen, jotka voivat tuntea hänen sydämensä.

Samalla, kun ihmiset kokevat kyyneleitä, surua, köyhyyttä, tai sairauksia, ihmiset saattavat ajatella, että Aatamin ja Eevan on täytynyt olla hyvin onnellisia paratiisissa, koska he eivät kokeneet tämän maailman tuskia, kuten kyyneleitä, surua, köyhyyttä, tai sairauksia. Kuitenkaan, paratiisin ihmiset eivät tienneet todellisesta onnesta, tai todellisesta rakkaudesta, koska he eivät olleet kokeneet suhteellisuutta.

Otetaan esimerkki. On kaksi poikaa. Toinen syntyi ja kasvoi köyhyydessä, mutta toinen syntyi hyvinvointiin ja nautti siitä. Jos annat kummallekin lahjana hyvin kalliin lelun, millaisen palautteen saat heiltä? Yhtäältä, rikkaudessa elänyt poika ei ole niin kiitollinen, koska hän harvoin tuntee lelun arvon. Toisaalta, köyhyydessä elänyt poika tulee olemaan hyvin kiitollinen ja pitää lelua hyvin arvokkaana.

Todellinen onni tulee suhteellisuudesta

Samalla tavoin, he, jotka kokevat vapauden ja yltäkylläisyyden suhteellisuuden, tietävät ja nauttivat todellisesta onnesta, tai todellisesta vapaudesta. Toisin kuin paratiisissa, tässä maailmassa on paljon suhteellisia asioita. Jos haluat tietää ja nauttia jonkin todellisesta arvosta, sinun tulee kokea sen suhteellisuus. Et voi tajuta sen todellista arvoa ennen kuin olet kokenut sen vastakohdan.

Esimerkiksi, jos haluat tietää todellisen onnen, sinun tulee kokea epäonnellisuus. Jos haluat tietää tosi rakkauden arvon, sinun täytyy kokea viha. Et voi tajuta terveytesi merkitystä, ennen kuin olet tuskissa sairauden, tai huonon terveyden vuoksi. Et tajua ikuisen elämän arvoa, etkä ole kiitollinen Isä Jumalalle, joka valmistaa hyvän taivaan, ennen kuin ymmärrät, että varmasti on olemassa kuolema ja helvetti.

Ensimmäinen ihminen Aatami nautti kaikesta mitä hän toivoi syövänsä ja hänellä oli valta johtaa kaikkea paratiisissa. Hän sai kaiken sen, ilman tuskallista raadantaa tai hikeä otsallaan. Tästä syystä hän ei osoittanut kiitollisuutta Jumalalle, joka antoi kaiken, eikä hän tuntenut Jumalan armoa ja rakkautta sydämessään.

Myöhemmin Aatami jätti noudattamatta Jumalan käskyä syömällä hedelmän. Hän oli silloin elävä henki, mutta syntiinlankeemuksen jälkeen hänen henkensä kuoli ja hänestä tuli lihallinen ihminen. Hänet ja hänen vaimonsa ajettiin pois paratiisista ja he tulivat elämään tässä maailmassa. Hän alkoi kärsiä asioista, joita hän ei ollut koskaan kokenut paratiisissa, kyyneleet, suru, sairaudet, tuska, epäonni, kuolema ja niin edelleen. Lopulta, hän tuli kokemaan kaikki paratiisin onnen vastakohdat.

Sellaisessa prosessissa, Aatami ja Eeva saattoivat ymmärtää ja tuntea, mitä onnellisuus ja epäonnellisuus olivat ja kuinka arvokasta oli vapaus ja yltäkylläisyys, jonka Jumala antoi heille paratiisissa.

Elämäsi on tarkoituksetonta, jos elät ikuisesti tietämättä, mitä onnellisuus ja epäonnellisuus ovat. Vaikka sinulla olisi vastoinkäymisiä nyt, elämäsi on arvokkaampaa ja sillä on merkitys, jos voit tuntea todellisen onnen myöhemmin.

Esimerkiksi, vaikkakin vanhemmat odottavat lastensa olevan opiskelusta onnettomia, he antavat lastensa mennä kouluun. Jos he rakastavat lapsiaan, vanhemmat mielihyvin auttavat lapsiaan opiskelemaan kovasti, tai kokemaan paljon hyviä asioita. Se on sama asia, kuin Isän, Jumalan sydän, joka lähetti ihmiset tähän maailmaan ja vaalii heitä tosi lapsinaan kaikenlaisten kokemusten kautta.

Samasta syystä, Jumala laittoi hyvän ja pahan tiedon puun paratiisiin, eikä estänyt Aatamia ja Eevaa syömästä siitä omasta vapaasta tahdostaan. Hän suunnitteli kaiken, niin että ihmiset kokisivat onnea, vihaa, surua ja mielihyvää tässä maailmassa ja tulisivat Hänen ihmisten vaalimisensa kautta Hänen tosi lapsikseen.

Tuskallisten kokemusten kautta, he voisivat lopulta ymmärtää yksi kerrallaan noiden asioden todellisen arvon ja merkityksen sydämissään.

Koska he tulevat tuntemaan ja tietämään todellisen onnellisuuden ihmisten vaalimisen kautta, Jumalan lapset eivät petä Jumalaa uudelleen, kuten Aatami ja Eeva tekivät paratiisissa, riippumatta siitä paljonko aikaa kuluu. Sensijaan, he tulevat rakastamaan Häntä yhä enemmän ja enemmän, täyttyvät ilosta ja kiitoksista ja antavat Hänelle suuremman ylistyksen.

Todellinen onni taivaassa

Jumalan lapset, jotka ovat kokeneet kyyneleitä, surua, tuskaa, sairauksia, kuolemaa ja niin edelleen tässä maailmassa, tulevat astumaan ikuiseen taivaaseen ja nauttimaan ikuisesta onnesta ja kiitospäivästä ikuisesti. He tulevat tuntemaan täydellisen onnen ilon taivaassa.

Tässä lihallisessa maailmassa, kaikki mädäntyy ja kuolee, mutta taivaallisessa valtakunnassa ei ole mädäntymistä, kuolemaa, kyyneleitä eikä surua. Kultaa arvostetaan eniten tässä maailmassa, mutta taivaassa uuden Jerusalemin kaikki kadut on tehty kullasta. Taivaalliset talot on tehty hyvin kauniista ja arvokkaista jalokivistä. Kuinka ihmeellisiä ja kauniita ne ovatkaan!

Minä olin pitänyt kultaa ja jalokiviä arvokkaimpina, ennen kuin tapasin Jumalan, mutta siitä lähtien, kun opin ikuisesta taivaasta, aloin pitää kaikkea tässä maailmassa turhana ja arvottomana. Elämä tässä maailmassa on hetki verrattuna ikuiseen todellisuuteen. Jos todella uskot ikuiseen taivaaseen ja toivot sitä, et tule koskaan rakastamaan tätä mailmaa. Sensijaan, tulet vain ajattelemaan, mitä sinun pitäisi ja mitä voisit tehdä pelastaaksesi yhden ihmisen lisää, tai kuinka voisit evankelisoida kaikki maailman ihmiset. Tulet keräämään itsellesi ansioita taivaassa antamalla parhaasi Jumalalle kaikesta sydämestäsi, ilman yritystä varastoida itsellesi maallisia aarteita.

Apostoli Paavali saattoi kulkea ankaran tiensä loppuun asti ilolla ja kiitoksella, koska hän näki kolmannen taivaan, jonka Jumala näytti hänelle näyssä. Hänen täyttyi kestää kamalia vastoinkäymisiä pakanain apostolina. Jumala näytti hänelle suuren taivaan kauneuden ja rohkaisi häntä menemään omaa tietään taivaan toivossa. Häntä piestiin kepeillä, piiskattiin ankarasti, kivitettiin, vangittiin jatkuvasti ja hän vuodatti vertaan saarnatessaan Herramme evankeliumia. Tästä huolimatta, Paavali tiesi kaiken tuon olevan suuresti arvostettua taivaassa. Lopulta, kaikki hänen vastoinkäymisensä olivat suureksi taivaalliseksi kiitokseksi. Jumalan miehet eivät toivo tätä maailmaa. He ikävöivät vain taivaallista valtakuntaa. Tämä maailma on hetki Jumalan silmissä, elämä taivaallisessa valtakunnassa on ikuista. Taivaassa ei ole kyyneleitä, tai surua, tai kärsimystä. tai kuolemaa. Niin he voivat aina elää iloisina toivoen Jumalan suuria palkintoja, joilla hän palkitsee heidät taivaassa sen mukaan, mitä he ovat kylväneet, tai tehneet.

Siksi minä rukoilen Herramme Jeesuksen Kristuksen nimeen, että tulet ymmärtämään Jumalan. Luojan suuren rakkauden ja kaitselmuksen ja valmistat itsesi taivaaseen astumiseen, niin että saatat nauttia ikuisesta elämästä ja todellisesta onnesta hämmästyttävän kauniissa ja upeassa taivaassa.

Kappale 4

ENNEN AIKOJEN ALKUA KÄTKETTY SALAISUUS

- Aatamin valta pirulle annettuna
- Maan lunastuksen laki
- Ennen aikojen alkua kätketty salaisuus
- Jeesus on lain mukaan pätevä

Kuitenkin me puhumme viisautta täydellisten seurassa, mutta ei tämän maailman viisautta eikä tämän maailman valtiaiden, jotka kukistuvat, vaan me puhumme salaisuutena ollutta Jumalan viisautta, sitä kätkettyä, jonka Jumala oli edeltä määrännyt ennen aikojen alkua meidän kirkkaudeksemme. Tätä viisautta ei kukaan tämän maailman valtiaista ole tuntenut, sillä jos olisivat sen tunteneet, eivät he olisi kirkkauden Herraa ristiinnaulinneet.

Paavalin 1. kirje korinttolaisille 2:6-8

Käärme houkutteli Aatamia ja Eevaa paratiisissa, he eivät noudattaneet Jumalan käskyä, ja söivät hyvän ja pahan tiedon puusta, koska heillä oli mielessään halu olla Jumalan kaltainen. Tämän seurauksena, he ja kaikki heidän jälkeläisensä tulivat syntisiksi.

Ihmisen näkökulmasta, Aatamin ja Eevan on ajateltu olleen onnettomia, koska heidät ajettiin pois paratiisista ja koska heidän täytyi mennä kuoleman tietä. Kuitenkin, hengellisesti puhuen, on Jumalan hämmästyttävää siunausta, että ihmiset saavat mahdollisuuden nauttia pelastuksesta, ikuisesta elämästä ja taivaallisesta siunauksesta Jeesuksen Kristuksen kautta.

Ihmiskunnan vaalimisen kautta, salaisuus, joka on ollut kätkettynä aikojen alusta sinun ylistystäsi varten, paljastettiin ja pelastuksen tie avattiin auki kaikille kansoille. Katsokaamme syvemmälle tähän aikojen alusta asti kätkettynä olleeseen salaisuuteen ja kuinka pelastuksen tie on avattu.

Aatamin valta pirulle annettuna

Luukkaan evankeliumissa 4:5-6 löydämme pirun houkuttelevan Jeesusta, joka oli juuri päättänyt 40 päivän paaston.

Ja perkele vei hänet korkealle vuorelle ja näytti hänelle kyseisen ajan kaikki maailman valtakunnat. Ja perkele sanoi hänelle, "Sinulle annan kaiken tämän valtapiirin ja sen loiston, sillä minun haltuuni se on annettu ja minä annan sen, kenelle tahdon."

Perkele sanoi antavansa vallan Jeesukselle, koska se oli hänelle joltakulta muulta hänelle annettu. Miksi Jumala, joka hallitsee kaikkia asioita, sallii kaiken vallan antamisen perkeleelle? Mooseksen 1. kirja 1:28 sanoo, *"Ja Jumala siunasi heitä ja Jumala sanoi heille, 'Olkaa hedelmälliset ja lisääntykää ja täyttäkää maa ja tehkää se itsellenne alamaiseksi; ja vallitkaa kalat meressä ja taivaan linnut, ja kaikki maan päällä liikkuvat eläimet.'"*
Aatami sai Jumalalta vallan ja voiman johtaa ja hallita kaikkia asioita. Hän oli kaiken herra, mutta pitkän ajan jälkeen, hän ja hänen vaimonsa houkuteltiin käärmeen toimesta syömään hyvän ja pahan tiedon puusta. Hän teki Jumalalle tottelemattomuuden synnin.
Paavalin kirje roomalaisille 6:16 sanoo, *"Ettekö tiedä, että kun antaudutte jonkun palvelijoiksi, häntä totellaksenne, niin olette sen palvelijoita, jolle olette kuuliaiset, joko synnin palvelijoita, mikä on kuolemaksi, tai kuuliaisuuden, mikä on vanhurskaudeksi?"* Olet joko synnin tai kuuliaisuuden palvelija. Mikäli teet syntiä, olet synnin palvelija ja menet kuolemaan. Kuitenkin, mikäli noudatat kuuliaisuuden sanaa, olet kuuliaisuuden palvelija ja astut taivaaseen.
Aatami syyllistyi tottelemattomuuden syntiin ja tuli synnin

palvelijaksi. Niin hänellä ei voinut enää olla kaikkea Jumalan antamaa valtaa ja voimaa. Hänen täytyi antaa valta ja voima perkeleelle, samoin kuin orjan kaikki omaisuus kuuluu luonnollisesti hänen isännälleen. Lyhyesti sanoen, Aatami antoi kaiken Jumalan hänelle antaman vallan ja voiman perkeleelle, koska hän teki syntiä ja tuli synnin palvelijaksi.

Aatamin tottelemattomuus johti kaikkien ihmisten syntisyyteen. Se aiheutti hänen ja hänen jälkeläistensä palvelevan perkeleen orjana ja olevan tuomittu kuolemaan.

Maan lunastuksen laki

Mitä ihmisten tulee tehdä vapautuakseen vihollisesta perkeleestä ja saatanasta ja pelastua synneistä ja kuolemasta? Jotkut sanovat, "Jumala anteeksiantaa ilman ehtoja, koska Jumala on rakkaus. Hänellä on paljon myötätuntoa ja armoa." Kuitenkin, Paavalin 1. kirje korinttolaisille 14:40 sanoo, *"Mutta kaikki tapahtukoon säädyllisesti ja järjestyksessä."* Jumala tekee kaiken hyvässä järjestyksessä hengellisen valtakunnan lain mukaan. Jumala ei tee mitään hengellistä lakia vastaan, koska hän on oikeuden ja oikeudenmukaisuuden Jumala.

Hengellisessä valtakunnassa laki rankaisee synnintekijöitä, sanoen, *"Synnin palkka on kuolema."* On myös laki syntien lunastuksesta. Tätä hengellistä lakia tulisi soveltaa saamaan perkeleeltä takaisin Aatamin hänelle antama valta.

Mikä sitten on syntien lunastuksen laki? Se on vanhassa testamentissa kirjoitettu laki maan lunastamisesta. Ennen aikojen alkua, Jumala, Isä valmisti salaa ihmisten pelastumisen tien tämän lain mukaisesti.

Mikä on maan lunastuksen laki?

Tämä on Jumalan käsky israelilaisille Mooseksen 3. kirja 25:23-25:

Älköön maata ainaiseksi myytäkö, sillä maa on minun ja te olette muukalaisia ja vieraita minun luonani. Ja koko siinä maassa, jonka saatte omaksenne, on teidän myönnettävä oikeus maan sukulunastamiseen. Jos veljesi köyhtyy ja myy perintömaatansa, niin hänen lähin sukulunastajansa tulkoon ja lunastakoon sen, mitä hänen veljensä on myynyt.

Kaikki maa kuuluu Jumalalle, eikä sitä tule myydä pysyvästi. Jos joku myi maatansa köyhyyden vuoksi, Jumala salli hänen tai hänen lähimmäisensä ostaa maa takaisin. Tämä on maan lunastamisen laki.

Israelin ihmiset kirjoittavat maasopimustodistuksen maan lunastuksen lain mukaan, ei pysyvästi myydyksi, myydessään ja ostaessaan maata.

Ostaja ja myyjä kirjoittavat maasopimustodistukseen yksityiskohtaiset tiedot, niin että myyjä tai hänen läheisensä voi lunastaa sen takaisin myöhemmin. He tekevät siitä kopion ja laittavat kumpikin sinettinsä näihin kahteen sopimukseen kahden tai kolmen todistajan läsnäollessa. Yksi sopimus sinetöidään ja pidetään pyhän temppelin varastossa. Toinen sopimus pidetään avonaisena ja sinetöimättömänä etuhuoneessa. Maan lunastuksen laki sallii myyjän tai hänen läheisensä lunastaa maa milloin tahansa.

Maan lunastuksen laki ja ihmisten pelastus

Miksi Jumala valmisti ihmisten pelastuksen tien maan lunastuksen lain mukaisesti? Mooseksen 1. kirja 3:19 ja 23 kertoo meille selvästi, että maan lunastuksen lailla on suora yhteys ihmisten pelastumiseen:

Otsa hiessä sinun on leipäsi syötävä, kunnes maahan jälleen palaat, sillä siitä sinä olet otettu. Sillä tomua sinä olet ja tomuksi sinun on jälleen tultava (Mooseksen 1. kirja 3:19).

Niin Herra Jumala lähetti hänet pois paratiisista viljelemään maata, josta hänet oli otettu (Mooseksen 1. kirja 3:23).

Jumala sanoi Aatamille hänen tottelemattomuutensa jälkeen, *"Sillä tomua sinä olet ja tomuksi olet jälleen tuleva.."* Tässä "tomu" symboloi ihmistä, joka oli tehty tomusta. Sen vuoksi, ihminen palaa kuoleman jälkeen tomuksi.

Maan lunastuksen laki sanoo, että kaikki maa kuuluu Jumalalle, eikä sitä tule myydä pysyvästi (Mooseksen 3. kirja 25:23-25). Nämä säkeet tarkoittavat, että kaikki maan tomusta tehdyt ihmiset kuuluvat Jumalalle, eikä heitä voi myydä pysyvästi. Se myös kertoo, ettei mitään Jumalan Aatamille antamaa valtaa ja voimaa voi myydä pysyvästi, koska se kuuluu Jumalalle.

Aatamin valta ja voima annettiin vihollisille, paholaiselle ja saatanalle, mutta hän, jolla on oikeus lunastaa Aatamin menetetty valta, voisi lunastaa sen paholaiselta. Vastaavasti, oikeuden Jumala on täydellinen lunastaja maan lunastuksen lain mukaan. Tämä lunastus on kaikkien ihmisten pelastus.

Ennen aikojen alkua kätketty salaisuus

Ennen ajan alkua, rakkauden Jumala tiesi, että Aatami tulisi olemaan Hänelle tottelematon ja, että kaikki hänen jälkeläisensä joutuisivat kuolemaan. Siksi Hän valmisti salaa ihmisten pelastuksen ja kätki sen, kunnes tulisi hänen valitsemansa aika.

Mikäli paholainen olisi tiennyt Jumalan aikomuksen, se olisi estänyt Jumalaa ratkaisemasta kaikkien ihmisten synnit ja kuoleman ilman, että se menettäisi valtansa. Paavalin 1. kirje korinttolaisille 2:7 huomioi, että *"Vaan me puhumme salaisuutena ollutta Jumalan viisautta, sitä kätkettyä, jonka Jumala oli edeltä määrännyt ennen ajan alkua meidän kirkkaudeksemme."*

Jeesus Kristus, Jumalan viisaus

Paavalin kirje roomalaisille 5:18-19 sanoo, *"Samoin kuin*

yhden ihmisen lankeemus on koitunut kaikille ihmisille kadotukseksi, niin myös yhden ihmisen vanhurskauden teko koituu kaikille ihmisille vanhurskauttamiseksi, joka tuottaa elämän. Sillä niinkuin tuon yhden ihmisen tottelemattomuuden kautta ne monet ovat joutuneet syntisten asemaan, niin myöskin tuon yhden kuuliaisuuden kautta ne monet joutuvat vanhurskasten asemaan."

Kaikki ihmiset tulisivat vanhurskaiksi ja pelastetuiksi vain yhden ihmisen tottelevaisuuden kautta, samoin kuin kaikki ihmiset tulivat syntisiksi ja tuomituiksi kuolemaan vain yhden ihmisen tottelemattomuuden vuoksi.

Samoin Jumala lähetti Jeesuksen Kristuksen, jonka hän oli valmistanut salaa pelastuksen tieksi ja antoi Jeesuksen tulla ristiinnaulituksi ja ylösnousseeksi. Siitä lähtien, kuka tahansa, joka häneen uskoo, on pelastettu. Paavalin 1. kirjeessä korinttolaisille 1:18, Jumala kertoo meille, että *"Sillä sana rististä on hullutusta niille, jotka kadotukseen joutuvat, mutta meille, jotka pelastumme, se on Jumalan voima."*

Joillekin ihmisille kuulostaa tyhmältä, että Jumalan kaikkivaltiaan poikaa loukattiin ja hänet tapettiin niiden toimesta, jotka Jumala itse oli luonut. Kuitenkin tämä "tyhmä" Jumalan suunnitelma on paljon viisaampi, kuin viisainkin ihmisten suunnitelma ja Jumalan "heikkous" on paljon vahvempi, kuin suurin ihmisten vahvuus (Paavalin 1. kirje korinttolaisille 1:19-24). Raamattu sanoo yksiselitteisesti, ettei kukaan voi koskaan tulla oikeaksi Jumalan silmissä seuraamalla lakia. Kuitenkin, Jumala avasi pelastuksen tien kaikille, jotka uskovat tällä helpolla tavalla Jeesukseen Kristukseen.

Synnin palkka on kuolema. Näin, kukaan ei voisi tulla pelastetuksi, ellei Jeesus olisi kuollut meidän syntiemme vuoksi. Jeesus ristiinnnaulittiin meidän syntiemme vuoksi ja nousi kuolleista Jumalan voimasta. Vastaavasti, Jumala valmisti tien, joka saattaa näyttää heikolta, tai tyhmältä ja kätki sen pitkäksi aikaa.

Jumala salasi Jeesuksen Kristuksen ja hänen ristiinnaulitsemisensa vihollisen, pirun ja saatanan vuoksi, sillä jos se olisi tietänyt, se olisi estänyt ihmisten pelastumisen. Paholainen ei olisi koskaan surmannut Jeesusta ristillä, jos hän olisi tiennyt, että Jumala oli valmistanut pelastuksen tien ristin kautta - vapauttamaan kaikki ihmiset synneistä, säästämään heidät kuolemalta ja palauttamaan Aatamin valta paholaiselta.

Jälleen, muista Paavalin 1. kirje korinttolaisille 2:7-8: *"Vaan me puhumme salaisuutena ollutta Jumalan viisautta, sitä kätkettyä, jonka Jumala oli edeltä määrännyt ennen ajan alkua meidän kirkkaudeksemme. Tätä viisautta ei kukaan tämän maailman valtiaista ole tuntenut, sillä jos he olisivat sen tunteneet, eivät he olisi kirkkauden Herraa ristiinnaulinneet."*

Jeesus on lain mukaan pätevä

Kuten jokaisella sopimuksella on sääntönsä, hengellisellä valtakunnalla on myös sääntö, joka määrittelee, että lunastajan täytyy olla pätevä palauttamaan Aatamin menetetty valta paholaiselta maan lunastuksen lain mukaan.

Esimerkiksi, oletetaan, että on mies, jota uhkaa liiketoimissaan konkurssi. Hänellä on suuret velat eikä kykyä maksaa niitä. Jos hänellä on varakas veli, joka rakastaa häntä, hänen veljensä maksaa heti kaikki velat pois.

Kaikki ihmiset, jotka ovat syntisiä Aatamista lähtien, tarvitsevat lunastajan, joka on pätevä puhdistamaan heidät synneistään. Mitkä sitten ovat lunastajan vaatimukset? Miksi raamattu sanoo ainoastaan Jeesuksen olevan pätevä?

Ensinnäkin, lunastajan täytyy olla ihminen

Mooseksen 3. kirja 25:25, sanoo, *"Jos veljesi köyhtyy ja myy perintömaatansa, niin hänen lähin sukulunastajansa tulkoon ja lunastakoon sen, mitä hänen veljensä on myynyt."* Maan lunastuksen laki sanoo, että jos ihminen köyhtyy ja myy omaisuuttaan, hänen lähin sukulaisensa voi lunastaa myydyn omaisuuden.

Paavalin 1. kirje korinttolaisille 15:21-22 sanoo, *"Sillä koska kuolema on tullut ihmisen kautta, niin on myös kuolleiden ylösnousemus tullut ihmisen kautta. Sillä niinkuin kaikki kuolevat Aatamissa, samoin myös kaikki tehdään eläviksi Kristuksessa."* Ensimmäinen lunastajan vaatimus, joka voi lunastaa Aatamin vallan on, että hänen täytyy olla ihminen. Tämä on kuvattu jälleen kerran tarkasti ilmestyskirjassa 5:1-5:

Ja minä näin valtaistuimella istujan oikeassa kädessä sisältä ja päältäpäin täyteen kirjoitetun kirjakäärön, seitsemällä sinetillä suljetun. Ja minä näin väkevän enkelin, joka suurella äänellä julisti: "Kuka on arvollinen avaamaan tämän kirjan ja murtamaan sen sinetit?" Eikä kukaan taivaassa eikä maan päällä eikä maan alla voinut avata kirjaa eikä katsoa sen sisään. Ja minä itkin kovin sitä, ettei ketään havaittu arvolliseksi avaamaan kirjaa eikä katsomaan sen sisään. Ja yksi vanhimmista sanoi minulle, "Älä itke, katso, jalopeura, Juudaan sukukuntaa, Daavidin juurta, on voittanut, niin että hän voi avata kirjan ja sen seitsemän sinettiä."

"Kirjakäärö ja seitsemän sinettiä" tarkoittaa sopimusta, joka oli tehty Jumalan ja paholaisen välillä Aatamin oltua tottelematon Jumalalle ja tultua syntiseksi. Apostoli Johannes ei voinut löytää ketään, joka olisi ollut arvollinen rikkomaan sinetit ja avaamaan kirjakäärön, ei taivaasta, ei maan päältä, tai maan alta.

Näin koska kaikki enkelit taivaassa eivät ole ihmisiä, kaikki ihmiset maassa ovat syntisiä Aatamin jälkeläisiä ja maan alla on vain pahoja henkiä, jotka kuuluvat paholaiselle, sekä kuolleita sieluja, jotka tullaan heittämään helvettiin.

Tällöin yksi vanhimmista sanoi Johannekselle, *"Älä itke, katso, jalopeura, Juudaan sukukuntaa, Daavidin juurta, on voittanut, niin että hän voi avata kirjan ja sen seitsemän sinettiä."* Tässä, "Daavidin juuri" viittaa Jeesukseen, joka syntyi Juudaan heimon kuningas Daavidin jälkeläisenä (Apostolien teot 13:22-23). Sen vuoksi, Jeesus on pätevä maan lunastuksen lain ensimmäisen ehdon osalta.

Jotkut saattavat sanoa, "Jumala on absoluutti. Jeesus on varmasti Jumala, koska hän on Jumalan poika. Hän ei ole koskaan ihminen." Muista kuitenkin, mitä Johanneksen evankeliumi 1:1 sanoo *"Sana oli Jumala"* ja Johannes 1:14 *"Ja sana tuki lihaksi ja asui meidän keskuudessamme."* Jumala, joka oli sana, tuli lihaksi ja eli täällä maassa keskuudessamme. Jeesuksen alkuperäinen olemus oli Jumala ja tuli lihaksi, kuin ihminen. Hän oli olemukseltaan sana ja Jumalan poika. Hänellä oli ihmisyys ja jumalallisuus. Kuitenkin, hän syntyi ja kasvoi lihallisena, ihmisen kaltaisena. Ihmiskunnan historia jakaantuu kahteen osaan Jeesuksen syntymä vedenjakajana. B.C., Ennen Kristusta, ja A.D., Anno Domini. Yksinomaan tämäkin jo todistaa Jeesuksen tulleen lihaksi ja tulleen maan päälle. Jeesuksen syntymä, kasvatus ja ristiinnaulitseminen ovat myös osia tästä ilmeisestä seikasta.

Jeesus on senvuoksi ihminen ja pätevä lunastajaksemme.

Toiseksi, hän ei saa olla Aatamin jälkeläinen

Velallinen ei voi maksaa toisen ihmisen velkoja. Hän, jolla ei ole velkaa ja jolla on kyky auttaa toisia, voi maksaa velan. Samoin, ihmisten lunastajan täytyy olla syytön ja tahraton voidaksen lunastaa kaikki ihmiset synnistä ja kuolemasta. Kaikki ihmiset ovat Aatamin jälkeläisiä ja syntisiä, koska kaikkien ihmisten esi-isä Aatami teki syntiä. Kukaan hänen jälkeläisistään ei ole pätevä olemaan kaikkien ihmisten lunastaja, koska he itse ovat syntisiä. Ei edes kukaan historian suurmiehistä voi olla vastuussa toisten synneistä.

Onko Jeesuksella tämä pätevyys?

Matteuksen evankeliumi 1:18-21 kuvaa Jeesuksn syntymää. Hän sikisi Pyhästä Hengestä, ei miehen ja naisen yhtymisestä.

Säkeet sanovat:

Jeesuksen Kristuksen syntyminen oli näin: Kun hänen äitinsä Maria oli kihlattu Joosefille, huomattiin hänen ennen heidän yhteenmenoaan olevan raskaana Pyhästä Hengestä. Mutta kun Joosef, hänen miehensä, oli vanhurskas ja koska hän ei tahtonut saattaa häntä häpeään, aikoi hän salaisesti hyljätä hänet. Mutta kun hän tätä ajatteli, niin katso, hänelle ilmestyi unessa Herran enkeli, joka sanoi: "Joosef, Daavidin poika, älä pelkää ottaa luoksesi Mariaa, vaimoasi; sillä se, mikä hänessä on siinnyt, on Pyhästä Hengestä. Ja hän on synnyttävä pojan ja sinun on pantava hänen nimekseen Jeesus, sillä hän on vapahtava kansansa heidän synneistään."

Jeesus oli Daavidin jälkeläinen hänen sukupuunsa mukaan (Matteus1; Luukas 3:23-37). Kuitenkin hän sikisi Pyhästä Hengestä ennen kuin Maria yhtyi Joosefiin. Sen vuoksi hänellä ei ollut syntistä luonnetta.

Jokainen on syntynyt alkuperäisen synnin kanssa, koska hän perii vanhemmiltaan syntisen luonteen. Toisin sanoen, Aatamin tehtyä syntiä, hänen synnillinen luonteensa periytyy kaikille hänen jälkeläisilleen. Kaikki tämän päivän ihmiset ovat perineet synnillisen luonteensa ja tätä syntiä kutsutaan "alkuperäiseksi synniksi." Tästä syystä kaikki Aatamin jälkeläiset ovat syntisiä eivätkä voi lunastaa ainoatakaan toista ihmistä.

Näin Jumala, Isä suunnitteli poikansa Jeesuksen sikiämisen Pyhästä Hengestä ja neitsyt Marian kohdussa. Tällä tavoin Jeesuksesta tuli lihaa ja verta ja hän tuli alas tähän maailmaan, muttei ollut Aatamin jälkeläinen.

Kolmanneksi, hänellä täytyy olla voima voittaa paholainen

Jälleen, Mooseksen 3. kirja 25:26-27 kertoo meille:

> *Mutta jos jollakin ei ole sukulunastajaa, mutta hän voi itse hankkia niin paljon, kuin lunastukseksi tarvitaan, niin laskekoon, kuinka monta vuotta on kulunut myymisestä ja maksakoon jäljellä olevasta ajasta miehelle, jolle hän möi ja palatkoon perintömaallensa.*

Lyhyesti, lunastajalla tulisi olla voima ostaa takaisin myyty maa. Köyhä mies ei voi maksaa takaisin ystävänsä velkaa, vaikka hän haluaisi niin tehdä. Samalla tavoin lunastajalla ei saa olla syntiä voidakseen pelastaa ihmiset heidän synneiltään. Ei syntinen, on hengellisen totuuden yksi vahvuus.

Lunastajalla täytyy olla voima voittaa vihollinen, piru ja saatana palauttaakseen Aatamin vallan. Tämä tarkoittaa, ettei lunastajalla saa olla alkuperäistä tai omaa syntiä. Vain synnitön lunastaja voi voittaa paholaisen ja vapauttaa kaikki ihmiset hänestä.

Oliko Jeesus synnitön?
Jeesuksella ei ollut alkuperäistä syntiä, koska hän sikisi Pyhästä Hengestä. Hän noudatti Jumalan lakia täysin, koska hän kasvoi jumalaapelkäävien vanhempien valvonnassa. Hän toteutti lain rakkaudella. hänet ympärileikattiin kahdeksantena päivänä syntymänsä jälkeen (Luukas 2:21) Hän ei koskaan tehnyt syntiä ja noudatti Jumalan lakia, kunnes hänet ristiinnnaulittiin 33 vuoden iässä (Pietarin 1. kirje 2:22-24; Kirje heprealaisille 7:26). Jeesus saattoi voittaa paholaisen ja saattoi lunastaa kaikki ihmiset, koska hän oli synnitön. Hänen synnittömyytensä tuli todistetuksi hänen monissa ihmeteoissaan. Hän ajoi pois paholaisia, pani sokean näkemään, kuuron kuulemaan, ramman kävelemään ja paransi kaikenlaisia parantumattomia sairauksia. Myrsky laantui ja tuuli tyyntyi hänen nuhdeltuaan tuulta ja hän sanoi vedelle, *"Hush, ole tyyni!"* (Markuksen evankeliumi 4:39)

Lopuksi, hänellä täytyy olla uhrautuvaa rakkautta

Ei edes rikas mies voisi lunastaa maata, ellei hän rakastaisi ihmistä, joka möi maan. Samalla tavoin, lunastajan tulee rakastaa kaikkia syntisiä jopa siihen asti, että hän uhraa itsensä ratkaistakseen lopullisesti syntien ongelmat.

Ruutin kirjassa 4:1-6, Booas tunsi hyvin Noomin köyhyyden ja käski hänen lähimmäistään - lunastajaa ostamaan maan takaisin, jos tahtoi. Mies kuitenkin kieltäytyi, sanoen Booasille, *"En voi lunastaa sitä itselleni, sillä siten minä turmelisin oman perintöosani. Lunasta sinä itsellesi, mitä minun olisi lunastettava; minä en voi sitä tehdä"* (säe. 6). Hän ei lunastanut maata Noomille ja Ruutille, vaikka hän oli tarpeeksi rikas tehdäkseen sen. Näin, koska hänellä ei ollut uhrautuvaa rakkautta. Lopuksi, Booas, lähin sukulainen - lunastaja, lunasti maan, koska hänellä oli sellainen uhrautuva rakkaus.

Booasista tuli laillinen lunastaja ja hän nai Ruutin, koska hänellä oli riittävästi rakkautta lunastaa Noomin maa. Booasin ja Ruutin poika oli kuningas Daavidin isoisä ja on merkitty Jeesuksen sukupuuhun.

Jeesus ristiinnaulittiin rakkaudesta. Jeesus oli sana, mutta tuli lihaksi ja vereksi maan päälle. Hän ei ollut Aatamin jälkeläinen, koska hän sikisi Pyhästä Hengestä. Hän syntyi ilman alkuperäistä syntiä. Hänellä oli voima lunastaa kaikkien ihmisten synnit, koska hän oli synnitön.

Kuitenkaan, hänestä ei olisi voinut tulla lunastajaa ilman hengellistä ja uhrautuvaa rakkautta, vaikka hänellä olisikin ollut kolme muuta pätevyyttä. Hänen täytyi ottaa syntien rangaistus syntisten puolesta, jotta hän voisi lunastaa kaikki ihmiset synneistä.

Hänen piti tulla kohdelluksi pahimpana ja vaarallisimpana rikollisena ja ripustetuksi karkeaan puuristiin. Hänen piti tulla loukatuksi ja pilkatuksi ja vuotaa vertansa ja vettänsä ruumiistaan pelastaakseen kaikki ihmiset. Hänen täytyi maksaa korkea hinta ja tehdä suuri uhraus.

Et voi löytää ihmiskunnan historiassa tapausta, missä syytön prinssi kuoli pahojen ja tyhmien alamaistensa puolesta. Jeesus on Jumalan kaikkivaltiaan ainoa poika, kuninkaiden kuningas, herrojen herra ja kaikkien luotujen valtias. Sellainen, suuri, jalo ja syytön Jeesus ripustettiin ristille ja kuoli vuodattaen vertaan. Kuinka mittaamaton olikaan hänen rakkautensa meihin? Itse asiassa, Jeesus teki vain hyviä töitä läpi elämänsä. Hän antoi anteeksi syntisille, paransi kaikenlaisia sairaita ihmisiä, vapautti monia ihmisiä riivaajista, toi hyvät uutiset, rauhasta, ilosta ja rakkaudesta, sekä antoi ihmisille todellisen toivon taivaasta ja pelastuksesta. Kaiken lisäksi, hän antoi oman henkensä syntisten puolesta.

Paavalin kirje roomalaisille 5:7-8 sanoo, *"Tuskinpa kukaan käy kuolemaan jonkun vanhurskaan edestä; hyvän edestä joku mahdollisesti ottaa kuollakseenkin. Mutta Jumala tuo ilmi rakkautensa meitä kohtaan siinä, että Kristus, meidän vielä ollessamme syntisiä, kuoli edestämme"* Jumala, Isä lähetti ainoan poikansa Jeesuksen meitä varten, jotka emme ole vanhurskaita emmekä hyviä ja salli hänen tulla ripustetuksi ristille ja kuolemaan siinä. Hän näytti tällä tavoin suuren rakkautensa.

Sen vuoksi rukoilen Herran nimessä, että ymmärtäisit, ettet voi tulla pelastetuksi kenenkään muun, kuin Jeesuksen Kristuksen nimessä, saada oikeutta tulla Jumalan lapseksi hyväksymällä Jeesuksen Kristuksen, ja saada oikeutta nauttia juhlavasta elämästä pelastuksen varmuudessa.

Kappale 5

MIKSI JEESUS ON AINOA PELASTAJAMME?

- Pelastuksen kaitselmus Jeesuksen
  Kristuksen kautta
- Miksi Jeesus riippui puisessa ristissä?
- Ei muuta nimeä maailmassa,
  kuin "Jeesus Kristus"

Hän on se kivi, jonka te rakentajat hylkäsitte, mutta josta on tullut kulmakivi. Ja ei ole pelastusta yhdessäkään toisessa; sillä ei ole taivaan alla muuta nimeä, ihmisille annettua, jossa meidän on pelastuminen.

Apostolien teot 4:11-12

Tulet rakastamaan Jumalaa kaikesta sydämestäsi tajutessasi Hänen syvän ja huolehtivan ihmisten vaalimisen kaitselmuksen. Lisäksi sinun tulee ihailla hänen rakkauttaan ja viisauttaan tajutessasi pelastuksen kaitselmuksen Jeesuksessa Kristuksessa. Kuinka sitten aikojen alusta saakka kätketty pelastuksen kaitselmus saavutettiin Jeesuksen Kristuksen avulla. Kerroin sinulle aiemmin oikeuden Jumalan valmistaneen hänet, joka oli pätevä lunastamaan kaikki ihmiset hengellisen lain mukaan ja että ei ole ketään muuta taivaan alla, kuin Jeesus, joka täyttää vaatimukset.

Jeesus oli ainoa, joka oli ihminen, muttei Aatamin jälkeläinen, koska hän sikisi Pyhästä Hengestä ja tuli lihana maan päälle. Lisäksi hänellä oli voima ja rakkaus lunastaa kaikki ihmiset. Niinpä hän saattoi avata pelastuksen tien kaikille ihmisille tulemalla ristiinnaulituksi.

Sentähden Apostolien teot 4:12 sanoo, *"Ja ei ole pelastusta yhdessäkään toisessa; sillä ei ole taivaan alla muuta nimeä, ihmisille annettua, jossa meidän on pelastuminen."* Kuka tahansa, joka hyväksyy Jeesuksen Kristuksen ja uskoo häneen saa kaikki syntinsä anteeksi ja pelastuu. Hän tulee pimeydestä valoon ja vastaanottaa Jumalan lasten vallan ja siunaukset.

Nyt selitän sinulle, miksi sinun täytyy uskoa ristiinnnaulittuun Jeesukseen, jotta pelastuisit ja saisit Jumalan lapsen vallan ja siunaukset.

Pelastuksen kaitselmus Jeesuksen Kristuksen kautta

Jumala valmisti pelastuksen tien ennen aikojen alkua. Mooseksen ensimmäinen kirja profetioi Jeesuksesta ja salaisuudesta koskien ihmisten pelastumista ristin kautta.

Mooseksen 1. kirja 3:14-15 sanoo:

Ja Herra Jumala sanoi käärmeelle, "Koska tämän teit, ole kaikkien karjaeläinten ja kaikkien kedon eläinten joukossa kirottu sinä. Vatsallasi sinun on käytävä ja tomua sinun on syötävä kaiken elinaikasi. Ja minä panen vainon sinun ja vaimon välille; se on polkeva rikki sinun pääsi ja sinä olet pistävä sitä kantapäähän."

Kuten aiemmin keskusteltu, hengellisesti "käärme" viittaa viholliseen, paholaiseen ja "tomun syöminen" symboloi vihollisen, paholaisen hallitsevan maan tomusta tehtyjä ihmisiä. Myös "nainen" viittaa "Israeliin" ja "naisen vaino" viittaa Jeesukseen. Lause "Sinä [käärme] pistät häntä kantapäähän" symboloi Jeesuksen tulevan ristiinnaulituksi ja "hän [nainen] lyö häntä [käärmettä] päähän" viittaa Jeesuksen rikkovan vihollisen, saatanan leirin nousemalla kuolleista.

Saatana ei voinut tajuta Jumalan suunnitelmaa

Jumala oli kätkenyt pelastuksen kaitselmuksen salaa, ettei vihollinen, paholainen ja saatana voisi tietää ja tarttua hänen viisauteensa.

Vihollinen, paholainen ja saatana yritti tappaa naisen jälkeläisen ennen murskatuksi tuloaan. Hän ajatteli, että hän voisi pitää ikuisesti vallan, jonka oli saanut Aatamilta, joka oli ollut Jumalalle tottelematon. Kuitenkaan, vihollinen, paholainen ja saatana ei tiennyt, kuka naisen jälkeläinen oli. Niinpä hän yritti tappaa Jumalan rakastamat profeetat vanhan testamentin ajoista alkaen.

Mooseksen synnyttyä, vihollinen, paholainen ja saatana laittoi Egyptin kuninkaan faaraon tappamaan kaikki Hepreassa syntyneet pojat (Mooseksen 2. kirja 1:15-22). Kun Jeesus sikisi Pyhästä Hengestä ja tuli lihana maan päälle, vihollinen, paholainen ja saatana laittoi kuningas Herodeksen tekemään samoin.

Kuitenkin, Jumala oli jo tiennyt vihollisen, saatanan suunnitelman. Herran enkeli ilmestyi Joosefin unessa ja käski hänen mennä Egyptiin lapsen ja äidin kanssa. Jumala salli perheen asua siellä, kunnes kuningas Herodes kuoli.

Jumala salli Jeesuksen ristiinnnaulitsemisen

Jeesus kasvoi Jumalan suojeluksessa ja aloitti pappeutensa 30 vuoden iässä. Hän kulki kaikkalla Galileassa, opettaen synagoogissa, parantaen ihmisten kaikkinaisia sairauksia ja vaivoja, herättäen kuolleita ja saarnaten köyhän vanhurskautta (Matteuksen evankeliumi 4:23; 11:5)

Sillä välin vihollinen, paholainen ja saatana juonittelivat jälleen saadakseen pääpapit, lain opettajat ja fariseukset tappamaan Jeesuksen. Kuitenkin, kuten tiedät raamatusta, paha mies ei voinut edes koskettaa Jeesusta, koska kaikki hänen elämänsä tapahtumat tapahtuivat Jumalan varjeluksessa.

Jumala salli vihollisen, paholaisen ja saatanan ristiinnaulita Jeesus vain kolmen pappeusvuoden jälkeen. Tämän tuloksena, Jeesus kantoi orjantappurakruunua ja hän kuoli ristillä kärsien suuria tuskia ollessaan naulattu käsistään ja jaloistaan.

Ristiinnaulitseminen on raain teloituksen muoto. Vihollinen, paholainen oli hyvin tyytyväinen tapettuaan Jeesuksen tällaisella julmalla tavalla. Saatana lauloi voiton ilosta, koska hän luuli voivansa hallita koko maailmaa, sillä ei ollut ketään, joka olisi voinut pysäyttää hänen hallintansa. Kuitenkin oli olemassa salainen Jumalan kaitselmus.

Vihollinen, paholainen ja saatana rikkoivat hengen lakia

Jumala ei käytä Hänen absoluuttista, itsenäistä valtaansa lakia vastaan, koska Hän on vanhurskas. Hän valmisti pelastuksen tien hengen lailla ennen aikojen alkua, sillä Hän suorittaa kaiken hengen lain mukaan.

Synnin palkan ollessa kuolema, hengen lain mukaan (Paavalin kirje roomalaisille 6:23), kukaan ei kuole, ellei hän ole syntinen. Kuitenkin, vihollinen paholainen ja saatana ristiinnaulitsivat syyttömän ja tahrattoman Jeesuksen (1. Pietarin kirje 2:22-23). Näin tekemällä vihollinen, paholainen rikkoi hengen lakia ja lankesi omaan ansaansa. Hänestä tuli ihmisten pelastuksen instrumentti, pelastuksen, jonka Jumala oli suunnitellut. Naisen jälkeläinen murskasi hänen päänsä, kuten profetioitu 1. Mooseksen kirjassa.

Yleisesti ottaen, käärme voi vielä vastustaa, vaikka astuisit sen päälle, tai katkaisisit sen ruumiin, mutta se ei voi vastustaa, jos pidät tiukasti sen päätä. Tämän vuoksi lause, *"Ja minä panen vainon sinun ja vaimon välille ja sinun siemenesi ja hänen siemenensä välille; se on polkeva rikki sinun pääsi ja sinä olet pistävä sitä kantapäähän,"* merkitsee hengellisesti, että vihollinen, saatana menettää valtansa ja voimansa Jeesuksen Kristuksen toimesta. Käärmeen pistäminen naisen jälkeläisen kantapäähän merkitsee hengellisesti, että saatana ristiinnaulitsee Jeesuksen, ja tämä tapahtuu, kuten oli ennustettu 1. Mooseksen kirjassa 3:15.

Pelastus Jeesuksen ristiinnaulitsemisen kautta

Pelastuksen tie, jonka Jumala oli kätkenyt aikojen alussa, toteutui Jeesuksen noustua kuolleista kolmantena päivänä ristiinnaulitsemisensa jälkeen.

Noin 6.000 vuotta sitten Aatamin täytyi antaa Jumalan hänelle antama valta viholliselle, paholaiselle, koska hän rikkoi hengen valtakunnan lakia tottelemattomuudellaan (Luukkaan evankeliumi 4:6). Kuitenkin, 4.000 vuoden jälkeen, saatanan täytyi mennä tuhon tietä rikkomalla hengen lakia.

Sen vuoksi, vihollisen, paholaisen täytyi päästää vapaaksi ne, jotka hyväksyivät Jeesuksen pelastajana ja uskoivat hänen nimeensä ja saivat oikeuden tulla Jumalan lapsiksi. Olisiko vihollinen, paholainen ristiinnaulinnut Jeesuksen, jos hän olisi tiennyt Jumalan viisauden? Varmasti ei! Paavalin 1. kirjeessä korinttolaisille meitä muistutetaan, että "Tätä viisautta ei kukaan tämän maailman valtiaista ole tuntenut, sillä jos olisivat sen tunteneet, eivät he olisi kirkkauden Herraa ristiinnaulinneet."

Ne, jotka nykyisin eivät ymmärrä tätä asiaa ihmettelevät myös, "Miksi Jumala kaikkivaltias ei voinut suojella omaa poikaansa kuolemalta? Miksi Hän antoi hänen kuolla ristillä? Kuitenkin, jos ymmärrät täysin ristin kaitselmuksen, tietäisit, miksi Jeesuksen piti tulla ristiinnaulituksi, ja kuinka hänestä saattoi tulla kuningasten kuningas ja herrojen Herra hänen voittonsa jälkeen, vihollisesta, paholaisesta. Täten, kuka tahansa, joka uskoo Jeesukseen pelastajana, joka kuoli ristillä ja nousi kolmantena päivänä kuolleista vapauttaakseen ihmiset kaikista synneistä, voi julistautua vanhurskaaksi ja tulla pelastetuksi.

Miksi Jeesus riippui puisessa ristissä?

Miksi sitten Jeesuksen täytyi riippua puisessa ristissä? Miksi sen täytyi olla puinen risti? Monen mestausmenetelmän joukossa, Jeesus kuoli puisella ristillä. Paavalin kirjeen Galatalaisille 3:13-14 mukaan, on olemassa kolme hengellistä syytä, miksi Jeesus riippui puisella ristillä.

Ensiksi, lunastaakseen meidät lain kirouksesta

Paavalin kirje galatalaisille 3:13 sanoo, *"Kristus on lunastanut meidät lain kirouksesta. kun tuli kiroukseksi meidän edestämme, sillä on kirjoitettu, 'Kirottu on jokainen, joka on puuhun ripustettu.'"* Se selittää, että Jeesus lunasti meidät lain kirouksesta tulemalla ripustetuksi puiselle ristille.

Kaikki ihmiset oli kirottu ja siten tuomittu menemään kuoleman tietä ensimmäisen ihmisen Aatamin tottelemattomuuden vuoksi, kuten on kirjoitettu Paavalin kirjeessä roomalaisille 6:23, *"synnin palkka on kuolema."* Kuitenkin Jumala antoi poikansa Jeesuksen ihmisille ja salli hänet ripustettavaksi puiselle ristille, lunastamaan heidät lain kirouksesta (5. Mooseksen kirja 21:23).

Lisäksi Jeesus vuodatti kallisarvoista vertaan ristillä. Huomioi säkeet 11 ja 14, Mooseksen kolmannesta kirjasta.

Sillä lihan sielu on veressä ja minä olen sen teille antanut alttarilla, jotta se tuottaisi teille sovituksen, sillä veri tuottaa sovituksen siinä olevan sielun voimasta (säe. 11).

Sillä kaiken elollisen sielu on veri, jossa sen sielu on. (säe 14).

Mooseksen 3. kirjan tekijä kirjoittaa elämän olevan veri, koska kaikki elolliset olennot tarvitsevat verta elääkseen ja kuolisivat ilman sitä

Kuitenkin, jonkun kuollessa hänen lihansa muuttuu takaisin pölyksi ja hänen sielunsa menee, joko taivaaseen, tai helvettiin. Saadaksesi ikuisen elämän sinun täytyy saada kaikki syntisi anteeksi. Syntien anteeksisaamiseksi verta on vuodatettava, kuten sanottu kirjeessä hebrealaisille 9:22, *"Niin miltei kaikki puhdistetaan lain mukaan verellä, ja ilman verenvuodatusta ei tapahdu anteeksiantamista."* Tästä syystä ihmiset vanhan testamentin aikoina uhrasivat eläimen verta aina tehtyän syntiä. Kuitenkin Jeesus uhrasi arvokasta vertaan kaikkien puolesta, jotta ihmisille annettaisiin anteeksi ja jotta he saisivat ikuisen elämän. Hänellä itsellään ei ollut sen enempää alkuperäistä syntiä kuin itse aiheutettua syntiäkään.

Vastaavasti, sinä voit saada ikuisen elämän Jeesuksen arvokkaan veren vuoksi. Tämä tarkoittaa Jesuksen kuolleen sinun puolestasi ja avanneen sinulle tien olla Jumalan lapsi.

Toiseksi, antaakseen Aabrahamin siunauksen

Paavalin kirjeen galatalaisille 3:14 ensimmäinen puolisko sanoo, että *"Jotta Aabrahamin siunaus tulisi Jeesuksessa Kristuksessa pakanain osaksi."* Tämä merkitsee, että Jumala antaa Aabrahamille annetun siunauksen ei vain israelilaisille, vaan myös kaikille pakanoille, jotka julistetaan vanhurskaiksi heidän hyväksyessään Jeesuksen pelastajana.

Aabrahamia kutsuttiin *"uskon isäksi"* ja "Jumalan ystäväksi" ja hän eli lasten siunauksessa, terveenä, pitkän elämän hyvinvoivana ja niin edelleen. Syy, miksi Aabrahamia siunattiin runsaasti, on kirjoitettu 1. Mooseksen kirjassa 22:15-18:

Ja Herran enkeli huusi Aabrahamille toistamiseen taivaasta ja sanoi: "Minä vannon itseni kautta, sanoo Herra, sentähden, että tämän teit etkä kieltänyt minulta ainoaa poikaasi, minä siunaan sinut runsaasti ja teen jälkeläisesi yhtä monilukuisiksi kuin taivaan tähdet ja hiekka, joka on meren rannalla ja jälkeläiset valtaavat vihollistensa portit. Ja sinun jälkeläisissäsi tulevat kaikki maan kansat siunatuiksi, sentähden, että kuulit minua."

Aabraham tottteli, kun Jumala käski häntä *"Lähde pois maastasi, suvustasi ja isäsi kodista siihen maahan, jonka minä sinulle osoitan."* (1. Mooseksen kirja 12:1). Hän myös totteli ilman yhtään tekosyytä, tai valitusta, kun Jumala sanoi, *"Ota Iisak, ainoa poikasi, jota rakastat ja mene Moorian maahan ja uhraa hänet siellä, polttouhriksi vuorella, jonka sinulle sanon"* (1. Mooseksen kirja 22:2). Tämä oli mahdollista Aabrahamille, koska hän uskoi Jumalaan, joka voi herättää kuolleista (Kirje hebrealaisille 11:19). Hän saattoi olla siunaus ja uskon isä, koska hänellä oli sellainen vahva usko.

Sen vuoksi, Jumalan lapsilla, jotka hyväksyvät Jeesuksen pelastajana, tulisi olla Aabrahamin usko. Silloin voit antaa Jumalalle kunnian vastaanottamalla kaikki maan siunaukset.

Kolmanneksi, antaakseen hengen lupauksen

Toinen puolisko Paavalin kirjeestä galatalaisille 3:14 sanoo, *"Ja niin me uskon kautta saisimme luvatun Hengen."* Tämä tarkoittaa, että jokainen, joka uskoo Jeesuksen kuolleen puisella ristillä kaikkien ihmisten puolesta, on vapautettu lain kirouksesta ja vastaanottaa Pyhän Hengen lupauksen. Lisäksi, jokainen, joka hyväksyy Jeesuksen pelastajana vastaanottaa lahjana ja vakuutuksena Jumalan lapsen vallan ja Pyhän Hengen (Johanneksen evankeliumi 1:12; Paavalin kirje roomalaisille 8:16)

Vastaanottaessasi Pyhän Hengen, voit huutaa *"Abba, Isä"* (Paavali roomalaisille 8:15), nimesi on kirjoitettu taivaan elämänkirjaan (Luukas 10:20) ja sinulla on taivaan kansalaisuus (Paavali filippiläisille 3:20). Tämä, koska Pyhä Henki, joka on Jumalan sydän ja voima, johtaa sinut ikuiseen elämään auttamalla sinua ymmärtämään Jumalan sanan ja elämään uskossa Hänen sanansa mukaisesti.

Kuitenkin, olet pelastettu, kun et ainoastaan tunnusta Jeesusta pelastajaksesi, vaan myös uskot sydämessäsi hänen rikkoneen kuoleman vallan ja ylösnousi. Paavalin kirje roomalaisille 10:9 koskettelee tätä: *"Sillä, jos sinä tunnustat suullasi Jeesuksen Herraksi ja uskot sydämessäsi, että Jumala on hänet herättänyt kuolleista, niin sinä pelastut."*

Ennen aikojen alkua, Jumala teki tulevaisuutta varten suuren suunnitelman yhdistää hänen kanssaan ne, jotka uskovat Jeesukseen pelastajana ja johtaa heidät pelastukseen. Suunnitelma on hyvin ihana ja salaperäinen. Ihmisten täytyi ensimmäisen ihmisen syntien tähden kulkea kuoleman tietä hengellisen valtakunnan lain mukaisesti, mikä määrittelee, "synnin palkka on kuolema." Kuitenkin he voisivat päästä vapaiksi lain kirouksesta ja pelastua uskossa, perustuen samaan lakiin, saatanan rikkoessa hengellisen todellisuuden lakia. Ihmisten täytyi kärsiä kivusta, ongelmista ja kuolemasta, jotka vihollinen, paholainen toi heille, heidän tullessan synnin palvelijoiksi tottelemattomuutensa vuoksi. Kuitenkin, jokainen, joka hyväksyy Jeesuksen pelastajana ja vastaanottaa Pyhän Hengen voi saada pelastuksen, ikuisen elämän, ylösnousemuksen ja ylitsevuotavat siunaukset.

Jumalan lapsille annettu etuoikeus ja siunaus

Kuka tahansa, joka avaa sydämensa ja hyväksyy Jeesuksen, saa anteeksi ja saa oikeuden tulla Jumalan lapseksi ja nauttii sydämessään rauhaa ja iloa. Tämä on mahdollista Jeesuksen otettua kaikki syntimme tulemalla ristiinnaulituksi. Niinpä Psalmissa 103:12 sanotaan, *"Niin kaukana kuin itä on lännestä, niin kauas hän siirtää meistä rikkomuksemme."* Myös kirjeessä hebrealaisille 10:16-18 sanotaan, että *"Tämä on se liitto, jonka näiden päivien jälkeen olen tekevä heidän kanssaan, sanoo Herra: 'Olen antava lakini heidän sydämiinsä ja heidän mieliinsä olen ne kirjoittava'; ja 'heidän syntejänsä ja laittomuuksiansa en ole enää muistava.' Mutta missä nämä ovat anteeksi annetut, siinä ei uhria synnin edestä enää tarvita."*

Maailmassa ei ole mitään, joka ansaitsee tulla verratuksi uskolla annettuun Jumalan lasten oikeuteen. Tässä maailmassa, kuninkaan, tai presidentin lasten oikeus on hyvin voimakas. Kuinka suuri sitten on lasten oikeus, joka tulee Jumalalta, Luojalta, joka hallitsee maailmaa, ihmisten historiaa ja maailmankaikkeutta?

Jumala ei pidä sitä aitona uskona sanoessasi vain "Jeesus on pelastaja." Sinun tulee ymmärtää, kuka Jeesus Kristus on, miksi hän on sinun ainoa pelastajasi ja sinulla tulee olla tosi usko tämän tiedon perusteella. Sitten, tämän uskon avulla, voit toteuttaa ristiin kätketyn Jumalan kaitselmuksen ja tunnustaa, *"Herra on Kristus ja elävän Jumalan poika."* Voit niin ikään elää Jumalan tahdon mukaisesti. Ilman tätä todellista uskoa, sinulle on hyvin vaikeaa omistaa sydämestä tulevaa uskoa ja elää Jumalan sanan mukaisesti. Sen vuoksi, kuten Jeesus kertoi meille Matteuksessa 7:21, *"Ei jokainen, joka sanoo minulle, 'Herra, Herra, pääse taivasten valtakuntaan, vaan se, joka tekee minun taivaallisen Isäni tahdon."* Jeesus ilmoitti selvästi, että vain ne ihmiset tulevat pelastetuiksi, jotka sanovat Jeesukselle *"Herra, Herra"* ja elävät Jumalan tahdon ja sanan mukaisesti.

Ei muuta nimeä maailmassa, kuin "Jeesus Kristus"

Apostolien teot 4 maalaa maiseman, missä Pietari ja Johannes rohkeasti todistavat Jeesuksen Kristuksen nimeen neuvoston edessä. He uskoivat vakaasti, ettei ollut muuta nimeä, kuin "Jeesus Kristus", jonka kautta ihmiset voisivat saada pelastuksen, ja että Pyhän Hengen täyttämälle Pietarille oli annettu valta julistaa sitä. *"Ja ei ole pelastusta yhdessäkään toisessa, sillä ei ole taivaan alla muuta nimeä, ihmisille annettua, jossa meidän on pelastuminen"*(Apostolien teot 4:12).

Mitä hengellisiä merkityksiä on sanoilla "Jeesus Kristus"? Ja miksi Jumala ei ole antanut meille mitään muuta nimeä, paitsi Jeesus Kristus, jonka kautta meidän täytyy saavuttaa pelastus?

Ero Jeesuksen ja Jeesuksen Kristuksen välillä.

Apostolien teot 16:31 kertoo meille *"Usko Herraan Jeesukseen, niin pelastut, sinä ja perhekuntasi."* On olemassa tärkeä syy, miksi siinä sanotaan "Herra, Jeesus", ei ainoastaan "Jeesus".

Tässä "Jeesus" tarkoittaa ihmistä, joka tulee pelastamaan Jumalan ihmiset heidän synneistään. "Kristus" on kreikankielinen sana, joka merkitsee "Messiasta" hepreankielellä. Se on "se, joka on voideltu kuninkaaksi (Apostolien teot 4:7) ja se viittaa pelastajaan, välittäjään Jumalan ja ihmisten välillä. Se tarkoittaa, "Jeesus" on tulevan pelastajan nimi, mutta "Kristus" on jo ihmisiä pelastaneen pelastajan nimi.

Vanhan testamentin aikoina, Jumala voiteli tulevan kuninkaan, tai papin, tai profeetan kaatamalla öljyä voideltavan päähän (3. Mooseksen kirja 4:3; 1. Samuel 10:1; Kuningasten kirja 19:16). Öljy symboloi pyhää henkeä. Sen vuoksi, jonkun voiteleminen tarkoittaa Pyhän Hengen antamista Jumalan valitsemalle henkilölle.

Jeesus voideltiin kuninkaaksi, pääpapiksi ja profeetaksi ja tuli tähän maailmaan lihana pelastamaan kaikki ihmiset, ennen aikojen alkua määrätyn Jumalan kaitselmuksen mukaan. Hänet ristiinnaulittiin lunastamaan meidät ja tuli pelastajaksemme nousemalla ylös kuolleista kolmantena päivänä. Vastaavasti, Hän on Jumalan pelastuksen kaitselmuksen toteuttanut pelastaja. Se tarkoittaa, hän on Kristus.

Ennen ristiinnaulitsemista me viittaamme Häneen, käyttämällä vain "Jeesusta". Kuitenkin, ristiinnaulitsemisen ja ylösnousemuksen jälkeen me sanomme hänestä "Jeesus Kristus", "Herra, Jeesus", tai "Herra."

Sinun tulisi tietää, että on suuri voiman ero sanoissa "Jeesus" ja "Jeesus Kristus." Jeesus on nimi, jolla häntä kutsuttiin, ennen kuin hän täytti pelastuksen kaitselmuksen ja jolloin vihollinen, paholainen ei ollut niin peloissaan tästä nimestä. Kuitenkin nimi "Jeesus Kristus" tarkoittaa seuraavaa kolmea: verta, joka lunasti meidät synneistämme; kuoleman vallan katkaissutta ylösnousemusta; ja ikuista elämää. Tämän nimen edessä, kuitenkin, vihollinen, paholainen vapisee pelosta.

Monet ihmiset eivät huomioi tätä eroa, koska he eivät ymmärrä niiden eroa. Kuitenkin, on totta, että Jumalan teot ja vastaukset riippuvat siitä, kumpaa nimeä käytät (Apostolien teot 3:6)

Kun rukoilet Jumalaa Herramme Jeesuksen Kristuksen nimessä ja pidät tämän asian mielessäsi, voit viettää voitokasta elämää täynnä nopeita ja kattavia vastauksia Jumalaltasi kaikkivaltiaalta.

Jeesuksen täydellinen tottelevaisuus

Vaikkakin Jeesus oli kaikin tavoin Jumala, Hän ei katsonut samanarvoisuuden Jumalan kanssa olevan jotain, mihin pitäisi tarrautua, tai jossa Hänen pitäisi riippua Jumalallisella oikeudellaan. Hän ei tehnyt itsestään numeroa, Hän otti palvelijan vaatimattoman aseman ja näyttäytyi ihmisen muodossa. Hyvällä palvelijalla ei ole omaa tahtoa. Hän työskentelee oman tahtonsa sijasta päällikkönsä tahdon mukaisesti. Palvelijan velvollisuus on totella herransa tahtoa, riippumatta siitä, onko se hänen oman tahtonsa ja tunteidensa mukaista, ta ei. Jeesus totteli Jumalan tahtoa hyvän palvelijan sydämellä ja täten saattoi täyttää tehtävänsä ihmisten pelastamiseksi.

Jumala ylisti Jeesusta, joka noudatti Hänen tahtoaan sanomalla. "kyllä" ja "amen", korkeimmissa paikoissa ja antoi monien ihmisten tunnustaa, että hän on Herra.

Sentähden onkin Jumala hänet korkealle korottanut ja antanut hänelle nimen, kaikkia muita nimiä korkeamman, niin että kaikki polvet notkistukoot Jeesuksen nimeen sekä niiden, jotka ovat taivaissa, että niiden, jotka ovat maan päällä ja niiden, jotka ovat maan alla ja jokainen kieli tunnustakoon Isän Jumalan kunniaksi, että Jeesus Kristus on Herra (Paavalin kirje filippiläisille 2:9-11).

Nimi "Herra Jeesus" todistaa Jumalan voimasta

Johanneksen evankeliumi 1:3 sanoo, *"Kaikki on saanut syntynsä hänen kauttaan ja ilman häntä ei ole syntynyt mitään, mikä on syntynyt."* Koska kaikki asiat maailmassa luotiin Jeesuksen kautta, hänellä on valta hallita kaikkia asioita luojana. Kun Jeesus Jumalan, Luojan poika määräsi, elottomat asiat, kuten myrskyisä vesi ja aallot tottelivat häntä ja tyyntyivät ja viikunapuu kuihtui heti hänen kirotessaan sen.

Jeesuksella oli valta antaa syntejä anteeksi ja pelastaa syntisiä heidän syntiensä rangaistuksesta. Niinpä Jeesus sanoi halvaantuneelle Matteuksessa 9:2, *"Poikani, ole turvallisella mielellä, sinun syntisi annetaan sinulle anteeksi"* ja sanoi säkeesssä 6, *"'Mutta jotta tietäisitte, että ihmisen pojalla on valta maan päällä antaa syntejä anteeksi, sitten hän sanoi halvaantuneelle, 'nouse, ota vuoteesi ja mene kotiisi.'"*

Lisäksi Jeesuksella oli voima parantaa kaikenlaisia sairauksia ja vammoja ja herättää kuolleita. Johanneksen evankeliumi 11 kuvaa näkymää, missä kuollut ihminen Lasarus tuli ulos hautaholvista kädet ja jalat kiedottuna käärinliinoihin Jeesuksen kutsuessa kovaan ääneen "Lasarus, tule ulos." Hän oli ollut kuolleena neljä päivää ja siellä oli paha haju, mutta hän käveli ulos hautaholvista terveenä ihmisenä.

Samoin Jeesus antaa sinulle mitä sitten pyydätkin uskossa, koska hänellä on Jumalan ihmeellinen voima.

Jeesus Kristus, Jumalan rakkaus.

Kuten 1. Johanneksen kirjeessä 4:10 sanotaan 4:10, *"Siinä rakkaus on, ei siinä, että me rakastimme Jumalaa, vaan siinä, että hän rakasti meitä ja lähetti poikansa meidän syntiemme sovitukseksi."* Jumala näytti hänen hämmästyttävän rakkautensa meihin. Hän lähetti ainoan poikansa sovitusuhrina meidän kaikkien ollessa syntisiä. Jumalan täytyi kestää suurta kipua ja Hän avasi tien ihmisten pelastukseen, kun Hänen poikansa

Jeesus naulittiin ristille ja vuodatti vertaan. Mitä rakkauden Jumala tunsi, kun hänen täytyi nähdä ainoa poikansa Jeesus ristiinnaulittuna? Jumala ei voinut katsoa istuen valtaistuimellaan. Matteus 27:51-54 kertoo meille. kuinka paljon Jumala kärsi, kun Jeesus ristiinnaulittiin.

Ja katso, temppelin esirippu repesi kahtia ylhäältä alas asti ja maa järisi ja kalliot halkesivat, ja haudat aukenivat ja monta nukkuneiden pyhien ruumista nousi ylös. Ja he lähtivät haudoistaan ja tulivat hänen ylösnousemisensa jälkeen pyhään kaupunkiin ja ilmestyivät monille. Mutta kun sadanpäällikkö ja ne, jotka hänen kanssaan vartioivat Jeesusta, näkivät maanjäristyksen ja mitä muuta tapahtui, he pelästyivät kovin ja sanoivat, "Totisesti, tämä oli Jumalan poika!"

Tämä osoittaa selvästi, että Jeesus ristiinnnaulittiin, ei hänen omien syntiensä vuoksi, vaan Jumalan suuresta rakkaudesta johtaa kaikki ihmiset pelastuksen tielle. Kuitenkaan niin monet ihmiset eivät hyväksy, tai ymmärrä tätä hämmästyttävää Jumalan rakkautta.

Aatamin tottelemattomuuden jälkeen, ihmiset eivät voineet olla Jumalan kanssa ja heistä tuli luonteeltaan syntisiä. Kuitenkin Jeesus tuli maan päälle ja hänestä tuli välittäjä Jumalan ja meidän välille, niin että Hän saattaisi antaa Immanuelin siunauksen kaikille ihmisille (Matteus 1:23). Jeesuksen ristillä kärsimien tuskien ja piinan vuoksi me saimme todellisen rauhan ja levon.

Sen vuoksi toivon sinun ymmärtävän Jumalan suuren rakkauden, Hänen, joka antoi ainoan poikansa lunnaaksi lunastamaan meidät synneistä ja ikuisesta kuolemasta ja Herran uhrautuvan rakkauden, hänen, joka syyttömänä ristiinnnaulittiin meidän puolestamme, ja joka avasi pelastuksen tien.

Kappale 6

RISTIN KAITSELMUS

- Syntyi tallissa ja nukkui seimessä
- Jeesuksen elämä köyhyydessä
- Ruoskittuna ja vertansa vuodattaen
- Orjantappurakruunun kantaminen
- Jeesuksen vaatteet ja tunika
- Naulattuna käsistä ja jaloista
- Jeesuksen jalat eivät ole poikki,
  mutta hänen kylkensä on lävistetty

Suotta hän kantoi meidän tautimme ja hän sälytti päällensä meidän kipumme, vaikka me pidimme hänet rangaistuna, Jumalan lyömänä ja vaivaamana. Hän on haavoitettu meidän pahojen tekojemme tähden, hosuttu meidän syntiemme tähden; rangaistus, joka tuotti meille rauhan, oli hänen päällänsä, ja hänen haavojensa kautta me olemme parannetut. Me vaelsimme kaikki eksyksissä niinkuin lampaat ja kukin meistä poikkesi omalle tiellensä, mutta Herra heitti kaikkien meidän synnit hänen päällensä.

Jesaja 53:4-6

Jumalan suunnitelmassa todellisten lapsien hankkimiseksi tärkein osa on Jeesuksen tuleminen ihmisenä maan päälle, hänen kokemansa kaikenlainen kärsimys ja hänen kuolemansa ristillä. Kaiken tämän kautta hän saavutti ihmisille pelastuksen tien. Jumalan ristin kaitselmuksessa on syvä hengellinen merkitys. Jumalan ainoa poika Jeesus, hyläten taivaallisen loiston, syntyi eläinten tallissa ja eli koko elämänsä köyhyydessä. Lisäksi hänet piiskattiin, hänet naulattiin käsistään ja jaloistaan, hän kantoi orjantappurakruunua ja hän vuodatti vertaan ja vettään hänen tultuaan lävistetyksi keihäällä. Jokainen Jeesuksen kärsimys sisältää Jumalan ylitsevuotavan rakkauden.

Kun ymmärrät täysin ristin hengellisen merkityksen ja Jeesuksen kärsimykset, sydämesi varmasti liikuttuu Jumalan rakkaudesta ja saat todellisen uskon. Voit myös saada vastaukset kaikkiin elämäsi ongelmiin, kuten köyhyyteen ja sairauksiin, samoin kuin taivaan ikuiseen valtakuntaan.

Syntyi tallissa ja nukkui seimessä

Jeesus, ollen luonnostaan Jumala, oli kaiken taivaan ja maan herra ja ansioitunein olento. Kuitenkin hän tuli tähän maailmaan lihana lunastaakseen kaikki ihmiset synneistä ja johtaakseen heidät pelastukseen.

Jeesus on kaikkivaltiaan Jumalan, Luojan ainoa poika. Miksi sitten hän ei syntynyt ylelliseen paikkaan, tai ainakin mukavaan huoneeseen? Eikö Jumala olisi voinut antaa hänen syntyä ihanaan paikkaan? Miksi Hän antoi Jeesuksen syntyä talliin ja nukkua seimessä?

Tällä on syvä hengellinen merkitys. Sinun tulisi tietää Jeesuksen hengellisesti syntyneen erinomaiseen paikkaan. Vaikkakaan ihmiset eivät voisi nähdä silmillään, Jumala oli niin mielissään Jeesuksen syntymästä, että Hän ympäröi Jeesuslapsen valojen loistolla taivaallisen väen ja enkelien läsnäollessa. Voit tuntea Hänen jännityksensä Luukkaassa 2:14, jossa sanotaan seuraavasti: *"Kunnia olkoon Jumalalle korkeuksissa ja maassa rauha ihmisten kesken, joihin hänellä on mielisuosio."* Jumala oli myös valmistanut hyvät paimenet ja itäisen maan tietäjät ja johdatti heidät palvomaan Jeesuslasta.

Kaikki ylistys ja palvonta tapahtui, koska Jeesus tulisi avaamaan pelastuksen oven tulemalla tähän maailmaan, suuri joukko ihmisiä tulisi pääsemään ikuiseen taivaaseen Jumalan lapsina ja Jumalan poika Jeesus tulisi olemaan kuningasten kuningas ja herrojen herra.

Jumalan kaitselmus kätkettynä Jeesuksen syntymään

Jeesuksen synnyttyä keisari Augustus määräsi väestönlaskennan suoritettavaksi koko Rooman valtakunnassa. Juutalaiset olivat Rooman valtakunnan alaisia ja he menivät kotikaupunkeihinsa rekisteröitäviksi keisarin käskyn mukaisesti. Myös Joosef meni kihlattunsa Marian kanssa Nasaretin kaupungista Galileasta Beetlehemiin Daavidin kaupunkiin, koska hän kuului Daavidin sukuun. Maria oli Joosefille luvattu ja raskaana Pyhästä Hengestä ja synnytti esikoisensa Jeesuksen heidän siellä ollessaan.

Nimi "Beetlehem" tarkoittaa "leivän taloa" ja se oli kuningas Daavidin kotikaupunki (1. Samuel 16:1). Miika 5:2 kirjoittaa Beetlehemin kaupungista seuraavasti: *"Ja sinä Beetlehem Efrata, joka vähäinen olet Juudaan tuhansien joukossa, sinusta tulee minulle se, joka on Israelin hallitsija, ja jonka alku on alusta ja iankaikkisuudesta."* Beetlehem profetioitiin Messiaan syntymäpaikaksi.

Tällöin Marialle ja Joosefille ei ollut tilaa majatalossa tuhansien ihmisten tultua Beetlehemiin rekisteröitäviksi. Tämän vuoksi Maria synnytti lapsen tallissa. Hän kapaloi hänet ja pani hänet seimeen, eläinten syöttämiseen käytettyyn kaukaloon.

Miksi sitten Jeesus, josta tuli kaikkien ihmisten pelastaja syntyi sellaisella vaatimattomalla tavalla?

Lunastaakseen eläinten kaltaiset ihmiset

Salomon saarnaaja 3:18 sanoo, *"Ja minä sanoin sydämessäni: ihmislasten tähden se on niin, jotta 'Jumala heitä koettelisi ja he tulisivat näkemään, että he omassa olossaan ovat eläimiä.'"* Ihmiset, jotka ovat menettäneet Jumalan kuvan, ovat Jumalan silmissä eläimiä. Ensimmäinen ihminen Aatami oli alunperin luotu Jumalan kuvaksi. Hän oli myös hengen ihminen, koska Jumala opetti hänelle vain totuuden sanaa.

Kuitenkin Aatami söi hyvän ja pahan tiedon puun hedelmän Jumalan tahdon vastaisesti, niinpä hänen henkensä kuoli, eikä hän voinut keskustella enää Jumalan kanssa. Lisäksi hän ei enää ollut kaikkien luotujen herra. Saatana yllytti Aatamia syntiin ja hänen puhdas ja totuudenmukainen sydämensä muuttui epäpuhtaaksi ja valheelliseksi sydämeksi.

Päivittäisesä elämässäsi olet kenties joskus kuullut ilmaisun "hän ei ole eläintä parempi." Kuulet usein mediassa ihmisistä, jotka eivät ole eläimiä parempia. Omaksi edukseen he helposti huijaavat ja pettävät naapureitaan, asiakkaitaan, ystäviään ja perheenjäseniään. Vanhemmat ja lapset vihaavat toisiaan ja ovat joskus valmiit tappamaan toisensa.

Ihmiset uskaltavat tehdä sellaisia kamalia tekoja, koska sielusta on tullut ihmisen hallitsija hengen kuoltua ja he ovat menettäneet Jumalan kuvan syntiensä tähden. Eläinten lailla he ovat vain sielu ja ruumis, sellaiset ihmiset eivät voi päästä taivaaseen, eivätkä voi sanoa Jumala, Isä Abba. Jeesus syntyi tallissa lunastamaan kaikki ihmiset, jotka eivät ole eläimiä parempia.

Jeesus on todellinen hengen ruoka

Jeesus makasi seimessä, hevosten kaukalossa, ollakseen todellinen hengellinen ruoka ihmisille, jotka eivät ole eläimiä parempia (Johanneksen evankeliumi 6:51).

Toisin sanoen, oli ennustettu kaitselmus johtaa ihminen

täydelliseen pelastukseen sallimalla hänen saada takaisin menettämänsä Jumalan kuva ja suorittamalla ihmisen kaikki velvollisuudet. Mitä sitten ovat ihmisen kaikki velvollisuudet? Salomon saarnaaja 12:13-14 antaa meille käsityksen:

Yhteenveto kaikesta, mitä on kuultu, on tämä: Pelkää Jumalaa ja pidä hänen käskynsä, sillä niin tulee jokaisen ihmisen tehdä. Sillä Jumala tuo kaikki teot tuomiolle, joka kohtaa kaikkea salassa olevaa, olkoon se hyvää tai pahaa.

Mitä "Jumalan pelkääminen" tarkoittaa? Sananlaskut 8:13 kertoo meille, että *"Herran pelko on pahan vihaamista."* Sen tähden, Jumalan pelkääminen on olla hyväksymättä pahaa ja samaan aikaan kaiken pahan heittämistä pois sydämestäsi.

Jos todella pelkäät Jumalaa, sinun tulisi tehdä parhaasi välttääksesi kaikkea pahaa ja taistella syntiä vastaan, sekä heittää se pois aina verenvuodattamiseen asti. Samoin kuin opiskelussa paremman elämän puolesta, sinun tulisi tehdä parhaasi Jumalan pelossa ja tehdä kaikki ihmisen velvollisuudet nauttiaksesi Jumalan rakkaudesta ja siunauksesta.

Raamatusta voit löytää Jumalan lapsilleen antamia käskyjä, kuten "tee tämä, älä tee tätä, pidä tämä ja heitä tämä pois." Toisaalta Jumala kertoo meille, mitä Jumalan lasten tulisi tehdä, on "rukoilla, rakastaa, antaa kiitosta ja paljon muuta." Toisaalta Jumala kieltää meitä tekemästä kuolemaan johtavia asioita, kuten viha, huorinteko ja juopottelu.

Hän myös kertoo meille, että meidän tulee noudattaa

käskyjä, kuten "pyhitä lepopäiväsi", "pidä lupauksesi" ja vastaavaa. Jumala myös kehottaa meitä välttämään kaikkea vahingollista sanomalla "vältä kaikkea pahaa", "heitä pois ahneutesi" ja niin edelleen. Ihmisen koko velvollisuus on pelätä Jumalaa ja seurata hänen käskyjään. Jumala pitää meitä vastuullisina kaikista teoistamme tuomion päivänä, kaikista salaisista teoistamme, niin hyvistä kuin pahoista. Täten eläessäsi kuin eläin kantamatta ihmisen koko vastuuta, on luonnollista, että päädyt tuomion päivänä helvettiin.

Vastaavasti Jeesus syntyi tallissa ja makasi seimessä lunastaakseen ihmiset, jotka eivät ole eläimiä parempia ja tullakseen heille hengelliseksi ruuaksi.

Jeesuksen elämä köyhyydessä

Johanneksen evankekiumi 3:35 sanoo, *"Isä rakastaa poikaa ja on antanut kaikki hänen käteensä."* Voit lukea Paavalin kirjeestä kolossalaisille 1:16, *"Sillä hänessä luotiin kaikki, mikä on taivaissa ja maan päällä, näkyväiset ja näkymättömät, olivatpa ne valtaistuimia tai herrauksia, hallituksia tai valtoja, kaikki on luotu hänen kauttaan ja häneen."* toisin sanoen, Jeesus on Jumalan, Luojan ainoa poika ja kaiken herra taivaassa ja maan päällä.

Miksi hän sitten tulee tähän maailmaan matalassa ja nöyrässä asemassa ja elää köyhyydessä, vaikka hän oli Jumalan kaikkivaltiaan kaltainen ja oli miten tahansa mitattuna rikas?

Lunastaakseen ihmiset köyhyydestä

Paavalin 2. kirje korinttolaisille 8:9 sanoo, *"Sillä te tunnette Herramme Jeesuksen Kristuksen armon, että hän, vaikka oli rikas, tuli teidän tähtenne köyhäksi, jotta te hänen köyhyydestään rikastuisitte."* Jumalan hämmästyttävän rakkauden kaitselmus on tässä julistettu. Jeesus, vaikkakin hän oli kuningasten kuningas, herrojen herra ja Jumalan, Luojan ainoa poika, luopui kaikesta taivaallisesta loistosta, tuli tähän maailmaan ja eli köyhyydessä, kestäen ihmisten halveksuntaa ja väärinkohtelua lunastaakseen ihmiset köyhyydestä

Alussa Jumala loi ihmisen ottamaan ja syömään hedelmiä ilman hikeä ja nauttimaan onnellisesta elämästä ilman raskaita töitä. Kuitenkin, ensimmäisen ihmisen Aatamin oltua tottelematon Jumalan sanalle ja tultua korruptoituneeksi, ihminen saattoi syödä ruokansa vain raskaalla työllä ja hiki otsalla. Tämän vuoksi, ihminen usein elää halussa ja köyhyydessä.

Köyhyys itsessään ei ole synti. Jeesus ei vuodattanut vertaan lunastaakseen meidät köyhyydestä. Kuitenkin, köyhyys on kirous, langetettuna Aatamin oltua Jumalalle tottelematon, täten Jeesus teki meistä rikkaita elämällä köyhyydessä.

Jotkut sanovat Jeesuksen elämän pituisen köyhyyden olevan henkistä köyhyyttä. Kuitenkin, koska Jeesus sikisi Pyhästä Hengestä ja on yhtä Jumalan, Isän kanssa, ei ole oikein ajatella, että hän oli hengellisesti köyhä.

Sinun tulisi pitää mielessä seikka, että Jeesus eli köyhyydessä lunastakseen sinut köyhyydestäsi ja että voisit elää runsasta

elämää kiittäen Jumalan rakkautta ja armoa.
Jotkut sanovat olevan väärin rukoilla rahaa. Toiset ajattelevat,
että kristittynä sinun tulisi elää köyhyydessä. Tämä ei kuitenkaan
ole missään mielessä Jumalan tahto.
Raamatusta voit lukea monia siunauksen sanoja. 5.
Mooseksen kirjasta 28:2 voit lukea esimerkiksi:

> *Ja kaikki nämä siunaukset tulevat sinun osaksesi ja
> saavuttavat sinut, jos kuulet Herraa, sinun Jumalaasi.
> Siunattu olet kaupungissa ja siunattu olet kedolla.
> Siunattu on sinun kohtusi hedelmä ja maasi hedelmä
> ja karjasi hedelmä, raavaittesi vasikat ja lampaittesi
> karitsat. Siunattu on sinun korisi ja sinun
> taikinakaukalosi. Siunattu olet tullessasi ja siunattu
> olet lähtiessäsi.*

3. Johanneksen kirje 1:2 kehottaa meitä, *"Rakkaani, minä
toivotan sinulle, että kaikessa menestyt ja pysyt terveenä,
niinkuin sielusikin menestyy."* Itse asiassa, Jumalan valitsemat
ihmiset, kuten Aabraham, Jesaja, Jaakob, Joosef ja Daniel
viettivät hyvin runsasta elämää.

Viettää rikasta elämää

Oikeudenmukaisuudessaan Jumala panee sinut niittämään,
mitä olet kylvänyt. Kuten vanhemmat haluavat antaa vain
parastaan lapsilleen, samoin rakastava Jumala haluaa antaa, mitä
sitten uskossasi pyydätkään (Markus 11:24)

Jumala haluaa antaa sinulle vastauksia ja siunauksia, muttet voi saada mitään, ellet pyydä, tai pyytäessäsi ilman mitään kohtuutta. Täten, jos yrität saavuttaa jotakin kylvämättä mitään, pilkkaat Jumalaa ja toimit hengen lain vastaisesti.

Jotkut saattavat sanoa, "Haluan kylvää, mutten köyhyydeltäni voi." Raamatusta voit kuitenkin löytää monia ihmisiä, jotka olivat hyvin köyhiä, mutta tekivät parhaansa kylvääkseen ja tulivat palkintona rikkaasti siunatuiksi.

1. Kuningasten kirjassa 17 löydämme, että maailmassa oli kolmen ja puolen vuoden nälänhätä. Vielä nälänhädän aikana, Siidonin Sarpatin leski teki profeetta Elialle pienen leipäkakun kourallisesta jauhoja ja vähästä öljystä, joka oli kaikki, mitä hänellä oli. Jumala oli niin mielissään hänen autettuaan Hänen palvelijaansa, että Hän siunasi hänet runsaasti: jauho ja öljy eivät loppuneet astioista, ennen kuin Jumala antoi sateen langeta maahan (1. Kuningasten kirja 17:14).

Eräässä Jeesuksen aikaisessa tapahtumassa, köyhä leski laittoi kaksi hyvin pientä kolikkoa, vain pennin murto-osan arvoisia, temppelin kassaan. Kuitenkin, Jeesus ylisti häntä sanomalla köyhän lesken antaneen enemmän, kuin muut yhteensä. Näin, koska hän antoi köyhyydestään ja antoi kaiken, mitä hänellä oli, muiden antaessa vain osan omaisuudestaan (Markus 12:42-44).

Tärkein asia mielessäsi tulee olla antaa kaikki Jeesukselle. Jumala ei katso antamaasi määrää, vaan haistaa antamiseen sisältyvän rakkauden ja uskon miellyttävän aromin ja siunaa sinua runsaasti.

Ruoskittuna ja vertansa vuodattaen

Ennen ristiinnaulitsemista roomalaiset sotilaat pilkkasivat ja väheksyivät Jeesusta lyömällä häntä kasvoihin, sylkemällä hänen päälleen ja niin edelleen. He myös piiskasivat Jeesusta ruoskalla, pitkällä nahkahihnalla, josta roikkui metallikoukkuja. Tuohon aikaan roomalaiset sotilaat olivat rotevimmat, hyvin kurinalainen ja vahvin sotavoima maailmassa. Kuinka tuskallista se onkaan täytynyt olla, heidän otettuaan pois hänen vaatteensa ja piiskatessa häntä? Heidän piiskatessaan hänen ruumistaan, hänen lihansa tuli revityksi riekaleiksi, hänen luunsa paljastuivat ja hänen verensä pulppusi ulos.

Jesajan profetian mukaisesti *"Selkäni minä annoin lyötäväksi, poskieni parran revittäväksi, en peittänyt kasvojani pilkalta ja syljeltä"* (Jesaja 50:6), Jeesus ei koskaan yrittänyt välttää piiskaamista.

Sairauksien ja vaivojen parantaminen

Miksi sitten Jeesus ruoskittiin piiskalla ja miksi hän vuodatti vertaan? Miksi Jumala salli tämän ainoalle pojalleen? Jesaja 53 selittää Jeesuksen kärsimysten ja kiusamisen syyn.

Hän on haavoitettu meidän pahojen tekojemme tähden, piiskattu meidän syntiemme tähden; rangaistus, joka tuotti meille rauhan, oli hänen päällänsä, ja hänen haavojensa kautta olemme me parannetut. Me vaelsimme kaikki eksyksissä niinkuin

*lampaat, ja kukin meistä poikkesi omalle tiellensä;
mutta Herra heitti kaikkien meidän synnit hänen
päällensä* (Jesaja 53:5-6).

Jeesus lävistettiin ja murskattiin sinun syntiesi ja rikkomustesi
tähden. Häntä rangaistiin, piiskattiin ja hän vuoti verta
antaakseen sinulle rauhan ja antaakseen sinulle vapauden
kaikista sairauksista.

Matteuksen evankeliumissa 9, Jeesuksen parantaessa matolla
makaavan halvaantuneen, hän ratkaisi ensimmäisen kerran
synnin ongelman sanomalla, *"Syntisi on annettu anteeksi."*
Vasta sitten Jeesus sanoi hänelle *"Nouse ylös, ota vuoteesi ja
mene kotiisi."*

Johanneksen evankeliumin 5. luvussa, Jeesuksen parannettua
kolmekymmentäkahdeksan vuotta invaliidina olleen, Jeesus sanoi
hänelle, *"Katso, sinä olet tullut terveeksi; älä enää tee syntiä,
jottei sinulle tapahtuisi jotakin pahempaa"* (Johannes 5:14).

Raamattu kertoo sairauksiesi olevan syntiesi vuoksi. Niinpä
tarvitset jonkun, joka voi ratkaista syntiesi ongelman
vapauttaaksesi sinut sairauksista. Kuitenkaan ilman
verenvuodatusta ei voi olla anteeksiantoa (3. Mooseksen kirja
17:11).

Tästä syystä vanhan testamentin aikana jonkun tehtyä syntiä,
pappi teurasti eläimen uhrilahjaksi. Kuitenkaan sinun ei tarvitse
teurastaa eläimiä lahjaksi Jeesukselle, hänen tultuaan lihana
tähän maailmaan ja vuodatettuaan viatonta, tahratonta ja
voimakasta vertaan. Jeesuksen pyhä veri lunasti kaikkien
ihmisten kaikki, niin nykyiset kuin tulevatkin synnit.

Ottaakseen itselleen meidän tautimme ja sairautemme

Matteus 8:17 sanoo, *"Jotta toteutuisi, mikä on puhuttu profeetta Jesajan kautta, joka sanoo: 'Hän otti päälleen meidän sairautemme ja kantoi meidän tautimme.'"* Näin tiedät, miksi Jeesus piiskattiin ja, miksi hän vuodatti vertaan ja usko siihen, ettei sinun tarvitse kärsiä taudeista ja sairauksista.

1 Pietarin kirje 2:24 sanoo, *"Joka itse kantoi meidän syntimme ruumiissaan ristinpuuhun, jotta me, synneistä pois kuolleina, eläisimme vanhurskautta varten; ja hänen haavojensa kautta te olette parannetut."* Tässä säkeessä on käytetty preesensiä, koska Jeesus oli jo lunastanut kaikkien ihmisten synnit.

Miksi jotkut meistä kärsivät taudeista siitä väitteestä huolimatta, että Jeesus kantoi meidän tautimme ja sairautemme tulemalla piiskatuksi ja vuodattamalla vertaan?

Jumala sanoo 2. Mooseksen kirjassa 15:26, *"Jos kuulet Herraa, Jumalaasi ja teet, mikä on oikein hänen silmissään, tarkkaat hänen käskyjään, ja noudatat kaikkia hänen ohjeitaan, niin minä en pane kärsittäväksesi yhtään niistä vaivoista jotka olen pannut egyptiläisten kärsittäviksi, sillä minä olen Herra, sinun parantajasi."* Tämä merkitsee, että jos teet, mikä on oikein Jumalan silmissä, et sairastu, koska Jumala suojelee sinua niiltä silmillään, jotka ovat kuin roihuava tuli.

Otetaan esimerkki. Naapurin lapsen pieksemän lapsen tullessa itkien kotiin, vanhempien asenne tähän tapahtumaan voi vaihdella paljon riippuen heidän uskostaan.

Yksi voi opettaa lastaan kuten: "Miksi sinua aina hakataan? Jos sinua lyödään kerran, sinun on parempi lyödä takaisin kaksi tai kolme kertaa." Toinen vanhempi saattaa käydä hakanneen lapsen vanhempien luona ja valittaa asiasta heille. Joku toinen vanhempi ei toimi kummallakaan tavalla, mutta saattaa olla vihainen, tai suuttunut sydämessään.

Kuitenkin Jumala käskee sinun voittaa pahan hyvyydellä, rakastaa jopa vihollisiasi ja etsiä rauhaa kaikkien kanssa, sanomalla, *"Mutta minä sanon teille: älkää tehkö pahalle vastarintaa, vaan jos joku lyö sinua oikealle poskelle, käännä hänelle toinenkin"* (Matteus 5:39).

Sen vuoksi, jos teet, mikä on oikein hänen silmissään, sinun on helppo pitää Jumalan käskyt ja määräykset. Kun jatkat rukoilemista ja teet parhaasi, Jumalan armo ja voima tulevat sinuun ja voit helposti tehdä kaikkea Pyhän Hengen avulla.

Heittäessäsi pois synnit ja tehdessäsi, mikä on oikein Jumalan silmissä, sairaudet eivät tule sinuun. Ja vaikkakin sairastuisit, Jumala, parantaja antaa anteeksi syntisi ja parantaa sinut täysin, kun yrität saada selville, mikä on Jumalan silmissä väärin ja vastustat sitä koko sydämestäsi.

Vaikkakin tunnustat huulillasi Jumalan olevan kaikkivaltias, jos luotat maailmaan ja menet sairaalaan, kohdatessasi ongelman tai sairauden, Jumala ei ole mielissään sinusta, koska tämä todistaa, ettet täysin usko kaikkivaltiaaseen Jumalaan (2. Aikakirja 16)

Orjantappurakruunun kantaminen

Kruunu on oikeastaan kuninkaalliseen viittaan puettua kuningasta varten. Vaikkakin Jeesus oli Jumalan ainoa poika, kuningasten kuningas ja herrojen herra, hän kantoi kullasta, hopeasta ja jalokivistä tehdyn kruunun sijasta orjantappuroista tehtyä kruunua, jossa oli pitkiä ja kovia okaita.

Silloin maaherran sotilaat veivät Jeesuksen mukanaan palatsiin ja kokosivat hänen ympärilleen koko sotajoukon. He riisuivat hänet ja panivat hänen päälleen tulipunaisen viitan. Ja väänsivät orjantappuroista kruunun, panivat sen hänen päähänsä ja ruokokepin hänen oikeaan käteensä. polvistuivat häneen eteensä ja pilkkasivat häntä sanoen: "Terve, juutalaisten kuningas!" He sylkivät hänen päälleen, ottivat ruokokepin ja löivät häntä päähän (Matteus 27:27-30).

Roomalaiset sotilaat kietoivat orjantappuroita yhteen tehdäkseen Jeesukselle liian pienen kruunun ja panivat sen hänen päähänsä. Niinpä okaat lävistivät hänen päänsä ja otsansa ja veri virtasi hänen kasvoilleen. Miksi Jumala, kaikkivaltias salli ainoan poikansa kantaa orjantappurakruunua, kärsiä kivuista ja vuodattaa vertaan?

Ensinnäkin, Jeesus kantoi orjantappurakruunua lunastakseen meidät ajatuksissamme tekemistämme synneistä

Jumalan luoman ihmisen keskustellessa hänen kanssaan ja totellessa hänen sanaansa, ihminen ei syyllistynyt syntiin, koska hän ajatteli aina Jumalan tahdon mukaisesti ja totteli häntä. Kuitenkin, tultuaan houkutelluksi käärmeen toimesta ja vastaanotettuaan saatanan ajatukset, hän pian syyllistyi syntiin. Hän ei koskaan ennen ollut ajatellut syövänsä hyvän ja pahan tiedon puun hedelmää. Tultuaan houkutelluksi hän kuitenkin söi sen, koska se tuntui hyvältä ruualta ja miellytti hänen silmiään ja houkutti häntä viisauden saavuttamiseksi.

Vastaavasti, saatana, joka johti ensimmäiset ihmiset, Aatamin ja Eevan olemaan tottelemattomia Jumalalle, työskentelee nyt saadakseen sinut tekemään syntiä ajatuksissasi.

Ihmisaivoissa on muistisoluja. Syntymästä lähtien, mitä olet nähnyt, kuullut ja oppinut tallentuu muistisoluihin kaikkien tiettyihin tapahtumiin, henkilöihin ja informaatioon liittyvien tuntemusten kanssa. Me kutsumme tätä "tiedoksi." Mitä kutsumme "ajatukseksi" on tämän tallennetun tiedon uudelleentuottamista sielusi toimesta.

Ihmiset ovat kasvaneet erilaisissa ympäristöissä. Mitä he ovat nähneet, kuulleet ja oppineet on toisistaan poikkeavaa ja mitä heillä on päässään, on myös erilaista. Vaikkakin, mitä he ovat nähneet, kuulleet ja oppineet olisi samaa, jokaisella on hänen omat tunteensa ja näin, ihmisillä on väistämättä erilaiset arvot.

Jumalan sana ei usein ole sopusoinnussa meidän oman tietomme ja teoriamme kanssa. Esimerkiksi, saatat ajatella, että jos haluat tulla ylennetyksi, sinun tulee ottaa kaikki mahdolliset askeleet voittaaksesi muut. Kuitenkin Jumala opettaa, kuka itsensä alentaa hänet ylennetään (Matteus 23:12).

Useimpien ihmisten mielestä on luonnollista vihata vihollistaan, mutta Jumala käskee sinua "rakasta vihollistasi" ja "jos vihollisesi on nälkäinen, ruoki hänet, jos hän on janoinen, anna hänelle jotain juotavaa." Jumalan ajatukset ovat hengellisiä, ihmisen maallisia. Saatana antaa sinulle maallisia ajatuksia, houkuttelee sinua välttämään Jumalaa, häiritsee sinua saavuttamasta tosi uskoa ja ajaa sinut seuraamaan maallisia tapoja, jotka johtavat välttämättä syntiin ja ikuiseen kuolemaan.

Matteuksen evankeliumissa 16:21 ja sitä seuraavissa säkeissä Jeesus selitti opetuslapsilleen, että hän tulisi kärsimään monia asioita, ja että hän tulisi kuolemaan ristillä ja nousemaan ylös kuolleista kolmantena päivänä. Kuullessaan tämän, Pietari vei Jeesuksen sivuun ja alkoi moittia häntä, sanoen, *"Jumala varjelkoon, Herra! Se ei saa tapahtua sinulle"* (säe. 22). Kuitenkin Jeesus kääntyi Pietarin puoleen ja sanoi hänelle vihaisesti, *"Väisty taakseni saatana! Sinä olet minulle pahennus, sillä sinä et ajattele sitä, mikä on Jumalan, vaan sitä, mikä on ihmisten."* Kun Jeesus sanoi vihaisena "Väisty taakseni saatana" hän ei tarkoittanut Pietarin olevan saatana, vaan saatanaa itseänsä, joka työskenteli Pietarin ajatuksissa estääkseen Jumalan teon.

Näin, koska Jeesuksen täytyi kantaa ihmisten pelastuksen risti Jumalan tahdon mukaisesti, mutta Pietari yritti estää häntä täyttämästä Jumalan tahdon maallisilla ajatuksillaan.

Apostoli Paavali kirjoittaa 2. Korinttolaisessa 10:3-6 seuraavasti:

*Vaikka me vaellammekin lihassa, emme kuitenkaan
lihan mukaan sodi; sillä meidän sota-aseemme eivät
ole lihallisia, vaan ne ovat voimallisia Jumalan edessä
hajoittamaan maahan linnoituksia. Me hajoitamme
maahan järjen päätelmät ja jokaisen varustuksen, joka
nostetaan Jumalan tuntemista vastaan ja vangitsemme
jokaisen ajatuksen kuuliaiseksi Kristukselle ja olemme
valmiit rankaisemaan kaikkea tottelemattomuutta,
kunhan te ensin olette täysin kuuliaisiksi tulleet.*

Sinun tulisi päästä irti omista väitteistä ja päättelyistä, jotka
ovat usein vastoin Jumalan valtakuntaa. Vangitse kaikki ajatukset
tehdäksesi ne tottelevaisiksi Jeesukselle, elääksesi totuuden
mukaan ja silloin sinusta tulee hengen ja uskon ihminen.

Sinun tulee heittää pois ajatus jonkun lyömisestä takaisin
kaksi kertaa, sillä tämä maallinen ajatus on totuutta vastaan.

Senvuoksi sinun tulisi hylätä kaikki ajatuksistasi tulevat
synnit. Lopettaaksesi syntien ongelman kokonaan, sinun tulisi
ensiksi kieltää lihan himot, silmien himot ja elämän arvostus.
Nämä ovat saatanaa ilahduttavia valheellisia ajatuksia.

Lihan himot, joka tarkoittaa mielessäsi syntyviä ajatuksia
ovat Jumalan tahdon vastaisia haluja. Paavalin kirje galatalaisille
5:19-21 luettelee sellaisia himoja:

*Mutta lihan teot ovat ilmeiset ja ne ovat: haureus,
saastaisuus, irstaisuus, epäjumalanpalvelus, noituus,
vihamielisyys, riita, kateus, viha, juonet, eripuraisuus,
lahkot, kateus, juomingit, öiset kemut, ja muut*

senkaltaiset, joista teille edeltä käsin sanon, niin kuin olen jo ennenkin sanonut, että jotka sellaista harjoittavat, eivät peri Jumalan valtakuntaa.

Halu, jonka Jumala määrää sinut kieltämään, on lihan himo. Halu silmissä tarkoittaa mielen tulevan kovasti vaikutetuksi siitä mitä hän näkee ja kuulee ja hän alkaa seurata mielessään syntyneitä halujaan. Kun joku rakastaa maailmaa etsimällä silmiensä haluja, vain nämä halut tuntuvat olevan arvokkaita, eikä häntä tyydytä mikään.

Rehentelevä mieli nousee ihmisessä hänen omistautuessa maalliselle mielihyvälle hänen pyrkiessä tyydyttämään synnillisen ihmisen ja himoitsevien silmien haluja. Tätä kutsutaan elämän ylpeydeksi.

Lunastaakseen meidät kaikesta maallisuudesta, laittomuudesta ja pahasta, Jeesus kantoi orjantappurakruunua ja vuodatti vertaan. Koska vain syyttömän ja tahrattoman Jeesuksen veri voi lunastaa meidät synneistämme, hän lunasti meidät kaikista ajatuksissamme tekemistämme synneistä kantamalla päässään orjantappurakruunua ja vuodattamalla vertaan.

Toiseksi, Jeesus kantoi orjantappurakruunua, jotta ihminen saattaa kantaa parempia kruunuja taivaassa.

Toinen syy, miksi hän kantoi orjantappurakruunua on antaa sinulle mahdollisuus saada parempia kruunuja. Hänen lunastaessaan sinut köyhyydestä ja antaessaan sinulle rikkauden viettämällä köyhää elämää, hän kantoi orjantappurakruunua, jotta saisit itse paremman kruunun taivaassa.

Taivaassa on lukematon määrä kruunuja Jumalan lapsille. Urheilukilpailuissa on voittajille annettuja palkintoja, kuten kulta-, hopea- tai pronssimitaleja. Vastaavasti taivaassa on erilaisia kruunuja.

On olemassa katoamaton kruunu kuten kuvailtu Paavalin 1. kirjeessä korinttolaisille 9:25: *"Jokainen kilpailija noudattaa itsensä hillitsemistä kaikessa. He tosin saadakseen katoavaisen seppeleen, mutta me katoamattoman."* Katoamaton kruunu on valmistettu Jumalan lapsille, jotka haluavat heittää pois syntinsä. Kirkkauden kruunu on valmistettu heille, jotka heittävät pois syntinsä ja elävät Jumalan sanan mukaisesti ja ylistävät häntä (1. Pietarin kirje 5:4). Mös elämän kruunu on valmistettu heille, jotka rakastavat suuresti Jumalaa, ovat hänelle uskollisia kuolemaan asti ja tulevat pyhiksi kieltämällä kaiken pahan (Jaakob 1:12; Ilmestyskirja 2:10).

Seuraavaksi vanhurskauden kruunu on annettu heille, jotka, kuten apostoli Paavali, tulivat pyhiksi heittämällä pois kaikki syntinsä ja lisäksi täyttämällä täysin tehtävänsä Jumalan tahdon mukaisesti (Paavalin 2. kirje Timoteukselle 4:8).

Myös Ilmestyskirjassa 4:4 kuvataan, että *"Ja valtaistuimen ympärillä oli kaksikymmentäneljä valtaistuinta ja niillä valtaistuimilla istui kaksikymmentäneljä vanhinta, puettuina valkoisiin vaatteisiin ja heillä oli päässään kultaiset kruunut."* Kultainen kruunu on valmistettu ihmisille, jotka saavuttavat vanhimman tason ja, jotka auttavat Jumalaa uudessa Jerusalemissa.

Tässä "vanhimmat" ei viittaa ihmisiin, joille kirkko on antanut tuon tittelin, vaan ihmisiin, jotka Jumala tunnustaa vanhimmiksi, koska he ovat pyhiä ja uskollisia kaikelle Jumalan huoneessa, ja, joilla on kullan kaltainen vankkumaton usko.

Jumala antaa erilaisia kruunuja lapsilleen riippuen iitä, missä määrin he heittävät syntinsä pois ja täyttävät Jumalan antaman tehtävän. Jumalan lapset voivat taivaassa hyvin ja saavat parempia kruunuja, jos he eivät ajattele, kuinka täyttää synnillisen luonteen halut, vaan käyttäytyvät asiallisesti Jumalan sanan mukaisesti. (Paavalin kirje roomalaisille 13:13-14), ja toimivat yhteistyössä sielunsa kanssa, heidän eläessään Hengen mukaan (Paavalin kirje galatalaisille 5:6), sekä, jos he uskollisesti toteuttavat velvollisuutensa ja tehtävänsä!

Vastaavasti, Jeesus lunasti sinut kaikista ajatustesi synneistä kantamalla orjantappurakruunua ja vuodattamalla vertaan. Kuinka kiitollinen sinun tulisikaan olla hänen valmistaessaan paremmat kruunut taivaassa, sinulle annettavaksi, riippuen uskosi määrästä ja tehtäväsi täyttämisestä!

Sen vuoksi, sinun täytyy tajuta, kuinka loisteliasta on tulla päteväksi vastaanottamaan nämä kruunut. Sitten sinulla tulisi olla Herrasi sydän kieltämällä kaikenlainen synti, sinun tulisi täyttää tehtäväsi hyvin ja olla uskollinen kaikelle Jumalan huoneessa. Toivon sinun saavan parhaan mahdollisen kruunun taivaassa.

Jeesuksen vaatteet ja tunika

Jeesus, joka kantoi orjantappurakruunua ja vuodatti vertaan kaikkialta ruumiistaan ankaran ruoskimisen johdosta tuli

Golgatalle, ristiinnaulitsemisen paikkaan. Roomalaisten sotilaiden ristiinnaulitessa Jeesuksen, he ottivat hänen vaatteensa ja jakoivat ne neljään osaan, yksi osa kullekin heistä. He eivät jakaneet tunikaa, vaan heittivät siitä arpaa.

Kun sotilaat olivat ristiinnaulinneet Jeesuksen, he ottivat hänen vaatteensa ja jakoivat ne neljään osaan, yksi kullekin sotilaalle, sekä ihokkaan, mutta ihokas oli saumaton, kauttaaltaan ylhäältä alas kudottu. Sentähden he sanoivat toisilleen: "Älkäämme leikatko sitä rikki, vaan heittäkäämme siitä arpaa, kenen se on oleva." Jotta tämä kirjoitus kävisi toteen, "He jakavat keskenään vaatteeni ja heittävät puvustani arpaa." (Johanneksen evankeliumi 19:23-24).

Miksi Jumalan sana kertoo yksityiskohtaisesti Jeesuksen vaatteista ja tunikasta? Israelin historia vuodesta 70 A.D. on syvällisesti sidoksissa tämän tapahtuman henkiseen merkitykseen.

Riisuttuna ja ristiinnaulittuna

Matteuksen evankeliumin 27:22-26 mukaan, Jeesus tuomittiin ristiinnaulittavaksi Pontius Pilatuksen käskystä niiden israelilaisten pyynnöstä, jotka eivät tunnustaneet Jeesusta Messiaana, ja häntä pilkattiin ja halveksittiin monin tavoin.

Kannettuaan orjantappurakruunua ja tultuaan pilkatuksi ja halveksituksi hän kantoi ristin Golgatalle ja ristiinnaulittiin siellä. Pilatus määräsi sotilaat laittamaan kirjallisen syytteen häntä vastaan hänen päänsä yläpuolelle. Siinä luki, "TÄMÄ ON JUUTALAISTEN KUNINGAS" (Matteus 27:37). Tämä viesti oli kirjoitettu hebreaksi, latinaksi ja kreikaksi. Hebrea oli juutalaisten, Jumalan valitseman kansan perinteellinen kieli. Latina oli rooman valtakunnan virallinen kieli, ajassaan vahvimman kansakunnan kieli, ja kreikka oli vallitsevan maailmankulttuurin kieli. Täten, viesti kirjoitettuna näillä kolmella kielellä symboloi koko maailman tunnustaneen Jeesuksen todellakin juutalaisten kuninkaana ja kuninkaitten kuninkaana.

Johanneksen evankeliumissa 19:21-22 sanotaan: Luettuaan viestin monet juutalaiset protestoivat Pilateukselle, ettei tämä kirjoittaisi. "juutalaisten kuningas" vaan sen sijaan pyysivät kirjoittamaan, "Hän sanoi, 'Olen juutalaisten kuningas.'" Pilatus kuitenkin vastasi heille, "Mitä olen kirjoittanut, olen kirjoittanut," ja jätti sen muuttamatta. Tämä merkitsee, että jopa Pilateus tunnusti Jeesuksen juutalaisten kuninkaaksi.

Koska Pilateuskin tunnusti Jeesuksen juutalaisten kuninkaaksi, hän todellakin on Jumalan ainoa poika, kuningasten kuningas ja herrojen herra. Kuitenkin, monien häntä katsovien ihmisten edessä Jeesus riisuttiin vaatteistaan ja tunikastaan ja ristiinnaulittiin. Tällä tavoin hän koki sellaisen sydäntäsärkevän häpeän.

Me elämme tässä kierossa maailmassa unohtaen ihmisen vastuun. Lunastaakseen meidät kaikesta häpeästä, likaisista asioista, pahuudesta, laittomuudesta ja moraalittomuudesta,

Jeesus, kuningasten kuningas riisuttiin vaatteistaan ja tunikastaan ja kärsi häpeää monien ihmisten katsellessa. Jos ymmärrät tämän hengellisen merktyksen, et voi muuta, kuin olla siitä kiitollinen.

Jeesuksen vaatteiden jakaminen neljään osaan.

Roomalaiset sotilaat riisuivat Jeesuksen ja ristiinnaulisivat hänet. He ottivat hänen vaatteensa ja jakoivat ne neljään osaan, mutta heittivät arpaa hänen tunikastaan.

Terve järki sanoo, ettei hänen vaatteensa voineet olla kauniita, tai kalliita. Miksi sitten sotilaat jakoivat hänen vaatteensa neljään osaan?

Tiesivätkö he kaukokatseisessa viisaudessa, että Jeesusta tultaisiin arvostamaan Messiaana ja halusivatko he edes yhden vaatekappaleen antaakseen sen jälkeläisilleen arvokkaana perhekalleutena? Ei, tämä ei ollut syynä.

Psalmi 22:18 profetioi, *"He jakavat vaatteeni keskenään ja tunikastani he heittävät arpaa."* Jumala salli sotilaiden ottavan hänen vaatteensa täyttämään tämän säkeen (Johannes 19:24)

Mitä henkisiä merkityksiä Jeesuksen vaatteet sitten sisälsivät? Miksi he jakoivat hänen vaatteensa neljään osaan, yksi osa kullekin heistä? Miksi he eivät jakaneet hänen tunikaansa? Miksi Jumala salli tämän tarinan tulevan kirjoitetuksi etukäteen?

Koska Jeesus on juutalaisten kuningas, Jeesuksen vaatteet tarkoittavat Israelin kansaa, tai juutalaisia ihmisiä. Roomalaisten sotilaiden jakaessa vaatteet neljään osaan, ne menettivät muotonsa. Tämä tarkoittaa, että Israel kansana tullaan tuhoamaan. Se tarkoittaa myös, että nimi Israel tulee säilymään, kuten vaatteiden osatkin säilyivät. Loppujen lopuksi, hänen vaatteistaan kirjoitetut sanat profetoivat juutalaisten ihmisten tulevan hajotetuiksi kaikkiin suuntiin seurauksena heidän kansansa tuhosta. Israelin historia todistaa tämän profetian toteutuneen.

Neljänkymmenen vuoden sisällä Jeesuksen kuolemasta ristillä, roomalainen kenraali Tiitus tuhosi Jerusalemin. Jumalan temppeli tuhottiin täysin, eikä siitä jäänyt jäljelle kiveä kiven päälle. Israelin kansan olemassaolon loputtua, juutalaiset levitettiin ympäriinsä maailmassa, heitä vainottiin ja jopa murhattiin. Tämä selvittää, miksi juutalaisia on elänyt ja elää kaikkialla maailmassa, vieläpä tänä päivänä.

Matteus 27:23 näyttää raa'an näyttämön, jossa Pilateus kertoo ilkeälle väkijoukolle Jeesuksen olevan syytön, mutta he huusivat entistä kovempaa hänelle ristiinnaulitsemaan Jeesuksen. Tällöin Pilateus otti vettä ja pesi kätensä, näyttääkseen, ettei hän ole vastuussa syyttömän Jeesuksen kuolemasta, sanoen, "Minä olen viaton tämän miehen vereen; Katsokaa itse eteenne." Sitten väkijoukko vastasi, "Tulkoon hänen verensä meidän päällemme ja lastemme päälle!"

Huomattava yksityiskohta on, että Israelin historia selvästi näyttää monen juutalaisen ja heidän jälkeläisensä vuodattaneen vertansa, aivan kuin täyttämään heidän vaatimuksensa Pontius Pilatukselle. Neljänkymmenen vuoden aikana Jeesuksen kuolemasta 1.1 miljoonaa juutalaista tapettiin. Sen lisäksi, toisen maailmansodan aikana natsi Saksa tappoi noin kuusi miljoonaa juutalaista. Elokuva "Schindlerin lista" kuvaa traagisia näyttämöitä, joissa juutalaisia ihmisiä tapettiin alastomina, ilman eroa miehien ja naisien, vanhojen ja nuorien välillä. Jopa rikollisen annetaan pukea päälleen puhtaat vaatteet ennen teloitusta, mutta juutalaiset riisuttiin alasti, kun heidät tapettiin.

Juutalaiset ihmiset eivät olleet tunnustaneet Jeesusta Messiaaksi ja riisuivat hänet alasti ja ristiinnaulitsivat hänet. Heidän huutaessaan, "Tulkoon hänen verensä meidän päällemme ja lastemme päälle," kamala kirous tuli Israelin ihmisten päälle pitkiksi ajoiksi.

Jeesuksen saumaton, yhdestä kappaleesta kudottu tunika

Johanneksen evankeliumi 19:23 kuvailee Jeesuksen tunikaa: *"Ihokas oli saumaton, kauttaaltaan ylhäältä asti kudottu."* Tässä, säkeen "saumaton" tarkoittaa, ettei tunikaa oltu tehty useammasta yhteenneulotusta osasta. Useimmille ihmisille sillä ei ole merkitystä, onko heidän vaatteensa kudottu ylhäältä alas, vai alhaalta ulös. Miksi sitten raamattu kuvailee Jeesuksen tunikan yksityiskohtaisesti.

Raamattu kertoo, Aatami oli kaikkien ihmisten esi-isä, Aabraham oli uskon esi-isä ja Jaakob oli Israelin esi-isä. Jumala opettaa meille Jaakobin, eikä Aabrahamin olevan Israelin esi-isä, koska Israelin kaksitoista heimoa syntyivät Jaakobin kahdestatoista pojasta. Israelin kansan perustaja on Jaakob, vaikkakin uskon esi-isä on Aabraham.

Jumala myös siunasi Jaakobia 1. Mooseksen kirjassa 35:10-11 näin:

"Sinun nimesi on Jaakob, mutta äklöön sinua enää kutsuttako Jaakobiksi, vaan nimesi on oleva Israel." *Niin hän sai nimen Israel. Ja Jumala sanoi hänelle: "Minä olen Jumala, Kaikkivaltias; ole hedelmällinen ja lisäänny. Kansa, vieläpä suuri joukko kansoja kasvaa sinusta, ja kuninkaita lähtee sinun lanteistasi."*

Näissä säkeissä mainitun Jumalan sanan mukaisesti, Jaakobin kaksitoista poikaa muodostivat Israelin perustan ja Israel oli yhtenäinen kansa, kunnes se jaettiin kuningas Rehoboamin aikana pohjoisen Israeliin ja etelän Juudaaseen.

Myöhemmin pohjoisen Israel sekoittui pakanoihin, mutta Juudaa säilyi yhtenäisenä. Nykyisin Juudaan ihmisiä kutsutaan juutalaisiksi. Jeesuksen saumaton, ylhäältä alas yhtenä kappaleena kudottu tunika, merkitsee, että Israelin kansa säilytti yhtenäisyytensä ja identiteettinsä Jaakobin jälkeläisinä tähän päivään.

Heittää arpaa Jeesuksen tunikasta leikkaamatta sitä osiin.

Tässä tunika merkitsee ihmisten sydämiä. Koska Jeesus on Israelin kuningas, hänen tunikansa tarkoittaa juutalaisten ihmisten sydämiä.

Israelilaiset, Jumalan valittuna kansana esi-isänsä Aabrahamin uskon kautta, ovat palvoneet kaiken yläpuolella todellista Jumalaa. Seikka, etteivät he jakaneet tunikaa, tarkoittaa, että niiden Israelin juutalaisten ihmisten henki, jotka palvovat Jumalaa, on hyvin säilytetty, eikä sitä oli revitty palasiksi, vaikkakin kansakunta tai Israelin hallitus tuhottiin.

Itseasiassa raamattu profetoi, etteivät pakanat voi tuhota israelilaisten syvällä, heidän sydämissään olevaa henkeä. Toisin sanoen, heidän tunteensa Jumalaa kohtaan on säilynyt hyvin, vaikkakin Israelin kansakunta tuhottiin pakanoiden toimesta. Koska heillä on sellainen luotettava sydän, Jumala valitsi israelilaiset omiksi ihmisiksiin ja on käyttänyt heitä luomaan Hänen valtakuntansa ja vanhurskautensa.

Vielä tänä päivänäkin israelilaiset yrittävät noudattaa lakia muuttumattomin sydämin. Näin, koska he ovat Jaakobin jälkeläisiä, jolla itsellään oli muuttumaton sydän. Israelilaiset yllättivät koko maailman saavuttamalla itsenäisyyden 14. toukokuuta 1948, kauan sen jälkeen, kun he olivat menettäneet sen. Tämän jälkeen, he ovat edistyneet nopeasti kehittyneeksi ja vaikutusvaltaiseksi maaksi ja he ovat jälleen kerran näyttäneet kansallisen henkensä ja erinomaisuutensa.

Koska roomalaiset sotilaat eivät voineet jakaa Jeesuksen saumatonta, yhdestä osasta, ylhäältä alas kudottua vaatetta, pakanat eivät voineet tuhota Jumalaa palvovien israelilaisten henkeä. Kaiken kaikkiaan, israelilaiset, Jaakobin jäkeläisinä, perustivat itsenäisen maan ja Jumalan valitsemina ihmisinä täyttivät hänen tahtonsa.

Israel aikojen lopussa raamatun kertomana

Samoin kuin Jumala kertoi Israelin tulevan historian Jeesuksen vaatteiden ja alusasujen avulla, hän myös antoi meille vihjeen mailman viimeisistä päivistä. Hesekiel 38:8-9 sanoo:

Monen päivän perästä sinua etsitään; vuosien lopulla olet sinä tuleva maahan, joka on päässyt rauhaan miekalta, joka on koottu monista kansoista, Israelin vuorille, jotka kauan aikaa olivat olleet autioina, mutta jonka kansa silloin on saatettu ulos kansakunnista, niin että he kaikki asuvat turvallisesti. "Ja sinä olet astuva ylös ja tuleva niinkuin tuulispää, niinkuin pilvi olet sinä maata peittämässä, sinä ja kaikki sinun joukkosi ja monet kansat sinun kanssasi."

Säkeen "monen päivän perästä" on aikakausi Jeesuksen syntymästä hänen toiseen tulemiseensa ja "vuosien lopulla" viittaa viimeisiin vuosiin ennen Jeesuksen toista tulemista. "Israelin vuoret" tarkoittaa Jerusalemia, joka sijaitsee ylängöllä, 760 metriä merenpinnan yläpuolella. Tämän vuoksi, monien eri kansoista tulevien ihmisten kerääntyminen yhteen ennustaa israelilaisten tulevan takaisin maahansa kaikkialta maailmasta Jeesuksen paluun lähestyessä.

Tämä ennustus toteutui Israelin tultua hävitetyksi Rooman Imperiumin toimesta 70 j.kr. ja saavutettua itsenäisyytensä 1948. Israel oli autio, kunnes siitä tuli itsenäinen, mutta se kasvoi yhdeksi kehittyneimmistä valtioista maailmassa.

Myös uusi testamentti profetoi Israelin itsenäisyyden. Jeesus kertoo Matteuksen evankeliumissa 24:32-34 seuraavaa:

Mutta oppikaa viikunapuusta vertaus: Kun sen oksa jo mehevöityy ja lehdet puhkeavat, niin tiedätte, että kesä on lähellä. Samoin te myös. kun näette tämän kaiken, tietäkää, että se on lähellä, oven edessä. Totisesti minä sanon teille, tämä sukukunta ei katoa, ennenkuin kaikki tämä tapahtuu.

Tämä oli Jeesuksen vastaus opetuslapsilleen, jotka olivat kysyneet häneltä merkkiä hänen toisesta tulemisestaan aikojen lopussa.

Viikunapuu näissä säkeissä viittaa Israeliin. Puiden lehtien pudotessa ja kylmän tuulen puhaltaessa tiedät talven olevan lähellä. Vastaavasti viikunapuun oksien mehevöityessä ja lehtien puhjetessa tiedät kesän olevan lähellä. Tällä vertauksella Jeesus selittää toisen tulemisensa olevan hyvin lähellä silloin, kun Israel on palautettu pitkän tuhonsa jälkeen ja israelilaiset saavuttavat itsenäisyyden.

Et tiedä, kuinka pitkää aikaa Jeeuksen mainitsema "tämä sukukunta" tarkoittaa, mutta tiedät; se mitä hän sanoi, tulee varmasti toteutumaan. Olet jo todistanut Israelin itsenäisyyden, joten on helppoa päätellä Jeesuksen toisen tulemisen olevan hyvin lähellä.

Aikojen lopun merkit

Matteuksen evankeliumissa 24, Jeesuksen opetuslasten kysyessä merkkejä aikojen lopusta, Jeesus selittää heille yksityiskohtaisesti. Kuitenkaan hän ei kertonut tarkkaa päivää tai tuntia sanomalla, *"Mutta siitä päivästä ja hetkstä ei tiedä kukaan, eivät taivasten enkelit, eikä myöskään Poika, vaan Isä yksin"* (Matteus 24:36).

Tämä merkitsee, ettei Ihmisen Poika, joka tuli lihana tähän maailmaan, tiennyt tarkkaa päivää tai tuntia. Tämä ei merkitse, ettei Jeesus yhtenä pyhästä kolminaisuudesta tiennyt sitä ristiinnaulitsemisensa, ylösnousemisensa ja taivaaseen astumisensa jälkeen.

Sanomalla monia asioita aikojen lopun merkeistä, Jeesus varoitti sinua, *"Ja sentähden, että laittomuus pääsee valtaan, kylmenee useimpien rakkaus. Mutta joka kestää loppuun asti, hän pelastuu"* (Matteus 24:12-13).

Tänä päivänä voit selvästi tuntea ilkeyden lisääntyvän ja rakkauden kylmenevän. Voit tuskin löytää lämminsydämisyyttä. Jeesus sanoi Matteuksessa 24:14, *"Tämä valtakunnan evankeliumi tulee sarnattavaksi koko maailmassa todistukseksi kaikille kansoille, ja sitten tulee loppu."* Evankeliumia on jo saarnattu kaikkialla maailmassa.

Lisäksi elämme "globaalissa kylässä", jossa kaikki paikat voidaan saavuttaa liikenteen, tai tiedonsiirron avulla. Myös tämä ilmiö on ennustettu Danielissa 12:4: *"Mutta sinä Daniel, kätke nämä sanat ja sulje tämä kirja sinetillä lopun aikaan asti; monet tutkivat sitä ja ymmärrystä karttuu."* Evankeliumi on nopeasti levinnyt kaikkialle maailmaan tässä ympäristössä.

On totta, että vaikkakin evankeliumia on saarnattu kaikkialla maailmassa, silti saattaa olla joitakin, jotka eivät hyväksy Jeesusta, koska he eivät avaa sydämiään. Tai saattaa olla joitakin syrjäisiä paikkoja, joihin evankeliumin sanomaa ei ole vielä levitetty. Kaikki vanhan testamentin profetiat ovat toteutuneet, samoin kuin myös useimmat uudesta testamentista. Kaikki kirjoitukset ovat Pyhän Hengen inspiroimia. Niinpä Jumalan sana on totta, eikä siinä ole virheitä. Pieninkään kirjain, tai pieninkään kynänjälki ei jää toteutumatta maailmassa. Jumala on toteuttanut sanansa ja lupauksensa ja vain muutamat asiat ovat enää toteutumatta, mukaanlukien Jeesuksen toinen tuleminen, seitsemän vuoden vaikeudet, uusi vuosituhat, ja valkoisen kruunun suuri tuomio.

Naulattuna käsistä ja jaloista

Ristiinnaulitseminen oli yksi julmimmista murhaajien ja pettureiden teloitusmentelmistä. Teloitettavan kädet levitettiin puiselle ristille. Hänet naulattiin käsistään ja jaloistaan. Hän riippui ristillä kauan ennen kuin hän kuoli. Näin hän kärsi valtavia tuskia viimeiseen hengenvetoonsa asti.

Jumalan poika Jeesus teki vain hyviä asioita, eikä hänessä ollut tässä maailmassa mitään syytettävää. Miksi sitten Jeesus naulattiin molemmista käsistään ja vuodatti vertaan ristillä?

Käsistä ja jaloista naulaamisen tuska

Jeesus tuomittiin kuolemaan ristillä ja tuli teloituspaikalle Golgataan. Yksi roomalaissotilas, pitäen surta rautanaulaa ja toinen pitäen vasaraa, alkoivat naulata hänen käsiään ja jalkojaan sadanpäämiehen käskystä. Sitten he nostivat ristin pystyyn. Voitko kuvitella, kuinka tuskallista tämän on täytynyt olla? Viattoman Jeesuksen täytyi kärsiä tuskaa, kun naulat hakattiin hänen käsiinsä ja jalkoihinsa ja, kun hänen painonsa painoi hänen kehoaan alaspäin ja osa hänen kehostaan repeytyi. Päänkatkaisemisessa uhrin tuskat loppuvat heti. Kuoleminen ristillä oli kuitenkin paljon tuskallisempaa, vuotaen verta, kärsien janosta ja väsymyksestä kuolemaan asti.

Lisäksi aurinkoisena päivänä aavikolla, kaikenlaiset hyönteiset ja syöpäläiset olivat yltympäriinsä hänen ruumiissaan ja imivät verta hänen vuotavista haavoistaan hänen naulatuissa käsissään ja jaloissaan. Kaiken tämän lisäksi, ilkeät ihmiset osoittelivat häntä sormillaan, sylkivät hänen päälleen ja kirosivat häntä, sekä lausuivat hänelle loukkauksia. Jotkut ihmiset jopa inhosivat häntä, sanoen *"Sinä, joka hajoitat maahan temppelin ja kolmessa päivässä sen rakennat, auta itseäsi! Jos olet Jumalan poika, astu alas ristiltä!"* (Matteus 27:40).

Sietämätön tuska oli Jeesuksen seurana hänen ristiinnaulitsemisensa aikana. Kuitenkin Jeesus tiesi hyvin, että kantamalla synnit ja kiroukset ristinkuolemalla, hän avasi tien ihmiskunnan lunastukseen heidän synneistään ja teki heistä Jumalan lapsia. Hänen todellinen tuskansa tuli kuitenkin toisesta syystä. Oli vielä ihmisiä, jotka eivät tienneet Jumalan kaitselmuksesta, tai jotka eivät ilkeydessään olleet saaneet pelastusta. Tämä aiheutti hänelle vielä suurempaa tuskaa.

Käsillä ja jaloilla aiheutetut synnit

Syntisen ajatuksen synnyttyä sydämessä, se kehottaa käsiä ja jalkoja suorittamaan sen. Koska on olemassa hengen laki, synnin palkka on kuolema, tehdessäsi syntiä sinä tulet päätymään helvettiin ja kärsimään ikuisesti.

Tämän vuoksi Jeesus sanoo, *"Jos jalkasi viettelee sinut, hakkaa se poikki. Parempi on sinulle, että jalkapuolena menet elämään sisälle, kuin että sinut, molemmat jalat tallella, heitetään helvettiin, [jossa heidän matonsa ei kuole eikä tuli sammu.] Jos silmäsi viettelee sinut, heitä se pois. Parempi on sinulle, että silmäpuolena menet sisälle Jumalan valtakuntaan, kuin että sinut, molemmat silmät tallella, heitetään helvettiin"* (Markus 9:45-47).

Kuinka monta kertaa olet syntymästäsi lähtien tehnyt käsilläsi ja jaloillasi syntiä? Jotkut pieksevät vihassaan toisia. Jotkut varastavat ja toiset menettävät omaisuuksia pelaamalla. Ihmiset tulevat jaloillaan vihaisiksi ja menevät, minne heidän ei pitäisi mennä. Senvuoksi, jos jalkasi aiheuttavat sinun tekevän syntiä, on parempi katkaista ne pois ja päästä taivaaseen, kuin tulla kaksijalkaisena heitetyksi helvettiin.

Myös, kuinka monta kertaa olet tehnyt syntiä silmilläsi? Ahneus ja uskottomuus tuhoaa sinut näkiessäsi jotakin, jota sinun ei pitäisi nähdä silmilläsi. Tämä on syy, miksi Jeesus sanoi, jos silmäsi viettelee sinut, heitä ne pois ja pääse taivaaseen, kuin tulla heitetyksi helvettiin tehtyäsi niillä syntiä.

Vanhan testamentin aikoina, jos joku teki silmällään syntiä, se kaivettiin ulos, jos joku teki syntiä kädellään tai jalallaan, hänen kätensä tai jalkansa leikattiin pois, jos joku syyllistyi murhaan tai aviorikokseen, hänet kivitettiin kuoliaaksi (5. Mooseksen kirja 19:19-21).

Vielä tänäänkin, ilman Jeesuksen kärsimyksiä ristillä, Jumalan lasten pitäisi leikata irti kätensä tai jalkansa, jos he tekevät niillä syntiä. Kuitenkin, Jeesus meni ristille, naulattiin käsistään ja jaloistaan ja vuodatti vertaan. Näin tekemällä hän pesi pois sinun käsilläsi ja jaloillasi tekemät synnnit, eikä sinun tarvitse enää kärsiä, tai maksaa synneistäsi. Kuinka suuri hänen rakkautensa onkaan!

Sinun tulisi pitää mielessäsi, että hän puhdistaa sinut kaikista synneistä, jos kuljet valoon, sillä hän on kirkkaus ja jos tunnustat syntisi ja käännyt hänen puoleensa (1. Johanneksen kirje 1:7).

Sen vuoksi on hyvin tärkeää, että täytät sydämesi totuudella viettääksesi voitokasta elämää kiitollisella, Jumalaan keskittyvällä sydämellä.

Jeesuksen jalat eivät ole poikki, mutta hänen kylkensä on lävistetty

Jeesus kuoli perjantaina, päivää ennen sapattia. Tuohon aikaan lauantai oli sapatti, eivätkä juutalaiset halunneet ruumiiden riippuvan ristillä sapattina.

Näin ollen, kuten voit lukea Johanneksen evankeliumista

19:31, juutalaiset pyysivät Pontius Pilatukselta, että jalat katkaistaan, ja ruumiit otetaan alas.

Pontius Pilatuksen luvalla sotilaat katkaisivat Jeesuksen molemmin puolin ristiinnnaulittujen ryövärien jalat, mutta eivät katkaisseet Jeesuksen jalkoja, koska hän oli jo kuollut. Tuohon aikaan, kaikkien ristiinnaulittujen katsottiin olevan kirottuja ja siksi sotilaat katkoivat heidän jalkansa. Sen vuoksi, sillä seikalla, ettei Jeesuksen jalkoja katkottu, on taivaallinen kaitselmus.

Miksei Jeesuksen jalkoja katkaistu?

Synnitön Jeesus kirottiin ja riippui ristillä lunastaaksen ihmiset lain kirouksesta. Saatana ei voinut katkaista hänen jalkojaan, ei koska Jeesus kuoli hänen syntiensä puolesta, vaan Jumalan kaitselmuksen vuoksi.

Sitäpaitsi, Jumala suojeli Jeesusta, ettei hänen jalkojaan katkaista, toteuttaakseen Psalmin 34:21 sanat, *"Hän varjelee kaikki hänen luunsa, eikä yksikään niistä murru."*

4. Mooseksen kirjassa 9:12, Jumala kieltää israelilaisia rikkomasta lampaan luita, sitä syödessään. Hän sanoo myös 2. Mooseksen kirjassa 12:46, että israelilaiset voivat syödä lampaan lihaa, mutta heidän ei tulisi rikkoa sen luita.

"Lammas" viittaa Jeesukseen, joka oli tahraton ja syytön, kuitenkin uhraten itsensä ihmisten ja heidän syntiensä sovitusuhrina rakkaudesta meihin. 2. Mooseksen kirja 12:46 kirjoitusten mukaan, sanoen, *"Samassa talossa se syötäköön, älköön mitään siitä lihasta vietäkö talosta ulos, älkääkä siitä luuta rikkoko."* yhtään Jeesuksen luuta ei rikottu.

Hänen keihään lävistämä kylkensä

Johanneksen evankeliumi 19:32-34 kertoo vielä toisen ilkeän tapahtuman:

Niin sotamiehet tulivat ja rikkoivat sääriluut ensin toiselta ja sitten toiselta hänen kanssaan ristiinnaulitulta. Mutta kun he tulivat Jeesuksen luo ja näkivät hänet jo kuolleeksi , eivät he rikkoneet hänen luitaan, vaan yksi sotamiehistä puhkaisi keihäällä hänen kylkensä ja heti vuoti siitä verta ja vettä.

Vaikka sotamies tiesi Jeesuksen olevan jo kuollut, miksi hän silti lävisti Jeesuksen kyljen keihäällä, niin että haavasta vuoti verta ja vettä? Tämä kuvastaa ihmisen pahantahtoisuutta.

Vaikka hän oli Jumala, Jeesus ei vaatinut oikeuksiaan jumalana, tai riippunut niissä kiinni. Sen sijaan, hän ei tehnyt itsestään numeroa, hän otti vaatimattoman palvelijan aseman ja ilmestyi ihmisen hahmossa. Kuuliaisesti hän nöyryytti itseään vieläkin enemmän kuolemalla rikollisen kuoleman ristillä. Tällä tavoin, Jeesus avasi sinulle pelastuksen oven (Paavali filippiläisille 2:6-8).

Elinaikanaan tässä maailmassa Jeesus antoi vangeille vapauden, antoi köyhille rikkauden, ja paransi sairaita ja heikkoja. Hänellä ei ollut tarpeeksi aikaa syödä tai juoda, koska hän teki parhaansa julistaakseen Jumalan sanaa pelastaakseen mhdollisimman monta sielua. Hän meni rukoilemaan mäelle, silloinkin kun hänen opetuslapsensa lepäsivät.

Monet juutalaiset vainosivat häntä väheksyen häntä, vaikka hän teki vain hyvää. Lopuksi, he ristiinnaulitsivat hänet ristille pahantahtoisuudessaan. Sen lisäksi, vaikka tietäen Jeesuksen kuolleeksi, roomalainen sotamies lävisti hänen kylkensä. Tämä kertoo meille ihmisten laittaneen pahuutta pahuuden päälle.

Jumala näytti sinulle hänen valtavaa rakkauttaan lähettämällä ainoan poikansa Jeesuksen Kristuksen ja antamalla ristiinnaulita hänet vapauttaakseen sinut synneistäsi, huolimatta ihmisten pahuudesta.

Vuotaen verta ja vettä kyljestään

Kuten sanottu aiemmin, roomalainen sotamies lävisti pahuuttaan Jeesuksen kyljen keihäällään, vaikka tiesi Jeesuksen olevan kuollut. Kun sotamies lävisti Jeesuksen kyljen, verta ja vettä valui Jeesuksen ruumiista. Tällä episodilla on kolme merkitystä.

Ensinnäkin, se osoittaa Jeesuksen lihana tulemisen Jumalan poikana. Johanneksen evankeliumi 1:14 sanoo, *"Ja sana tuli lihaksi ja asui meidän keskellämme ja me katselimme hänen kirkkauttansa, senkaltaista kirkkautta. kuin ainokaisella pojalla on Isältä ja hän oli täynnä armoa ja totuutta."* Jumala tuli tähän maailmaan lihana ja hän oli Jeesus.

Syntiset eivät voi nähdä Jumalaa, koska he tuhoutuvat hänet nähdessään. Täten, Jumala ei voi ilmestyä heidän eteensä ja tästä syystä Jeesus tuli tähän maailmaan lihana ja näytti meille monia todisteita johtaakseen meidät uskomaan Jumalaan.

Raamattu kertoo meille Jeesuksen olleen kaltaisesi ihminen. Markus 3:20 sanoo, *"Ja hän tuli kotiin, ja taas kokoontui kansaa, niin etteivät he päässeet syömäänkään."* Matteus 8:24 kertoo meille, *"Ja katso, järvellä nousi kova myrsky, niin että vene peittyi aaltoihin, mutta hän nukkui."*

Jotkut ihmiset saattavat ihmetellä, kuinka Jeesus, Jumalan poika saattoi olla nälkäinen, tai kokea kipua. Kuitenkin, koska Jeesus oli lihaa, rakennettu luista ja lihaksista, hänen täytyi syödä ja nukkua. Hän myös kärsi kipua, samoin kuin me teemme.

Se seikka, että hänen ruumiistaan vuoti verta ja vettä, kun hänet lävistettiin keihäällä, antaa sinulle vakuuttavan todisteen Jeesuksen tulleen tähän maailmaan lihana, vaikka hän oli Jumalan poika.

Toiseksi, se on toinen todiste, että voit osallistua taivaalliseen elämään, vaikka olet lihaa. Jumala tahtoo lastensa olevan yhtä pyhiä ja täydellisiä, kuin hän on itse. Niinpä hän sanoo, *"Olkaa pyhät, sillä minä olen pyhä"* (1 Pietarin kirje 1:16) ja *"Olkaa siis te täydelliset, niinkuin teidän taivaallinen Isänne täydellinen on"* (Matteus 5:48). Hän myös rohkaisee sinua sanomalla, *"Joiden kautta hän on lahjoittanut meille kalliit ja mitä suurimmat lupaukset, että te niiden kautta tulisitte jumalallisesta luonnosta osallisiksi ja pelastuisitte siitä turmeluksesta, joka maailmassa himojen tähden vallitsee"* (2 Pietarin kirje 1:4), ja *"Olkoon teillä se mieli, joka myös Kristuksella Jeesuksella oli"* (Paavalin kirje filippiläisille 2:5).

Jeesus tuli tähän mailmaan lihana ja tuli palvelijaksi Jumalan tahdon mukaisesti ja täytti kaikki velvollisuutensa. Hän myös täytti lain rakkaudella, kohtaamalla kaikki oikeudenkäynnit ja vaikeudet ja elämällä Jumalan sanan mukaan.

Vaikkakin hän oli kaltaisesi ihminen, hän vapaaehtoisesti hyväksyi tuskan, seurasi Jumalan tahtoa kestävyydellä ja itsehillinnällä ja uhrasi itsensä rakkaudessa, kuolemaan ristillä ilman vastustusta tai valittamista.

Kuinka sitten me voimme osallistua taivaallisen luontoon Jeesuksen Kristuksen sydämellä?

Sinun täytyy ristiinnaulita intohimoja ja haluja sisältävä synnillinen luontosi, sinulla täytyy olla hengellinen rakkaus ja sinun täytyy vakavasti rukoilla osallistumista jumalalliseen luontoon samalla asenteella. kuin mitä Jeesuksella oli.

Yhtäältä, lihallinen rakkaus on itsekeskeistä ja tämä rakkaus kylmenee aikojen saatossa. Ihmiset, joilla on tällainen rakkaus, pettävät toisiaan ja kärsivät kivusta, kun he eivät ole sopusoinnussa keskenään.

Toisaalta, Jumala haluaa sinulla olevan rakkautta, joka on kärsivällistä, lempeää ja ei itsekeskeistä. Täten, hengellinen rakkaus ei koskaan muutu vaan kukoistaa jokaisena päivänä. Sinulla voi olla Jeesuksen asenne, kunhan sinulla vain on hengellistä rakkautta ja kunhan heität pois kaiken pahan rehellisillä rukouksillasi.

Vastaavasti, jokainen voi saada Jumalan armon ja voiman, jos hän etsii hänen apuaan paastoamalla ja rehellisillä rukouksilla. Jumala myös työskentelee hänen puolestaan pääsemään irti kaikesta pahasta. Loistat kuin aurinko taivaallisessa kuningaskunnassa, jos sinulla on hengellinen rakkaus, tuotat pyhän hengen yhdeksän hedelmää (Paavali galatalaisille 5) ja vastaanotat autuuden (Matteus 5).

Kolmanneksi, Jeesuksen vuotaminen verta ja vettä on riittävän voimakas johtamaan sinut todelliseen ja ikuiseen elämään.

Jeesuksen veri ja vesi oli tahratonta ja syytöntä, koska hänellä ei ollut alkuperäisiä syntejä, eikä hän tehnyt syntiä. Hengellisesti, hänen verensä ja vetensä saatettiin herättää kuolleista. Koska hän vuodatti pyhää vertaan, syntisi puhdistuivat ja sinulla voi olla todellinen elämä, johtaen pelastukseen, ylösnousemukseen ja ikuiseen elämään.

Vesi, joka virtasi Jeesuksen ruumiista, symboloi ikuista vettä, Jumalan sanaa. Voit olla totuuden täyttämä ja Jumalan todellinen lapsi siihen määrään asti, että ymmärrät hänen sanansa ja heität pois syntisi elämällä hänen sanansa mukaisesti.

Jeesus, ilman yhtään tahraa tai vikaa, antoi kaikkensa antaakseen sinulle todellisen elämän, aina verensä ja vetensä vuodattamiseen asti, vaikka sinä et olisi eläimiä parempi.

Toivon, että ymmärrät olevasi pelastettu ilman, että olet maksanut sitä mitään, ja heität pois synnit rukoilemalla rehellisesti uskossa, niin että voit viettää hyvää elämää Jeesuksessa Kristuksessa.

Kappale 7

JEEUKSEN SEITSEMÄN VIIMEISTÄ SANAA RISTILLÄ

- Isä, anna heille anteeksi
- Olet tänään oleva kanssani paratiisissa
- Hyvä nainen, tässä on poikasi,
  tässä on äitisi
- Eeli, Eeli, Lama Sabaktani?
- Minun on jano
- Se on täytetty
- Isä, sinun käsiisi annan henkeni

Mutta Jeesus sanoi, "Isä, anna heille anteeksi, sillä he eivät tiedä, mitä he tekevät." ... (säe 34)
... Mutta toinen vastasi ja nuhteli häntä sanoen, "Etkö sinä edes pelkää Jumalaa, sinä joka olet saman rangaistuksen alainen? Me tosin kärsimme oikeuden mukaan, sillä me saamme, mitä meidän tekomme ansaitsevat, mutta tämä ei ole mitään pahaa tehnyt." Ja hän sanoi, "Jeesus, muista minua, kun tulet valtakuntaasi!" Niin Jeesus sanoi hänelle, "Totisesti minä sanon sinulle, tänä päivänä pitää sinun oleman minun kanssani paratiisissa." Ja oli jo noin kuudes hetki, niin yli kaiken maan tuli pimeys, joka kesti hamaan yhdeksänteen hetkeen, sillä aurinko oli pimentynyt. Ja temppelin esirippu repesi keskeltä kahtia. Ja Jeesus huusi suurella äänellä ja sanoi, "Isä, sinun käsiisi minä annan henkeni." Ja sen sanottuaan hän antoi henkensä. (säkeet 40-46)
Luukas 23:34-46

Useimmat ihmiset muistelevat elämäänsä kuoleman lähestyessä. He jättävät viime sanansa perheenjäsenilleen ja ystävilleen. Samalla tavalla, Jeesus tuli lihaksi, oli sanansa mittainen Jumalan kaitselmuksessa ja julisti seitsemän viimeistä sanaansa ristillä juuri ennen kuolemaansa. Näitä sanoja kutsutaan "Jeesuksen seitsemäksi viimeiseksi sanaksi ristillä." Tutkikaamme näiden Jeesuksen seitsemän viimeisen sanan hengellistä merkitystä.

Isä, anna heille anteeksi

Filippiläisten kirjoittaja kuvaa Jeesusta seuraavasti. Jeesus:

Olkoon teillä se mieli, joka myös Kristuksella Jeesuksella oli, joka ei, vaikka hänellä olikin Jumalan muoto, katsonut saaliiksensa olla Jumalan kaltainen, vaan tyhjensi itsensä ja otti orjan muodon, tuli ihmisten kaltaiseksi. Ja hänet havaittiin olennaltaan sellaiseksi kuin ihminen., hän nöyryytti itsensä ja oli kuuliainen kuolemaan asti, hamaan ristin kuolemaan asti (Paavali filippiläisille 2:5-8).

Jeesus ristiinnaulittiin osoittamaan hänen rakkauttaan ja kuuliaisuuttaan Jumalalle, niin että hän voisi avata syntisille tien pelastukseen. Ihmiset ja hallitusmiehet ristin ympärillä pilkkasivat Jeesusta, *"Muita hän on auttanut, auttakoon itseänsä, jos hän on Jumalan Kristus, se valittu"* (Luukas 23:35).

Myös sotamiehet pilkkasivat häntä, tarjoten hänelle hapanta viiniä ja sanoivat, *"Jos sinä olet juutalaisten kuningas, niin auta itseäsi!"* (säe. 37) Yksi rikollisista, joka riippui siellä, herjasi häntä, sanoen, *"Etkö sinä ole Kristus? Auta itseäsi ja meitä!"* (säe 39)

> *Ja kun saavuttiin paikalle, jota sanotaan pääkallonpaikaksi, niin siellä he ristiinnaulitsivat hänet, sekä pahantekijät, toisen oikealle ja toisen vasemmalle puolelle. Mutta Jeesus sanoi , "Isä, anna heille anteeksi, sillä he eivät tiedä, mitä he tekevät." Ja he jakoivat keskenään hänen vaatteensa ja heittivät niistä arpaa* (Luukas 23:33-34).

Jeesus rukoili Jumalaa antamaan heille anteeksi, "Isä, anna heille anteeksi, sillä he eivät tiedä, mitä he tekevät," samalla kun hän veti viime henkäyksensä. Jeesus pyysi Isää olemaan armollinen ja antamaan anteeksi ihmisille, jotka eivät tienneet, Jeesuksen, Jumalan pojan ristiinnaulitun heidän syntiensä anteeksisaamiseksi. Kenties he eivät edes tajunneet tekojensa olevan syntiä. Tämä on hänen ensimmäinen sanansa ristiltä.

Jeesus rukoilee rakkaudesta hänet ristiinnaulinneille ihmisille

Jeesus, Jumalan poika, rukoili hänet ristiinnaulinneiden puolesta, vaikka hänessä ei ollut vikaa eikä syytä. Kuinka syvä ja suuri hänen rakkautensa onkaan! Jeeus olisi helposti voinut tulla alas ristiltä välttääkseen ristiinnaulitsemisen, koska hän on yhtä Jumalan kaikkivaltiaan kanssa ja hänellä on Jumalan, Isän antama voima. Kuitenkin hänet ristiinnaulittiin täyttämään pelastuksen suunnitelma Jumalan tahdon mukaisesti. Senvuoksi hän saattoi kestää kaikki kärsimykset ja häpeän, rukoilla heidän puolestaan suuressa rakkaudessa ja pyytää heille anteeksiantoa.

Jeeus rukoili totisesti, "Isä, anna heille anteeksi, sillä he eivät tiedä, mitä he tekevät." Tässä "he," ei viittaa yksinomaan hänet ristiinnaulinneihin ja häntä pilkanneihin, vaan se sisältää myös kaikki ne ihmiset, jotka eivät vastaanota Jeesusta Kristusta ja jotka jatkavat pimeydessä elämistä. Samoin kuin Jeesuksen, Jumalan pojan ristiinnaulinneet ihmiset, monet muut ihmiset tekevät syntiä, koska he eivät tunne Jeesusta Kristusta ja totuutta.

Vihollisesi saatana kuuluu pimeyteen ja vihaa valoa, niinpä hän ristiinnnaulitsi Jeesuksen, todellisen kirkkauden. Tänä päivänä, paholainen hallitsee ihmisiä, jotka kuuluvat pimeyteen ja laittaa hidät vainoamaan kirkkaudessa kulkevia ihmisiä.

Kuinka voit reagoida ihmisiin, jotka eivät tiedä totuutta?

Jeesus opettaa sinua, mikä Jumalan tahto on, ja mikä kristittyjen asenne tulisi olla, ensimmäisellä sanallaan ristillä. Matteuksessa 5:44 sanotaan, *"Mutta minä sanon teille, rakastakaa vihollisianne ja rukoilkaa niiden puolesta, jotka teitä vainoavat."* Meidän täytyy kyetä rukoilemaan kaikkien meitä vainoavien puolesta, sanoen, "Isä, anna heille anteeksi. He eivät tiedä, mitä he tekevät. Siunaa heitä niin, että myös he vastaanottavat Herran ja, että voimme taas tavata taivaassa."

Olet tänään oleva kanssani paratiisissa

Kaksi pahantekijää ristiinnaulittiin yhdessä Jeesuksen kanssa Golgatan risteille, "Pääkallonpaikalle" (Luukas 23:33).

Toinen pahantekijöistä herjasi häntä, mutta toinen pahantekijä nuhteli toista, katui tekojaan ja hyväksyi Jeesuksen henkilökohtaisena pelastajanaan. Silloin Jeesus lupasi hänelle, että hän tulisi olemaan hänen kanssaan paratiisissa. Tämä on Jeesuksen toinen sana ristillä.

Yksi siellä riippuvista pahantekijöistä herjasi häntä sanomalla, "Etkö sinä ole Kristus? Pelasta itsesi ja meidät!" Mutta toinen vastasi nuhdellen häntä ja sanoi, "Etkö sinä edes pelkää Jumalaa, sinä, joka olet saman rangaistuksen alainen? Me tosin kärsimme oikeuden mukaan, sillä me saamme, mitä meidän tekomme ansaitsevat, mutta tämä ei ole mitään pahaa tehnyt." Ja hän sanoi, "Jeesus, muista minua, kun tulet valtakuntaasi!" Niin Jeesus sanoi hänelle, "Totisesti minä sanon sinulle, tänä päivänä pitää sinun oleman minun kanssani paratiisissa" (Luukas 23:39-43).

Jeesus julisti olevansa Messias, joka voi anteeksiantaa herjaaville syntisille ja pelastaa heidät toisen ristin sanan kautta. Lukiessasi neljää evankeliumia, kahden pahantekijän vastaukset on kirjoitettu eri tavoin. Matteuksessa 27:44 sanotaan, *"Ja samalla tavalla herjasivat häntä ryöväritkin, jotka olivat ristiinnaulitut hänen kanssaan."* Markuksessa 15:32 lukee, *"'Astukoon hän, Kristus, Israelin kuningas, nyt alas ristiltä, että me näkisimme ja uskoisimme!' Myöskin ne, jotka olivat ristiinnnaulitut hänen kanssaan, herjasivat häntä."* Näistä kahdesta evankeliumista voit lukea molempien rikollisten herjanneen Jeesusta.

Kuitenkin, Luukkaassa 23, voit lukea, että toinen rikollisista torui toista ja katui syntejään, hyväksyen Jeesuksen Kristuksen ja tuli pelastetuksi. Tämä ei johdu siitä, etteivät evankeliumit ole keskenään yhteneviä. Sensijaan, kaitselmuksessaan Jumala salli tekijöiden kirjoittaa eri tavoin. Raamatussa Jumalan kaitselmus ja historialliset seikat on tiivistetty yhteen. Jos kaikki olisi kirjoitettu yksityiskohtaisesti, tuhat raamattua ei riittäisi.

Nykyisin, jos tallennat jotain videokameralla, voit myöhemmin katsoa sitä, mutta Jeesuksen aikaan, sellaisia laitteita ei ollut, ei edes yhtä valokuvaa voitu ottaa, vaikka nämä olivat hyvin tärkeitä tapahtumia. He saattoivat vain kirjoittaa näistä tapahtumista. Pienten eroavaisuuksien johdosta voit kokea ja elää uudelleen yksittäiset tapahtumat entistä realistisemmin.

Ymmärtääksemme paremmin Jeesuksen ristiinnaulitsemisen

Jeesuksen julistaessa evankeliumia suuret joukot ihmisiä seurasivat häntä. Toiset halusivat kuunnella hänen sanomaansa, toiset halusivat nähdä ihmeitä ja merkkejä taivaasta, jotkut halusivat ruokaa ja jotkut vieläpä myivät omaisuutensa palvellakseen ja seuratakseen Jeesusta.

Luukkaan evankeliumissa 9 Jeesus siunasi viisi leipää ja kaksi kalaa. Ruokailijoiden määrä oli noin viisi tuhatta (Luukas 9:12-17) Kuvittele, kuinka paljon ihmisiä, mukaan lukien ne, jotka rakastivat tai vihasivat Jeesusta ja muita ihmisiä onkaan täytynyt olla siinä ihmisjoukossa, joka oli kokoontunut paikkaan, missä hänet ristiinnnaulittiin. Väkijoukko ympäröi ristin ja sotamiehet estivät heitä keihäin ja kilvin. Kuvittele ihmisiä ristin ympärillä huutamassa Jeesukselle. Väkijoukko huusi hänelle loukkauksia. Jopa toinen hänen vierellään riippuvista rikollisista herjasi häntä.

Kuka olisi voinut kuulla, mitä toinen rikollisista sanoi? Enemmän kuin luultavasti siellä oli kova melu, joten vain riittävän lähellä Jeesusta seisseet ovat voineet kuulla hänen sanansa. Toinen rikollisista sanoi jotakin Jeesukselle ilkeällä ilmeellä. Tämä rikollinen kuitenkin torui toista, Jeesusta loukannutta roistoa. Kuitenkin, ne ihmiset, jotka olivat kauempana toisella puolella, saattoivat helposti ajatella, että tämä toruva rikollinen pilkkasi Jeesusta.

Toisaalta, sellaisessa metelissä, jokainen Matteuksen ja Markuksen evankeliumien kirjoittaja, joka ei voinut kuulla toruvaa rikollista rittävän hyvin, ajatteli myös hänen herjanneen

Jeesusta. Niinpä he kirjoittivat molempien pahantekijöiden herjanneen Jeesusta.

Toisaalta, Luukkaan evankeliumin kirjoittaja kuuli selvästi, niinpä hän tiesi, että toinen rikollisista ei herjannut, vaan sensijaan katui. Eri kirjoittajat olivat eri paikoissa ja siksi kirjoittivat eri tavalla.

Jumala, joka tietää kaiken, antoi heidän kirjoittaa eri tavoin, niin että myöhemmät sukupolvet saattoivat nähdä yksittäiset tapahtumat selvästi.

Taivaallinen paikka katuvalle rikolliselle

Jeesus lupasi katuvalle rikolliselle ennen kuolemaansa, "Tulet olemaan kanssani paratiisissa." Sillä on hengellinen merkitys.

Taivas, Jumalan valtakunta on paljon enemmän kuin mitä voit kuvitella. Jopa Jeesus kertoi meille Jonanneksen evankeliumissa 14:2, *"Minun Isäni kodissa on monta asuinsijaa. Jos ei niin olisi, sanoisinko minä teille, että minä menen valmistamaan teille sijaa?"* Psalmisti kehottaa meitä *"Ylistäkää häntä, te taivasten taivaat, te vedet taivasten päällä!"* (Psalmi 148:4) Nehemia 9:6 ylistää Jumalaa, joka loi taivaan, jopa korkeimmat taivaat. Paavalin 2. kirje korinttolaisille 12:2 puhuu *"Tunnen miehen, joka on Kristuksessa; neljätoista vuotta sitten hänet temmattiin kolmanteen taivaaseen - oliko hän ruumiissaan, en tiedä, vai poissa ruumiista, en tiedä, Jumala sen tietää."* Johanneksen ilmestyksessä 21:2 sanotaan, että uudessa Jerusalemissa asuu Jumalan kruunu.

Vastaavasti, taivaassa on monia majapaikkoja. Sinun ei

kuitenkaan sallita asua jokaisessa haluamassasi paikassa. Oikeuden Jumala palkitsee jokaisen teistä sen mukaan, mitä olette tehneet tässä maailmassa: kuinka paljon muistutat herraasi ja työskentelet Jumalan valtakunnan puolesta ja kuinka paljon sinua taivaassa arvostetaan jne. (Matteus 11:12, Johanneksen ilmestys 22:12).

Johanneksen evankeliumi 3:6 sanoo, *"Ja mikä lihasta on syntynyt, on liha; ja mikä Hengestä on syntynyt, on henki."* Riippuen siitä, kuinka paljon itsensä etäännyttää lihallisista asioista ja tulee hengelliseksi ihmiseksi, taivaalliset asuinsijat jaetaan samantasoisten hengellisiin ryhmiin.

Luonnollisesti, jokainen taivaallinen asuinsija on hyvin kaunis, koska Jumala hallitsee sitä. Kuitenkin, jopa taivaassa on eroja. Esimerkiksi, elämäntyyli, harrastukset, elintaso, ja muut vastaavat kaupungeissa ovat kovin erilaisia maaseudun vastaavista. Samalla tavoin, pyhä kaupunki, uusi Jerusalemi on loisteliain paikka taivaassa, Siellä asuu Jumalan kruunu ja siellä asuvat häntä eniten muistuttavat lapset.

Kuitenkin paratiisi on paikka, missä ristillä viime hetkenään katuva rikollinen asuu taivaan esikartanoissa. Monet muut häpeällisen pelastuksen saaneet tulevat asumaan siellä. Nämä ihmiset vastaanottivat Jeesuksen Kristuksen, mutta eivät muuttuneet henkisesti.

Miksi katuva rikollinen pääsi taivaaseen?

Hän tunnusti hyvässä sydämessään olevansa syntinen ja vastaanotti Jeesuksen pelastajanaan. Kuitenkaan, hän ei päässyt synneistään, ei elänyt Jumalan sanan mukaisesti, tai evankelisoinut muita. Hän ei tehnyt työtä Herransa eteen. Hän ei tehnyt mitään, ansaitakseen taivaallisen palkinnon. Siitä syystä hän pääsi paratiisiin, taivaan vaatimattomimpaan paikkaan.

Jeesuksen laskeutuminen hautaan

Vaikkakin Jeesus lupasi rikollliselle, "Tänään olet oleva kanssani paratiisissa", se ei merkitse Jeesuksen elävän taivaassa vain paratiisissa. Jeesus, kuningasten kuningas, herrojen herra, hallitsee ja asuu Jumalan lasten kanssa kaikkialla taivaassa, mukaanlukien paratiisi ja uusi Jerusalem. Tässä mielessä hän asuu paratiisissa yhtä hyvin kuin muuallakin taivaassa.

Jeesuksen sanoessa pelastetulle rikolliselle, "Tänään olet oleva kanssani paratiisissa, "tänään" ei merkitse yksinkertaisesti sitä nimenomaista päivää, jolloin Jeesus kuoli ristillä, tai jotain muuta määrättyä päivää. Jeesus mainitsi, että hän tulisi olemaan katuvan rikollisen kanssa missä tahansa rikollinen tulisi olemaan siitä hetkestä lähtien, kun hänestä tuli Jumalan lapsi.

Kun katsotaan raamatusta, Jeesus ei mennyt kuolemansa jälkeen paratiisiin. Matteuksen evankeliumissa 12:40, Jeesus sanoo joillekin fariseuksille, että *"Niinkuin Joonas oli meripedon vatsassa kolme päivää ja kolme yötä, niin on myös Ihmisen Poika oleva maan povessa kolme päivää ja kolme yötä."* Paavalin kirje efesolaisille 4:9 sanoo, *"Tämä ilmaisu, 'Hän astui ylös, mitä se on muuta, kuin että hän oli astunut alaskin, maan alimpiin paikkoihin?"*

Lisäksi 1. Pietarin kirje 3:18-19 sanoo, *"Sillä myös Kristus kärsi kerran kuoleman syntien tähden, vanhurskas vääräin puolesta, johdattaaksensa meidät Jumalan tykö; hän, joka tosin kuoletettiin lihassa, mutta tehtiin eläväksi hengessä, jossa hän myös meni pois ja saarnasi vankeudessa oleville hengille.*" Jeesus meni hautaan ja saarnasi evankeliumia hengille, ennen ylösnousemustaan kolmantena päivänä. Miksi tämä oli välttämätöntä?

Ennenkuin Jeesus tuli maailmaan, monilla ihmisillä vanhan testamentin aikaan, tai jopa uuden testamentin aikoina, ei ollut mahdollisuutta kuulla evankeliumia, vaan he elivät hyvyydessä hyväksyen Jumalan. Merkitseekö tämä, että he kaikki menivät helvettiin, koska he eivät tienneet, kuka Jeesus on?

Jumala lähetti ainoan poikansa tähän maailmaan ja kuka tahansa hänet vastaanottaa, tulee pelastetuksi. Jumala ei olisi aloittanut ihmisten vaalimista pelastaakseen vain ne, jotka vastaanottivat Jeesuksen Kristuksen hänen ristiinnaulitsemisensa jälkeen. Ne, joilla ei ollut mahdollisuutta kuulla evankeliumia, mutta elivät hyvän omantunnon mukaisesti, tullaan tuomitsemaan heidän omantuntonsa mukaan.

Yhtäältä, hyväsydämiset ihmiset kerääntyvät "ylempään hautaan". Toisaalta, ilkeät sielut asuvat "manalassa" tuomiopäivään asti. Ristiinnaulitsemisen jälkeen Jeesus meni ylempään hautaan ja saarnasi evankeliumia hengille, jotka eivät tunteneet evankeliumia mutta, joilla oli hyvä omatunto ja, jotka olivat pelastuksen arvoisia.

Ei ole taivaan alla muuta nimeä annettu ihmisille pelastukseen, kuin Jeesus Kristus. Tämän vuoksi Jeesus meni ja saarnasi itsestään hengille, niin että he voisivat vastaanottaa hänet ja pelastua.

Raamattu sanoo, että ennen Jeesuksen ristiinnaulitsemista

pelastetut sielut kannetaan Aabrahamin viereen (Luukas 16:22). mutta viedään Jeesuksen viereen hänen ylösnousemuksensa jälkeen.

Pelastus omantunnon arvioinnin mukaan

Ennen kuin Jeesus tuli tähän maailmaan levittämään evankeliumia, hyvät ihmiset olivat eläneet vanhurskaus sydämissään. Tämä on omantunnon laki. Hyvät ihmiset eivät tehneet pahoja tekoja kohdatessaan ongelmia ja vaikeuksia, koska he kuuntelivat omantuntonsa ääntä.

Paavalin kirje roomalaisille 1:20 sanoo, *"Sillä hänen näkymätön olemuksensa, hänen iankaikkinen voimansa ja jumalallisuutensa, ovat, kun niitä hänen teoissansa tarkataan, maailman luomisesta asti nähtävinä, niin etteivät he voi itseänsä millään puolustaa."*

Näkemällä maailmankaikkeuden ja kaiken maassa olevan harmoniassa, hyväsydämiset ihmiset uskovat ikuiseen elämään. Tämän vuoksi he eivät elä synnillisen luonteensa mukaisesti, he kontrolloivat itseänsä nauttimasta maallisista iloista Jumalan pelossa.

Paavalin kirje roomalaisille 2:14-15 sanoo, *"Sillä kun pakanat, joilla ei lakia ole, luonnostansa tekevät, mitä laki vaatii, niin he, vaikka heillä ei lakia ole, ovat itse itsellensä laki ja osoittavat, että lain teot ovat kirjoitetut heidän sydämiinsä, kun heidän omatuntonsa myötätodistaa ja heidän ajatuksensa keskenään syyttävät tai myös puolustavat heitä."*

Jumala antoi lain, ei vain israelilaisille, vaan myös pakanoille.

Kuitenkin näin, vaikka pakanat elävät lain mukaan eläessään omantuntonsa mukaan, joka on heidän itsensä keräämä ja harjoittama. Et voi sanoa, että ne, jotka eivät uskoneet Jeesukseen Kristukseen, eivät voi pelastua, koska he eivät olleet koskaan eläessään kuulleet evankeliumia.

Niiden joukossa, jotka kuolivat tietämättä Jeesuksesta Kristuksesta, oli ihmisä, jotka hillitsivät itsensä pahoja ajatuksia vastaan, koska heillä oli puhtaat sydämet. Nämä ihmiset pelastuvat perustuen Jumalan tuomioon heidän omastatunnostaan.

Hyvä nainen, tässä on poikasi, tässä on äitisi

Apostoli Johannes kirjoitti, mitä hän näki ja kuuli rististä, jolla Jeesus riippui. Siellä oli monia naisia, mukaan lukien Maria, Jeesuksen äiti, Salome, hänen äitinsä sisko, Maria Clopasin vaimo ja Maria Magdaleena. Johanneksen evankeliumissa 19:26-27, Jeesus pyytää surullista äitiään Mariaa pitämään Johannesta poikanaan ja pyytää Johannesta huolehtimaan hänestä äitinään.

Kun Jeesus näki äitinsä ja sen opetuslapsen, jota hän rakasti, seisovan siinä vieressä, sanoi hän äidillensä, "Vaimo, katso poikasi!" Sitten hän sanoi opetuslapselle, "Katso äitisi!" Ja siitä hetkestä opetuslapsi otti hänet kotiinsa.

Miksi Jeesus kutsui Mariaa "naiseksi" eikä "äidiksi"?

Sana "äiti" ei ole Jeesuksen sanomaa, vaan se on kirjoitettu apostoli Johanneksen toimesta hänen näkökulmastaan. Miksi sitten Jeesus kutsui omaa äitiään, joka oli hänet synnyttänyt "naiseksi". Tutkittaessa raamattua, Jeesus ei kutsunut häntä "äidiksi." Esimerkiksi Johanneksen evankeliumissa 2:1-11, Jeesus suoritti ensimmäisen ihmetekonsa muuttamalla veden viiniksi, sen jälkeen kun hän aloitti pappeutensa. Tämä ihmeteko tapahtui häissä Galilean Kaanaassa. Myös Jeesus ja hänen opetuslapsensa oli kutsuttu häihin. Viinin loppuessa Maria sanoi hänelle, *"Heillä ei ole viiniä"*, sillä hän tiesi Jeesuksen, Jumalan poikana voivan muuttaa veden viiniksi. Silloin Jeesus sanoi hänelle, *"Nainen, mitä sillä on tekemistä meidän kanssa? Minun aikani ei ole vielä tullut"* (säe. 4).

Jeesus vastasi, että aika osoittaa itsensä Messiaana ei vielä ollut tullut, vaikka Maria oli vieraiden puolesta surullinen, koska viiniä ei ollut enää jäljellä. Veden muuttaminen viiniksi merkitsee hengellisesti, että Jeesus tulisi vuodattamaan vertaan ristillä.

Jeesus julisti itsestään, että hän oli tullut tähän maailmaan pelastajanamme, täyttämään jumalallisen suunnitelman ihmisten pelastuksesta ristillä. Niin hän kutsui Mariaa "nainen" ei "äiti."

Sitäpaitsi pelastajamme Jeesus on jumala kolminaisuudessa ja luoja. Jumala luoja on kuka HÄN ON (2. Mooseksen kirja 3:14) ja hän on ensimmäinen ja hän on viimeinen (Ilmestyskirja 1:17, 2:8) Täten Jeesuksella ei ole äitiä ja siksi Jeesus kutsui häntä "naiseksi" ei "äidiksi."

Tänä päivänä. monet Jumalan lapset kutsuvat Mariaa Jeesuksen "pyhäksi äidiksi", tai jopa tekevät hänestä patsaita ja palvovat häntä. Sinun tulisi ymmärtää, että tämä on täysin väärin, koska hän ei ole pelastajamme äiti (2. Mooseksen kirja 20:4).

Taivaan kansalaisuus

Jeesus lohdutti Mariaa, jolla oli suuri ahdistus hänen ristiinnaulitsemisestaan ja pyysi rakasta opetuslastaan Johannesta huolehtimaan Mariasta omana äitinään. Vaikka Jeesus kärsi suunnattomista kivuista ristillä, hän silti välitti syvästi siitä, mitä Marialle tulisi tapahtumaan hänen kuolemansa jälkeen. Voit kokea tässä hänen rakkautensa.

Jeesuksen kolmannen sanan kautta ristillä, voimme tajuta, että uskossa me olemme veljiä ja siskoja - Jumalan perhettä. Matteuksessa 12 on kohtaus, missä Jeesuksen perhe tulee katsomaan häntä. Kun Jeesukselle kerrotaan hänen äitinsä ja veljiensä seisovan ulkopuolella, hän sanoo väkijoukolle:

Mutta hän vastasi ja sanoi sille, joka sen hänelle ilmoitti, "Kuka on minun äitini ja ketkä ovat minun veljeni?" Ja hän ojensi kätensä opetuslastensa puoleen ja sanoi, "Katso, minun äitini ja veljeni! Sillä jokainen, joka tekee minun taivaallisen Isäni tahdon, on minun veljeni ja sisareni ja äitini" (Matteuksen evankeliumi 12:48-50).

Kun uskosi kasvaa vastaanotettuasi Jeesuksen Kristuksen, sinun tunteesi taivaan kansalaisuudesta tulee selvemmäksi ja sinä rakastat veljiäsi ja sisariasi Kristuksessa enemmän kuin biologisia perheenjäseniäsi. Elleivät perheenjäsenesi ole Jumalan lapsia, perheesi ei voi kestää ikuisesti "perheenäsi". Perhesuhteesi päättyy kuolemaan. Elleivät he usko Jeesukseen Kristukseen, tai elä Jumalan tahdon mukaisesti, vaikka väittävät uskovansa Jumalaan, he tulevat menemään helvettiin, koska synnin palkka on kuolema (Matteus 7:21).

Sinun näkyvä ruumiisi muuttuu takaisin tomuksi kuoleman jälkeen, mutta sinulla on kuolematon henki. Jos Jumala ottaa henkesi, olet vain pian mätänevä ruumis. Jumala, Luoja muovasi ensimmäisen ihmisen tomusta ja puhalsi hänen sieraimiinsa elämän henkäyksen, niin hänen hengestään tuli kuolematon. Jumala antaa elämän kuolemattomalle hengellesi ja tekee tomuksi palaavan lihan. Se vuoksi, hän on sinun tosi Isäsi.

Matteuksen evankeliumi 23:9 kertoo meille *"Ja isäksenne älkää kutsuko ketään maan päällä, sillä yksi on teidän Isänne, hän, joka on taivaissa."* Tämä ei tarkoita, ettei sinun tulisi rakastaa, ei uskovia perheenjäseniäsi. On hyvin tärkeää, että todella rakastat heitä, saarnaat heille evankeliumia ja johdat heidät hyväksymään Jeesuksen Kristuksen.

Eeli, Eeli, Lama Sabaktani?

Jeesus ristiinnaulittiin ristille kolmannella tunnilla ja kuudennella tunnilla tuli pimeys koko maailmaan yhdeksänteen tuntiin asti, jolloin hän veti viime henkäyksensä. Muutettuna nykyiseen aikaan, hänet ristiinnaulittiin kello yhdeksän aamulla ja kolme tuntia myöhemmin, puolelta päivin, tuli pimeys koko maailmaan kello kolmeen iltapäivällä asti.

Ja kuudennella hetkellä tuli pimeys yli kaiken maan ja sitä kesti hamaan yhdeksänteen hetkeen. Ja yhdeksännellä hetkellä Jeesus huusi suurella äänellä, "Eeli, Eeli, lama sabaktani?" mikä on käännettynä "Jumalani, Jumalani, miksi minut hylkäsit?"
(Markuksen evankeliumi 15:33-34)

Kuusi tuntia myöhemmin, yhdeksäntenä tuntina, Jeesus huusi Jumalaa, "Eeli, Eeli, lama Sabaktani?" se on Jeesuksen neljäs sana ristiltä.

Jeesus oli väsynyt, sillä hän oli riippunut ristillä kuusi tuntia, vuotaen verta ja vettä aavikon polttavan auringon alla. Hän oli täysin uupunut. Miksi sitten hän huusi?

Jokaisella Jeesuksen seitsemällä sanalla ristiltä on hengellinen merkitys. Jos niitä ei olisi kuultu, ne olisivat olleet merkityksettömiä. Seitsemän sanaa oli tarkoitettu kirjoitettavaksi raamattuun selvästi, niin, että jokainen voi ymmärtää Jumalan tahdon.

Sen vuoksi, hän huusi seitsemän sanaa ristiltä kaikella tarmollaan, niin että hänen ympärillään olijat saattoivat kuulla selvästi ja kirjoittaa ne talteen.

Jotkut sanovat Jeesuksen huutaneen ärtymyksestä Jumalaan, koska hänen täytyi tulla tähän maailmaan lihana ja kestää tarpeettomasti suuria tuskia. Kuitenkaan tämä ei ole ollenkaan totta.

Miksi Jeesus huusi, "Eeli, Eeli, Lama Sabaktani?"

Syy, miksi hän tuli maahan, oli tuhota paholaisen työ ja avata meille pelastuksen ovi. Näin Jeesus totteli Jumalan tahtoa aina kuolemaan asti ja uhrasi itsensä kokonaan. Ennen ristiinnaulitsemistaan. hän rukoili totisesti ja hänen hikensä oli kuin veripisarat olisivat pudonneet maahan (Luukas 22:42-44). Hän kantoi taakkansa, täysin tietoisena kärsimyksistä, joita hänen tulisi kestää ristillä.

Hän kesti väärinkohtelua ja kärsimyksiä ristillä, koska hän tunsi Jumalan suunnitelman ihmisille. Kuinka sitten, Jeesus pani pahakseen kohdatessaan kuolemansa? Hänen huutonsa ei ollut surun tähden, tai moite Jumalalle. Jeesuksella oli syynsä tehdä niin.

Ensinnäkin, Jeesus tahtoi julistaa maailmalle, että hänet ristiinnaulittiin lunastamaan kaikkien syntisten synnit.

Hän halusi jokaisen ymmärtävän, että hän oli jättänyt loistonsa taivaaseen ja, että Jumala ei hänestä piitannut, vaikka hän oli Jumalan ainoa poika. Hän huusi antaakseen jokaisen ymmärtää, että hän kärsi valtavia tuskia ristillä säästääkseen ja lunastaakseen syntisten synnit. Raamattu osoittaa hänen tavallisesti sanoneen Jumalasta "Isäni", mutta ristillä Jeesus kutsui häntä "Jumalani." Näin, koska Jeesus meni ristille syntisten puolesta, eivätkä syntiset voi kutsua Jumalaa "Isäksi".

Tuolloin Jumala oli hyljännyt Jeesuksen syntisenä, kantaen kaikkien ihmisten synnit, eikä Jeesus olisi uskaltanut kutsua Jumalaa "Isäksi." Samalla tavoin sinä kutsut Jumalaa "Abba Isä", kun teillä on yhteinen rakkaus, mutta kutsut häntä "Jumalaksi" etkä "Isäksi", kun olet pois Jumalasta tehtyäsi syntiä, tai ollessasi uskossasi heikko.

Jumala tahtoo kaikkien ihmisten tulevan tosi lapsikseen, jotka voivat kutsu häntä "Isäksi" hyväksymällä Jeesuksen Kristuksen ja kulkemalla kirkkauteen.

Toiseksi, Jeesus halusi varoittaa ihmisiä , jotka eivät tunteneet Jumalan tahtoa ja elivät vielä pimeydessä.

Jumala lähetti ainoan poikansa tähän maailmaan ja salli häntä pilkattavan ja salli hänet ristiinnaulittavaksi omien luomiensa toimesta. Jeesus tiesi, miksi Jumala ylenkatsoi poikaansa, mutta väkijoukko, joka hänet ristiinnaulitsi, ei tiennyt Jumalan tahtoa. Hän huusi "Jumalani, Jumalani, miksi minut hylkäsit?" antaakseen välinpitämättömien ymmärtää Jumalan rakkauden ja katuvan, niin että he kääntyisivät takaisin pelastuksen tielle.

Minun on jano

Vanhassa testamentissa on suuri määrä profetioita Jeesuksen kärsimyksistä ristillä. Psalmissa 69:22, sanotaan, *"Koiruohoa he antoivat minun syödäkseni ja juottivat minulle janooni hapanviiniä."* Kuten ennustettu psalmissa, Jeesuksen sanoessa "minun on jano", ihmiset kastelivat sienen hapanviinissä, laittoivat sienen isoppikorteen ja nostivat sen Jeesuksen huulille.

Tämän jälkeen Jeesus, tietäen kaiken tulleen tehdyksi kirjoitusten toteuttamiseksi, sanoi "minulla on jano." Siinä oli astia hapanviiniä täynnä; niin he täyttivät sillä hapanviinillä sienen ja panivat sen isoppikorren päähän ja ojensivat sen hänen suunsa eteen (Johannes 19:28-29).

Paljon ennen Jeesuksen syntymää Betlehemin kaupungissa, psalmistit näkivät näyn Jeesuksen tulevasta ristiinnaulitsemisesta ja kuolemasta ristillä ja kirjoittivat siitä. Jeesus sanoi "minun on jano", niin että kirjoitukset täyttyisivät.

Ajatelkaamme Jeesuksen viidennen sanan ristllä hengellistä merkitystä, "minun on jano."

Jeesus julistaa hengellisen janonsa

Monet ihmiset kestävät nälkää, mutteivat janoa. Jeesus oli täysin uupunut, koska hänet oli ollut naulattuna ristille kuusi tuntia ja hän oli vuotanut vertaan autiomaan polttavassa auringossa. Janon aste oli mielikuvituksemme yläpuolella.

Tämä ei tarkoita, että Jeesus ei voinut hallita janoaan hänen sanoessaan, "minulla on jano." Hän tiesi palaavansa hyvin pian Jumalan luo rauhassa.

Itse asiassa hänellä oli suurempi tuska hengellisestä kuin fyysisestä janosta. Tämä on Jeesuksen vahva kaipaus Jumalan lapsiin: "Minun on jano", sillä olen vuodattanut vertani.

Lopettakaa janoni maksamalla verestäni.

Kaksi tuhatta vuotta on kulunut Jeesuksen kuolemasta ristillä, mutta hän kertoo yhä olevansa janoinen. Hänen janonsa oli hänen verensä vuodattamisesta. Hän vuodatti vertaan antaakseen sinulle sinun syntisi anteeksi ja antaakseen sinulle ikuisen elämän.

Jeesus kertoo meille olevansa janoinen näyttääkseen halukkuutensa pelastaa kadotetut sielut. Sen vuoksi, niiden lasten, jotka ovat pelastetut Jeesuksen verellä, täytyy maksaa hänen verestään.

Tapa, jolla maksat hänen verestään ja sammutat hänen janonsa, on johtava heidät tuntemattomalle tielle helvettiin tai taivaaseen.

Sen vuoksi, sinun tulee olla Jeesukselle kiitollinen, joka vuodatti vertaan ja nyt sammuttaa hänen janonsa johtamalla ihmiset pelastuksen tielle.

Se on täytetty

Johanneksen evankeliumissa 19:30, Jeesus vastaanotti juomaa ja sanoi, "Se on täytetty" ja kallisti päänsä ja antoi henkensä. Jeesus hyväksyi sienen isoppikorressa. Ei, koska hän ei voinut sietää janoaan. Hänen teossaan on hengellinen merkitys.

Syy Jeesuksen tulemiseen lihana tähän maailmaan oli tulla ristiinnaulituksi ristille ihmiskunnan syntien vuoksi. Suuressa rakkaudessaan meihin, Jeesus täytti vanhan testamentin lain ja kantoi koko ihmiskunnan synnit ja kiroukset heidän puolestaan.

Vanhan testamentin aikoina, ihmiset uhrasivat Jumalalle eläinten verta tehtyään syntiä. Kuitenkin Jeesus teki yhden uhrauksen kaikkien aikojen syntien vuoksi vuodattamalla vertaan (Paavalin kirje hebrealaisille 10:11-12). Täten syntisi ovat anteeksiannetut vastanottaessasi Jeesuksen Kristuksen, koska hän on jo lunastanut sinut. Lunastava armo Jeesuksessa Kristuksessa viittaa uuteen viiniin, ja hän joi hapanviiniä antaakseen meille uuden viinin.

"Se on täytetty" - hengellinen merkitys

Jeesus sanoi, "Se on täytetty" ja antoi henkensä. Mitä se merkitsee hengellisesti?

Jeesus tuli lihaksi, tuli tähän maailmaan, saarnasi evankeliumia, paransi heikkoja ja sairauksia ja avasi tien pelastukseen menemällä ristille kaikkien niiden puolesta, jotka oli tuomittu kuolemaan.

Hän täytti vanhan testamentin lain rakkaudella uhratessaan itsensä aina kuolemaan asti. Hän myös voitti paholaisen tuhoamalla paholaisen työt. Se tarkoittaa, hän täytti jumalallisen suunnitelman ihmisten pelastamiseksi. Tämä on syy, miksi Jeesus sanoi ristillä, "Se on täytetty."

Jumala haluaa lastensa täyttävän kaiken, elämällä Jumalan tahdon mukaan, samoin kuin hänen ainoa poikansa täytti kaiken pelastuksen kaitselmuksen, tottelemalla Isää aina oman henkensä uhraamiseen asti, Jumalan tahdon ja suunnitelman mukaisesti.

Täten sinun täytyy jäljitellä herrasi sydäntä keräämällä

hengellistä rakkautta: kantaen Pyhän Hengen yhdeksää hedelmää (Paavalin kirje galatalaisille 5:22-23) ja saavuttamalla autuuden (Matteuksen evankeliumi 5:3-10). Sitten sinun täytyy olla uskollinen Herran sinulle antamalle tehtävälle. Sinun täytyy johdattaa mahdollisimman monta ihmistä Herran luo rukoilemalla vilpittömästi, saarnaamalla evankeliumia ja palvelemalla kirkkoa.

Toivon jokaisen teistä, Jumalan arvokkaana lapsena, pääsevän eroon maallisuudesta lujalla uskolla, taivaan toivolla ja Jumalan rakkaudella sekä tunnustavan, "Se on täytetty" tottelemalla hänen tahtoaan tavalla, jonka Jeesus Kristus meille osoitti.

Isä, sinun käsiisi annan henkeni

Sanoessaan viimeiset sanansa ristillä Jeesus oli täysin uupunut. Tällaisessa tilassa Jeesus kutsui ja huusi suurella äänellä, "Isä, sinun käsiisi annan henkeni,"

Ja Jeesus huusi suurella äänellä ja sanoi, "Isä, sinun käsiisi annan henkeni." Ja sen sanottuaan hän antoi henkensä (Luukas 23:46).

Saatat huomata, että Jeesus kutsui Jumalaa "Isä" eikä "Jumalani." Tämä kertoo Jeesuksen täyttäneen tehtävänsä sovitusuhrina.

Jeesus antoi henkensä ja sielunsa Jumalalle

Miksi Jeesus, joka tuli maailmaan pelastajanamme, antoi henkensä ja sielunsa isänsä käsiin? Ihminen muodostuu hengestä ja ruumiista (Paavalin 1. kirje tessalonikalaisille 5:23). Hänen kuollessaan henki ja sielu jättävät hänen ruumiinsa. Hänen henkensä ja sielunsa palaa Jumalan luo, jos hän on Jumalan lapsi. Muussa tapauksessa hänen henkensä ja sielunsa menee helvettiin (Luukkaan evankeliumi 16:19-31). Hänen ruumiinsa haudataan ja muuttuu takaisin tomuksi.

Jeesus, Jumalan poika tuli lihaksi ja tuli tähän maailmaan. Hänellä oli kaltaisemme henki ja sielu sekä ruumis. Kun hänet ristiinnaulittiin, hänen ruumiinsa kuoli, mutta ei hänen henkensä ja sielunsa; hän antoi henkensä ja sielunsa Jumalan käsiin.

Kuollessasi Jumala vastaanottaa sinun henkesi ja sielusi. Jos Jumala vastaanottaa vain hengen, mutta ei sielua, et tule koskaan kokemaan todellista taivaan onnea, tai olemaan kiitollinen sydämesi pohjasta. Miksi? Et muista sielustasi tulleita asioita, sellaisia kuin kyyneleet, suru, kärsimys ja muita, joita kestit tässä maailmassa. Sen vuoksi Jumala vastaanottaa sekä hengen, että sielun.

Miksi sitten Jeesus antoi henkensä ja sielunsa Jumalalle? Koska Jumala on luoja, joka hallitsee kaikkea maailmankaikkeudessa ja huolehtii elämästäsi, kuolemastasi, kirouksesta ja siunauksesta. Tämä tarkoittaa kaiken kuuluvan Jumalalle ja olevan hänen hallinnassaan. Jumala on ainoa, joka vastaa rukouksiisi. Täten, Jeesuksenkin täytyi rukoilla antaakseen henkensä ja sielunsa Isä Jumalalle (Matteuksen evankeliumi 10:29-31).

Jeesus rukoili kovaan ääneen

Miksi Jeesus rukoili kovalla äänellä, vaikka hän oli keskellä suurta kärsimystä sanoen, "Isä, sinun käsiisi annan henkeni"? Näin, koska hän halusi ihmisten kuulevan ja tietävän, että rukoileminen kovalla äänellä oli Jumalan tahto. Hänen rukouksensa henkensä antamisesta Jumalalle oli yhtä vilpitön, kuin hänen rukouksensa Getsemanissa ennen hänen pidätystään.

Jeesuksen rukous, "Isä, sinun käsiisi annan henkeni," todistaa myös, että Jeesus täytti kaiken Jumalan tahdon mukaisesti. Se tarkoittaa, hän saattoi nyt antaa henkensä Jumalalle ylpeänä täytettyään tehtävänsä toteltuaan täysin Jumalaa.

Apostoli Paavali tunnusti, *"Minä olen hyvän kilvoituksen kilvoitellut, juoksun päättänyt, ja uskon säilyttänyt. Tästedes on minulle talletettuna vanhurskauden seppele, jonka Herra, vanhurskas tuomari, on antava minulle sinä päivänä, eikä ainoastaan minulle, vaan myös kaikille, jotka hänen ilmestymistään rakastavat"* (Paavalin 2. kirje Timoteukselle 4:7-8).

Myös diakoni Stefanus eli Jumalan tahdon mukaan ja säilytti uskonsa. Siksi hän saattoi rukoilla, *"Herra Jeesus, ota minun henkeni"*, vetäessään viime henkäyksensä (Apostolien teot 7:59). Apostoli Paavali ja Stefanus eivät olisi voineet rukoilla näin, jos he olisivat viettäneet maallista elämää, seuraten synnillisten luonteidensa nautintoja. Vastaavasti voit sanoa Jeesuksen tavoin ylpeänä, "Se on täytetty" ja "Isä, käsiisi minä annan henkeni", kun olet elänyt Isä Jumalan tahdon mukaan.

Mitä tapahtui Jeesuksen kuoleman jälkeen?

Jeesus kuoli ristillä sanottuaan viimeiset sanansa kovalla äänellä. Oli yhdeksäs tunti (kello kolme iltapäivällä). Vaikka oli päiväsaika, pimeys peitti kaiken maan kuudennesta (kelo 12) yhdeksänteen tuntiin ja temppelin oviverho repesi keskeltä halki (Luukkaan evankeliumi 23:44-45).

Ja katso, temppelin esirippu repesi kahtia ylhäältä alas asti ja maa järisi, ja kalliot halkesivat. Haudat aukenivat, ja monta nukkuneiden pyhien ruumista nousi ylös, ja he lähtivät haudoistaan ja tulivat hänen ylösnousemisensa jälkeen pyhään kaupunkiin ja ilmestyivät monelle (Matteuksen evankeliumi 27:51-53).

Tärkeä hengellinen merkitys sisältyy lauseeseen "temppelin esirippu repesi kahtia ylhäältä alas asti." Pitkä temppelin verho jakoi pyhän paikan kaikkein pyhimmästä. Vain papeilla oli lupa mennä pyhään paikkaan ja vain korkein pappi saattoi mennä pyhimmästä pyhimpään kerran vuodessa.

Temppelin esiripun repeäminen tarkoittaa, että Jeesus tarjosi itsensä rauhan lahjana repimään syntien seinän alas. Ennen kuin esirippu repesi kahtia, korkea pappi antoi ihmisten syntien puolesta lahjoja ja välitti niitä Jumalalle. Sinulla voi olla suora yhteys Jumalaan, koska syntien seinä on revitty alas Jeesuksen kuolemalla. Se tarkoittaa, kuka tahansa, joka uskoo Jeesukseen Kristukseen, voi astua pyhäkköön ja palvoa sekä rukoilla Jumalaa ilman korkeiden pappien tai profeettojen välitystä.

Sen vuoksi hebrealaisten kirjoittaja sanoo, *"Koska meillä siis veljet, on luja luottamus siihen, että meillä Jeesuksen veren kautta on pääsy kaikkein pyhimpään, jonka pääsyn hän on vihkinyt meille uudeksi ja eläväksi tieksi, joka käy esiripun, se on hänen lihansa, kautta."* (Kirje Hebrealaisille 10:19-20).

Sen lisäksi, maa järisi ja kalliot halkesivat. Kaikki nämä epäluonnolliset tapahtumat kertovat sinulle, että koko maailman perustus järkkyi. Se edusti Jumalan surua, jonka ihmisten pahuus oli tuonut mukanaan. Jumala ilmoitti olevansa syvästi loukattu, koska ihmisten sydämet olivat liian kovettuneet vastaanottamaan Jeesus Kristus, vaikka hän oli antanut ainoan poikansa heidän pelastamisekseen.

Haudat avautuivat ja monet pyhät kuolleet ihmiset nousivat kuolleista. Se on ylösnousemuksen todiste, kuka tahansa, joka uskoo Jeesukseen Kristukseen saa anteeksi ja elää jälleen.

Sen vuoksi, toivon sinun ymmärtävän Herran hengellisen merkityksen ja rakkauden hänen seitsemässä viimeisessä sanassaan ristillä niin, että voit viettää hyvää kristillistä elämää, kaivaten Herran ilmestymistä uskon esi-isien tavoin.

Kappale 8

TOSI USKO JA IKUINEN ELÄMÄ

- Mikä syvällinen mysteeri se onkaan!
- Väärät tunnustukset eivät johda pelastukseen
- Ihmisen pojan liha ja veri
- Anteeksianto vain kävelemällä valossa
- Uskoa seuraavat teot ovat tosi uskoa

Joka syö minun lihani ja juo minun vereni, sillä on iankaikkinen elämä ja minä herätän hänet viimeisenä päivänä. Sillä minun lihani on totinen ruoka ja minun vereni on totinen juoma. Joka syö minun lihani ja juo minun vereni, se pysyy minussa, ja minä hänessä. Niinkuin Isä, joka elää, on minut lähettänyt ja minä elän Isän kautta, niin myös se, joka minua syö, elää minun kauttani.

Johanneksen evankeliumi 6:54-57

Lopullinen Jeesukseen Kristukseen uskomisen ja kirkossa käymisen päämäärä on tulla pelastetuksi ja saavuttaa ikuinen elämä. Kuitenkin monet ihmiset ajattelevat tulevansa pelastetuiksi vain käymällä kirkossa sunnuntaisin ja sanomalla uskovansa Jeesukseen Kristukseen elämättä Jumalan sanan mukaisesti. Paavalin kirje galatalaisille 2:16 sanoo, *"Mutta koska tiedämme, ettei ihminen tule vanhurskaaksi lain teoista, vaan uskon kautta Jeesukseen Kristukseen, niin olemme mekin uskoneet Kristukseen Jeesukseen tullaksemme vanhurskaiksi uskosta Kristukseen eikä lain teoista, koska ei mikään liha tule vanhurskaaksi lain teoista."* Et voi astua taivaaseen, tai olla vakuuttava vain seuraamalla lakia pintapuolisesti, varsinkaan, kun sydämesi on täynnä pahuutta. Sinulla ei ole yhteyttä Jeesukseen Kristukseen, jos teet syntiä, etkä seuraa Jumalan sanaa, vaikka olet sen oppinut.

Sen vuoksi, sinun tulisi tajuta, että sinun on vaikea pelastua puhumalla uskostasi vain huulillasi. Jeesuksen Kristuksen veri puhdistaa sinut synneistäsi ja pelastaa sinut vain, kun kävelet kirkkaudessa ja elät totuudessa. Sinulla tulisi olla todellinen usko tekojen seuraamana (1. Johanneksen kirje 1:5-7).

Harkitkaamme nyt yksityiskohtaisesti, kuinka meillä voi olla tosi usko, jotta vastaanotamme täyden pelastuksen ja ikuisen elämän Jumalan aitoina lapsina.

Mikä syvällinen mysteeri se onkaan!

Paavali kirje efesolaisille 5:31-32 sanoo, *"Sentähden mies luopukoon isästänsä ja äidistänsä ja liittyköön vaimoonsa, ja ne kaksi tulevat yhdeksi lihaksi. Tämä salaisuus on suuri; minä tarkoitan Kristusta ja seurakuntaa."*

On tavanomaista, että ihmiset jättävät vanhempansa ja ovat liitossa aviomiestensä, tai vaimojensa kanssa kasvettuaan aikuisiksi. Miksi sitten Jumala sanoi tämän olevan suuri salaisuus? Jos tulkitset ja ymmärrät tämän säkeen kirjaimellisesti, et ymmärrä, mikä tämä "suuri salaisuus" on, mutta jos tajuat sen takana olevan hengellisen merkityksen, tulet täyttymään ilosta.

"Kirkko" tässä viittaa Pyhän Hengen vastaanottaneisiin Jumalan lapsiin. Jumala vertasi Jeesuksen Kristuksen ja uskovien suhdetta miehen ja naisen väliseen suhteeseen yhdestä lihasta.

Kuinka voit jättää maailman ja tulla yhdeksi lihaksi sulhasesi Jeesuksen Kristuksen kanssa?

Jos hyväksyt Jeesuksen Kristuksen uskomalla

Siitä lähtien, kun ensimmäinen ihminen Aatami teki syntiä olemalla Jumalalllle tottelematon, synti saapui tähän maailmaan. Kaikista hänen jälkeläisistään tuli synnin orjia ja vihollisen, tätä maailmaa hallitsevan paholaisen lapsia.

Sinä kuuluit tähän maailmaan ja viholliselle, paholaiselle,

jolla on tämän maailman pimeyden voima, ennen kuin sinä hyväksyit Jeesuksen Kristuksen. Tämän vahvistaa Johanneksen evankeliumi 8:44, joka sanoo, "Te olette isästä perkeleestä, ja isänne himoja te tahdotte noudattaa. Hän on ollut murhaaja alusta asti, ja totuudessa hän ei pysy, koska hänessä ei totuutta ole. Kun hän puhuu valhetta, niin hän puhuu omaansa, sillä hän on valehtelija ja sen isä" ja 1. Johanneksen kirjeen 3:8 mukaan, joka sanoo, "Joka syntiä tekee, se on perkeleestä, sillä perkele on tehnyt syntiä alusta asti."

Kuitenkin hyväksyessäsi Jeesuksen Kristuksen pelastajaksesi ja tullessasi kirkkauteen, vastaanotat vallan Jumalan lapsena ja tulet synneistä vapaaksi, koska syntisi ovat anteeksiannetut Jeesuksen Kristuksen veren kautta.

Jos omistat uskon Jeesuksen Kristuksen lunastaneen sinun syntisi menemällä ristille, Jumala antaa sinulle lahjana Pyhän Hengen ja Pyhä Henki synnyttää hengen sydämessäsi. Pyhä Henki kertoo ja opettaa sinulle Jumalan tahdon käyttäytyä ja elää totuudessa.

Sinusta tulee Pyhän Hengen johdattama Jumalan lapsi, kutsut häntä "Abba Isä" ja perit taivaan valtakunnan.

Kuinka ihmeellistä ja mysteeristä onkaan, että perkeleen lapset, joiden kerran täytyi mennä ikuiseen kadotukseen, ovat tulleet Jumalan lapsiksi, jotka nyt uskon avulla johdetaan taivaaseen.

Kun olet yhtä Jeesuksen Kristuksen kanssa uskomalla häneen, Pyhä Henki tulee sydämeesi ja on yhtä elämän siemenen kanssa. Jumala loi ensimmäisen ihmisen tomusta ja puhalsi hänen sieraimiinsa elämän henkäyksen. Elämän henkäys on elämän siemen, elämä itse. Täten se ei voi koskaan kuolla ja se siirtyy jälkeläisille ihmisten sperman ja munasolujen välityksellä sukupolvelta seuraavalle. Elämän siemen on sydämessä. Jumalan luotua Aatamin, hän laittoi hänen sydämeensä elämän tiedon, hengen tiedon. Samalla tavoin, kun vastasyntyneen lapsen täytyy oppia tämän maailman tieto tullakseen arvoisaksi ihmiseksi ja elää ihmisenä, ihminen tarvitsee elämän tiedon tullakseen todelliseksi ihmiseksi, vaikka se on jo elämä itsensä.

Aatamille oli kerran annettu vain hengen tieto, nimittäin totuus. Kuitenkin, hänen oltuaan Jumalalle tottelematon, yhteys Jumalaan katkesi. Hän alkoi sitten menettää hengen tiedon vähä vähältä ja epätotuus otti paikan hänen sydämessään.

Siitä hetkestä lähtien, sydän, joka oli ollut täynnä vain totuutta, tuli täytetyksi kahdella osalla: totuudella ja epätotuudella. Esimerkiksi, Aatamilla oli rakkaus sydämessään, mutta vihollinen, perkele istutti häneen vihaksi kutsutun epätotuuden. Tämän seurauksena, kuten voit nähdä 1. Mooseksen kirjasta, Kain, Aatamin lapsi hänen synnintekemisensä jälkeen, tappoi veljensä Abelin kateudesta ja mustasukkaisuudesta.

Aikojen kuluessa, toinen osa alkoi kehittyä sydämessä, ja täyttyi totuudesta ja epätotuudesta. Tätä osaa kutsutaan "luonteeksi." Perit ominaisuutesi ja piirteesi vanhemmiltasi. Laitat mieleesi, mitä näet, kuulet ja opit, sekä mitä tunnet. Nämä kaksi osaa muodostavat "luonteen" totuuden etsimisessä.

Tätä luonnetta kutsutaan usein "omaksitunnoksi" ja se muotoutuu hyvin erilaiseksi riippuen siitä, millaisia ihmisiä tapaat, millaisia kirjoja luet, ja millaisessa elinympäristössä sinut kasvatetaan. Esimerkiksi, katsoen samaa tapahtumaa tai ihmistä, toiset sanovat "se on pahaa", toisten sanoessa, "se on hyvää", tai "se kuuluu hyvyyteen." Sen vuoksi, kun analysoit sydäntä, siellä on Jumalalle kuuluva tosi osa, perkeleelle annettu epätosi osa, ja kolmas osa, ihmisen luonne muotoutuu näiden kahden osan perusteella.

Pyhä Henki yhdessä elämän siemenen kanssa sydämessä

Aatamin tapauksessa, nämä kolme osaa käärivät elämän siemenen, jonka Jumala oli antanut sydämeen. Tämä on tilanne, kun Jumalan sana "tulet varmasti kuolemaan" toteutui Aatamin syötyä hyvän ja pahan tiedon puusta. Vaikka elämän siemen on olemassa, se on sama kuin kuollut siemen, jollei se toimi.

Esimerkiksi, kun kylvät siemeniä pellolle, kaikki siemenet eivät idä, koska osa niistä on jo kuolleita. Kuitenkin, jos siemenet ovat eläviä, ne itävät varmasti.

Samoin on ihmisten kanssa. Jos Jumalan antama elämän siemen on kokonaan kuollut, se ei voi itää, eikä Jumalan ole tarpeellista valmistella Jeesusta Kristusta ihmisten pelastamiseksi, tai luoda taivasta ja helvettiä.

Kuitenkin Jumalan ihmisille antama elämän siemen, hänen puhaltaessaan elämän henkäyksen, on ikuinen. Kun vastaanotat evankeliumin, elämän siemen virkoaa, mitä suurempi on totuuden alue sydämessäsi, sitä helpommin voit hyväksyä evankeliumin. Kuka tahansa, joka kuuntelee ristin sanomaa ja hyväksyy Jeesuksen Kristuksen vastaanottaa Pyhän Hengen. Tällöin elämän siemen sydämessäsi on yhtä Pyhän Hengen kanssa.

Vastakohtana, ihmisillä, joiden omatunto on karrella, kuin kuuman silitysraudan jäljiltä, ei ole sydämissään tilaa evankeliumille, koska epätosi on kokonaan käärinyt ja peittänyt elämän siemenen heidän sydämissään. Kuolleessa tilassa ollut elämän siemen kerää voimaa suorittaakseen tehtävänsä, kun se liittyy yhteen Jumalan suuren voiman, Pyhän Hengen, kanssa.

Hengen ihmiseksi tuleminen

Kun osallistut jumalanpalveluksiin, tajuat Jumalan sanan ja rukoilet, Jumalan armo ja suuri voima tulee sinuun ja mahdollistaa sinun seurata Pyhää Henkeä.

Tämän prosessin kautta sinun sydämesi ja henkesi tulevat yhdeksi, sydämesi tullessa enemmän ja enemmän todeksi, poistamalla siitä epätoden ja täyttäen sen totuudella. Jos sydän on täysin täynnä hengen ja totuuden tietoa, tämä sydän on totuus itse, samalla tavoin kuin ensimmäisen ihmisen Aatamin sydän oli ollut.

Vaikka saatat näyttää uskolliselta, saatat silti toimia luontosi mukaisesti, ellet rukoile. Pyhä Henki sinussa ei voi synnyttää henkeä ja sinä olet edelleen lihallinen ihminen. Lisäksi, et voi seurata Pyhän Hengen luonnetta, ellet riko omia ajatuksiasi ja väitteitäsi, vaikka rukoilisitkin hyvin tunnollisesti, tai pitkän aikaa. Sen vuoksi, et voi muuttua hengen ihmiseksi.

Pyhä Henki sallii sinun ajatella sydämesi totuuden mukaan.

Se tarkoittaa, että elät Pyhän Hengen halun mukaan. Vastaavasti, saatana työskentelee samalla tavalla, johtaakseen sinut tuhon tielle, houkuttelemalla sinua seuraamaan lihallisia ajatuksia, niin paljon, kuin sinulla vielä on epätotta sydämessäsi.

Sen vuoksi sinun on päästävä eroon sekä lihallisista ajatuksista, että omahyväisyydestä, kuten Paavalin 2. kirje korinttolaisille 10:5 sanoo, *"Me hajotamme maahan järjen päätelmät ja jokaisen varustuksen, joka nostetaan Jumalan tuntemista vastaan ja vangitsemme jokaisen ajatuksen kuuliaiseksi Kristukselle."*

Kun noudatat Jumalan sanaa, sanoen, "Kyllä" ja seuraat Pyhän Hengen halua, sydämesi voi täyttyä vain totuudesta ja sitten sinusta voi tulla täysin pyhitetty hengen ihminen.

Voit saada mitä pyydät

Tulet yhdeksi Herran kanssa, kun heität pois kaiken epätoden, rikot "omahyväisyytesi" antamalla hengen syntyä Pyhän Hengen kanssa ja teet sydämestäsi yhtä puhtaan, kuin Herrasi Jeesuksen Kristuksen sydän.

Mies ja nainen tulevat yhdeksi lihaksi ja synnyttävät lapsen sperman ja munasolun yhtyessä. Vastaavasti, kun tulet maailmaan ja tulet yhdeksi Jeesuksen Kristuksen, sulhasesi kanssa hyväksymällä hänet, tulet synnyttämään hengen Pyhän Hengen kanssa ja saat runsaat siunaukset Jumalan lapsena olemisesta.

Kuten Paavalin kirje roomalaisille 12:3 sanoo, on olemassa uskon keinoja ja saat vastauksia näiden keinojen mukaan. 1.

Johanneksen kirjeessä 2:12-13, uskon kasvua verrataan prosessiin ihmisen kasvusta.

Ne jotka hyväksyvät Jeesuksen Kristuksen vastaanottavat Pyhän Hengen ja ovat pelastetut, heillä on pienten lasten usko (1. Johanneksen kirje 2:2) Niillä, jotka yrittävät panna uskon käytäntöön, on lasten usko (1. Johanneksen kirje 2:13). Kun he kasvavat enemmän tästä vaiheesta ja todella laittavat uskon käytäntöön, heillä on nuorten usko (1. Johanneksen kirje 2:13). Jos he kasvavat enemmän, heillä on isien usko (1. Johanneksen kirje 2:13).

Kun luet vanhasta testamentista Jobista, Jumala tunsi hänet viattomana ja rehellisenä ihmisenä, mutta kun saatana haastoi hänet, Jumala salli saatanan koetella Jobia. Ensiksi, Jobi sanoi olevansa vanhurskas. Kuitenkin hän pian totesi pahuutensa ja katui Jumalan edessä, kun pahuus hänen luonteessaan tuli esille koeteltaessa. Jobin omahyväisyys rikottiin ja hänen sydämensä tuli vanhurskaaksi ja puhtaaksi Jumalan silmissä. Vasta sitten Jumala saattoi siunata häntä kaksin verroin aikaisempaa runsaammin.

Vastaavasti, jos saavutat isien uskon, joka on korkein uskon taso rikkomalla omahyväiyytesi ja tulemalla yhdeksi Herran kanssa, voit vastaanottaa ylitsevuotavat siunaukset Jumalan lapsena. Tämän Jumala on sinulle luvannut 1. Johanneksen kirjeessä 3:21-22: *"Rakkaani, jos sydämemme ei syytä meitä, niin meillä on uskallus Jumalaan, ja mitä ikinä sanomme, sen me häneltä saamme, koska pidämme hänen käskynsä ja teemme sitä, mikä on hänelle otollista."*

Jumalan lapsena voit nauttia siunauksista

Tällä tavoin tulet yhdeksi Jeesuksen Kristuksen kanssa aina hengelliseksi tulemiseen saakka. Vastaanotat myös siunausta Jumalan kanssa yhdeksi tulemisesta niin paljon kuin saavutat Jumalan vanhurskautta.

Jeesus lupasi sinulle Johanneksen evankeliumissa 15:7, että *"Jos te pysytte minussa ja minun sanani pysyvät teissä, niin sanokaa, mitä ikinä tahdotte, ja te saatte sen."* Myös Johanneksen evankeliumissa 17:21, hän kertoi meille *"että he kaikki olisivat yhtä, niinkuin sinä, Isä, olet minussa ja minä sinussa, että hekin meissä olisivat, niin että maailma uskoisi, että sinä olet minut lähettänyt."*

Vastaavasti, jos olet yhtä Herran kanssa lähtemällä pois tästä maailmasta, jota hallitsee paholaisen pimeyden voima, sinusta tulee yhtä Isäsi Jumalan kanssa. Tästä Paavalin kirje galatalaisille 4:4-7 sanoo seuraavasti:

> *Mutta kun aika oli täytetty, lähetti Jumala Poikansa, naisesta syntyneen, lain alaiseksi syntyneen, lunastamaan lain alaiset, että me pääsisimme lapsen asemaan, ja koska te olette lapsia, on Jumala lähettänyt meidän sydämeemme Poikansa Hengen, joka huutaa, "Abba! Isä!" Niinpä sinä et siis enää ole orja, vaan lapsi; mutta jos olet lapsi, olet myös perillinen Jumalan kautta.*

Samoin kuin ihmiset perivät vanhempiensa omaisuutta, sinä

perit Jumalan valtakunnan, kun sinusta tulee hänen lapsensa hyväksymällä Jeesus Kristus. Se tarkoittaa, paholaisen lapset perivät helvetin ja Jumalan lapset perivät Jumalalta taivaan.

Kuitenkin sinun tulee pitää mielessä, että niiden, jotka eivät synnytä henkeä Pyhän Hengen avulla, täytyy mennä helvettiin, koska taivas on puhdas paikka täynnä totuutta ja, että siinä määrin, kuin henkesi on menestyksellinen ja tulee yhdeksi Jumalan kanssa, sinä saat kunniaa asumalla taivaassa lähempänä Jumalaa.

Sen vuoksi, toivon sinun vastaanottavan ikuisen elämän siunauksen hyväksymällä Jeesuksen Kristuksen, sulhasesi ja tulevan yhdeksi Herran ja Isä Jumalan kanssa heittämällä pois kaiken epätoden ja luopumalla ulkokultaisuudesta. Tällä tavoin voit antaa kaiken kunnian Jumalalle.

Väärät tunnustukset eivät johda pelastukseen

Jeesus Kristus tulee sinun todelliseksi sulhaseksesi, joka johtaa sinut ikuisen elämän tielle ja siunaukseen, kun olet yhtä hänen kanssaan uskossa. Jos muistutat sulhasesi Jeesuksen Kristuksen sydäntä ja omaat täydellisen uskon, et vain peri taivaan valtakuntaa, vaan tule myös loistamaan siellä auringon lailla.

Kun luet huolellisesti raamattua, huomaat, että jotkut ihmiset, jotka väittävät uskovansa Jumalaan, eivät pelastu. Matteuksen evankeliumissa 25, on vertaus kymmenestä neitsyestä. Viisi viisasta öljyä valmistanutta neitsyttä pelastuivat, mutta toiset viisi epäviisasta neitsyttä eivät pelastuneet.

Vastaavasti, Jumala kertoo sinulle selvästi ramatussa, kuka voi ja kuka ei voi pelastua, vaikka jokainen heistä väittää uskovansa. Sitten tiedät, millaista elämää sinun tulee elää, jotta pelastut. Matteuksen evankeliumissa 7:21 sanotaan selvästi, *"Ei jokainen, joka sanoo minulle, 'Herra, Herra!', pääse taivasten valtakuntaan, vaan se, joka tekee minun taivaallisen Isäni tahdon."* Jos kutsut Jeesusta 'Herra, Herra' se tarkoittaa sinun uskovan Jeesuksen olevan Kristus. Et voi kuitenkaan pelastua vain sanomalla Herran nimen ja käymällä sunnuntaisin kirkossa.

Pahantekijät eivät voi pelastua

Jumala kertoo sinulle tuomiosta Matteuksen evankeliumissa 13:40-42:

Niinkuin lusteet kootaan ja tulessa poltetaan, niin on tapahtuva maailman lopussa. Ihmisen poika lähettää enkelinsä, ja he kokoavat hänen valtakunnastaan kaikki, jotka ovat pahennukseksi ja jotka tekevät laittomuutta, ja heittävät heidät tuliseen pätsiin; siellä on oleva itku ja hammasten kiristys.

Kun viljelijä korjaa satoa, hän kerää vehnän aittaansa, mutta polttaa akanat tulessa. Samalla tavoin, Jumala kertoo sinulle, että niiden, jotka eivät ole hyviä Jumalan silmissä, täytyy kohdata rangaistus.

"Kaikki, joka aiheuttaa syntiä" viittaa kaikkiin niihin, jotka väittävät uskovansa Jumalaan, mutta houkuttelevat veljiä ja sisaria uskossa ja aiheuttavat heidän menettävän uskonsa. Täten, et tule pelastumaan, jos aiheutat ihmisten tekevän syntiä ja pahuutta.

Mitä sitten on pahuus? 1. Johanneksen kirje 3:4 sanoo, *"Jokainen, joka tekee synnin, tekee myös laittomuuden; ja synti on laittomuus."*
Samoin kuin joka maalla on omat lakinsa, Jumalan valtakunnassa on hengellinen laki. Hengellisen valtakunnan laki on Jumalan sana raamatussa kirjoitettuna. Kuka tahansa, joka rikkoo Jumalan sanaa, tuomitaan tavalla, jolla jokaista lakia rikkova syytetään lain mukaisesti. Sen tähden Jumalan sanan rikkominen on pahaa ja syntiä.

Jumalan laki voidaan laajasti jakaa neljään luokkaan: "tee", "älä tee", "pidä" ja "heitä pois". Koska Jumala on valo, Hän käskee lastensa tehdä, mikä on oikein, ei tehdä, mikä on väärin, pitää kiinni Jumalan lasten velvollisuuksista ja heittää pois sen, mistä Jumala ei pidä, koska Hän tahtoo lastensa elävän valossa.

5. Mooseksen kirjassa 10:12 Jumala kehottaa meitä, *"Nyt Israel, mitä Herra, sinun Jumalasi sinulta muuta vaatii, kuin että pelkäät Herraa, sinun Jumalaasi, että aina vaellat hänen teitänsä ja rakastat häntä, ja että palvelet Herraa, sinun Jumalaasi, kaikesta sydämestäsi ja kaiksesta sielustasi, noudattaen Herran käskyjä ja säädöksiä, jotka minä sinulle tänä päivänä annan, että menestyisit."* Yhtäältä, vastaanotat siunauksia, jos laitat Jumalan sanan käytäntöön. Toisaalta,

vastaanotat ikuisen kuoleman pahan ja synnin tähden, jos et elä Hänen sanansa mukaan.

Paavalin kirje galatalaisille 5:19-21 tekee huomion lihan töistä:

> *Mutta lihan teot ovat ilmeiset, ja ne ovat: haureus, saastaisuus, irstaus, epäjumalanpalvelus, noituus, vihamielisyys, riita, kateellisuus, vihat, juonet, eriseurat, lahkot, kateus, juomingit, mässäykset ja muut senkaltaiset, joista teille edeltäpäin sanon, niinkuin jo ennenkin olen sanonut, että ne, jotka semmoista harjoittavat, eivät peri Jumalan valtakuntaa.*

"Moraalittomuus" viittaa kaikenlaiseen seksuaaliseen epäpuhtauteen ja siveyden puuttumiseen, mukaanlukien seksualiset suhteet ennen avioliittoa. "Saastaisuus" tässä tarkoittaa kaikenlaista epäjärjestystä, normaalin järjen ulkopuolella ja joka johtaa synnilliseen luonteeseen.

"Irstautta" on, kun aina seuraat synnillistä seksuaalista moraalittomuuttasi ja elät haureuden sanoissa ja teoissa. "Epäjumalanpalvelus" on kullasta, hopeasta, pronssista ja muista aineista tehtyjen kohteiden palvomista, tai kun rakastat jotakin enemmän, kuin mitä rakastat Jumalaa.

"Noituutta" on sitoa joku valheisiin. "Vihamielisyyttä" on haluta tuhota muita ihmisiä vihalla, rakkauden vastakohdalla. "Riita" viittaa taisteluun etsiä omaa etua ja valtaa. "Kateellisuus" on viha toista ihmistä kohtaan, koska tunnet, että hän on parempi kuin sinä itse. "Kiukunpurkaukset" eivät tarkoita vain vihaisena olemista, vaan myös vahingon aiheuttamista toisille äärimmäisen kiukunpurkauksen johdosta.

"Riidat" viittaavat erillisen ryhmän tai lahkon muodostamista ja saatanan töiden seuraamista, koska et ole samaa mieltä toisten kanssa. "Epäseurat" on muodostaa joukko ja erota seuraamalla omia ajatuksiasi, ei Pyhän Hengen ajatuksia. "Lahkot" viittaa Jumalan, kolminaisuuden ja lihaksi tulleen Jeesuksen kieltämiseen, hänen joka vuodatti vertaan lunastaakseen ihmiset ja josta tuli Kristus. "Kateus" on vahingoittaa, tai tehdä vahingoittavia tekoja jotakuta kohtaan kateuden johdosta. "Juoppous" on alkoholin juomista ja "mässäys" tarkoittaa ei ainoastaan juopumista, itseänsä hemmottelevaa elämää ja itsekurin puutetta, vaan myös epäonnistumista suorittaa tehtävänsä puolisona tai vanhempana kunnollisesti.

Lisäksi "Tämän kaltaiset" tarkoittaa, että on olemassa monia samanlaisia syntisiä tekoja ja ne, jotka niitä suorittavat eivät pelastu.

Kuolemaan ja ei kuolemaan johtavat synnit

Tässä maailmassa "synti" käsitetään "synniksi", kun tämän synnin tuloksena on kiistämätön todiste ilmeisestä ja fyysisestä vahingosta toiselle osapuolelle. Kuitenkin Jumala, joka on valo, kertoo meille, ei vain synnin teoista, vaan myös kaiken pimeyden, valoa vastaan, olevan syntiä.

Vaikkakaan niitä ei esitettäisi, tai todistettaisi, kaikki synnilliset halut sydämessäsi, kuten viha, kateus, mustasukkaisuus, himo, muiden tuomitseminen, paheksunta, sydämettömyys ja epärehellisyys ovat myös pahoja tekoja ja syntiä.

Tämä on syy, miksi Jumala sanoo meille, *"Mutta minä sanon teille; jokainen, joka katsoo naista himoiten häntä, on jo sydämessään tehnyt huorin hänen kanssansa"* (Matteus 5:28), ja *"Jokainen, joka vihaa veljeänsä, on murhaaja; ja te tiedätte, ettei kenessäkään murhaajassa ole iankaikkista elämää, joka hänessä pysyisi"* (1 Johanneksen kirje 3:15). Lisäksi Paavalin kirjeessä roomalaisille 14:23 sanotaan, *"Mutta joka epäröi ja kuitenkin syö, on tuomittu, koska se ei tapahdu uskosta; sillä kaikki, mikä ei ole uskosta, on syntiä,"* ja Jaakobin kirje 4:17 sanoo, *"Joka siis ymmärtää tehdä sitä, mikä hyvää on, eikä tee, hänelle se on synniksi."* Sen vuoksi sinun tulisi tajuta olevan syntiä ja laittomuutta olla tekemättä, mitä Jumala tahtoo ja määrää.

Kuolevatko kaikki näitä syntejä tehneet ihmiset? Sinun täytyy tajuta, että on uskossa elämistä, jos aiemmin valehdellut ihminen rukoilee ja yrittää tulla rehelliseksi ihmiseksi. Vaikkakaan he eivät ole vielä heikossa uskossaan heittäneet pois kaikkea epärehellisyyttä sydämistään, ei ole totta, että he eivät pelastu syntiensä tähden.

1 Johanneksen kirje 5:16-17 kertoo meille, *"Ja jos joku näkee veljensä tekevän syntiä, joka ei ole kuolemaksi, niin rukoilkoon ja hän on antava hänelle elämän, niille nimittäin, jotka eivät tee syntiä kuolemaksi. On syntiä, joka on kuolemaksi; siitä minä en sano, että olisi rukoiltava. Kaikki vääryys on syntiä, ja on syntiä, joka ei ole kuolemaksi."*

Synnit jaetaan yleisesti kahteen luokkaan: kuolemaan johtaviin ja ei kuolemaan johtaviin. Ne, jotka tekevät ei kuolemaan johtavia syntejä voivat pelastua, jos rohkaiset heitä, rukoilet heidän puolestaan ja autat heitä torjumaan synnit. Kuitenkin, joka tekee kuolemaan johtavaa syntiä, ei voi pelastua, vaikka rukoilisit hänen puolestaan.

Rehellisinä pidetyt ihmiset valehtelevat joskus omaksi hyödykseen, tai monet tekevät valheellisia tekoja, vaikkakaan teot eivät vahingoita toisia ihmisiä. Sinun täytyy hyväksyä, että olet syntinen tajutessasi totuuden, vaikkakin ajattelit viettäneesi vanhurskasta elämää, ennenkuin aloit uskoa Jumalaan. Jumala ei näytä sinulle ainoastaan syntejä, jotka voidaan nähdä, vaan myös pahoja ajatuksia sydämessäsi, jotka ovat kaikki syntiä.

Kaikki väärintekeminen on syntiä ja synnin palkka on kuolema. Jeesus Kristus on kuitenkin antanut anteeksi kaikki menneet, nykyiset ja tulevat syntisi vuodattamalla vertaan ristillä. On olemassa syntejä, jotka voidaan antaa anteeksi Jeesuksen veren voimalla, kun vastustat syntejä ja käännyt niistä pois. Nämä ovat syntejä, jotka eivät johda kuolemaan.

Ellet vastusta, vaan jatkat synnin tekemistä, omatuntosi kovettuu. Sitten lopultakaan et voi vastaanottaa synnin vastustamisen henkeä, jos teet kuolemaan johtavaa syntiä. Näin syntejäsi ei voida antaa anteeksi, vaikka yrität niitä vastustaa.

Katsokaamme nyt kolmea kuolemaan johtavaa syntiä: Hengen pilkkaaminen, Jumalan pojan saattaminen toistuvasti julkiseen häpeään ja synnin tekeminen tarkoituksellisesti.

Pyhän Hengen pilkkaaminen

On olemassa kolme Pyhän Hengen pilkkaamistapaa. Syyllistyt hengen pilkkaamiseen puhuessasi Pyhän Hengen vastaisesti, vastustaessasi Pyhän Hengen töitä, ja häpäistessäsi Pyhää Henkeä.

Sentähden minä sanon teille; jokainen synti ja pilkka annetaan ihmisille anteeksi, mutta Hengen pilkkaamista ei anteeksi anneta. Ja jos joku sanoo sanan ihmisen poikaa vastaan, niin hänelle annetaan anteeksi; mutta jos joku sanoo jotakin Pyhää Henkeä vastaan, niin hänelle ei anteeksi anneta, ei tässä maailmassa eikä tulevassa (Matteus 12:31-32).

Ja jokaiselle, joka sanoo sanan ihmisen poikaa vastaan, annetaan anteeksi; mutta sille, joka Pyhää Henkeä pilkkaa, ei anteeksi anneta (Luukas 12:10).

Ensiksi, "puhua muita vastaan" tarkoittaa heidän parjaamistaan ja estää heitä tekemästä töitään. "Puhuminen Pyhää Henkeä vastaan" on yrittää estää Jumalan valtakunnan saavutuksia keskeyttämällä Pyhän Hengen työt omilla ajatuksillaan ja tahdollaan. Esimerkiksi, on Pyhää Henkeä vastaan puhumista, kun vastustat Jumalan töitä niiden ollessa erilaisia omiin ajatuksiisi nähden, vaikkakin työt ovat Pyhän Hengen töitä.

Jos tuomitset Jumalan palvelijan kerettiläisenä, vaikka näin ei ole, ja keskeytät Pyhän Hengen työt, se on anteeksiantamaton synti Jumalan edessä. Sen vuoksi sinun tulee kyetä jaottelemaan asiat totuuden perusteella.

Luonnollisesti, sinun tulee vakavasti varoittaa ihmisiä ja eikä sallia heidän käytöstään, jos he yritttävät saada toisia vastaanottamaan pahaa henkeä tai, jos he ovat todella kerettiläisiä Jumalan silmissä. Paavalin kirje Tiitukselle 3:10 sanoo, "Harhaoppista ihmistä karta, varoitettuasi häntä kerran tai kahdesti."

Tänä päivänä monet ihmiset tuomitsevat joitakin kirkkoja harhaoppisina, tai jopa vainoavat heitä monin tavoin, koska sellaiset ihmiset eivät kykene erottamaan henkiä toisistaan. Näin myös kirkkoja, jotka tunnustavat pyhän kolminaisuuden ja joissa asuu Pyhän Hengen työt. Vaikkakin he väittävät uskovansa Jumalaan, heillä ei ole riittävää harhaoppisuuden raamatullista tietoa. Joskus he eivät edes tiedä, miten harhaoppisuus määritellään.

Siinä tapauksessa, että he vainoavat toisia riittävän tiedon puuttuessa ja jos he katuvat ja kääntyvät pois, heille voidaan antaa anteeksi. Jos he kuitenkin häiritsevät Jumalan töitä pahassa tarkoituksessa ja kateudesta, vaikka tietävät niiden olevan Pyhän Hengen töitä, heille ei voida koskaan antaa anteeksi.

Voit löytää tästä esimerkin raamatusta. Markuksen evankeliumissa 3, Jeesuksen suorittaessa ihmetekoja ja tunnusmerkkejä, ne, jotka olivat hänelle kateellisia, levittivät huhua, että hän on hullu. Huhu levisi niin laajalle, että hänen kaukana asuvat perheenjäsenensä tulivat viemään hänet pois julkisuudesta.

Lain opettajat ja farisealaiset arvostelivat Jeesusta, sanoen,

"Ja kirjanoppineet, jotka olivat tulleet Jerusalemista, sanoivat, 'Hänessä on Beelsebul', ja 'Riivaajien päämiehen voimalla hän ajaa ulos riivaajia'" (Markus 3:22). Heillä oli läpikotainen tieto Jumalan sanasta. He tunsivat lain erittäin hyvin ja opettivat ihmisiä, ja silti he vastustivat Jumalan töitä, Jeesusta kohtaan tuntemastaan kateudesta johtuen.

Toiseksi, "Pyhän Hengen työn vastustaminen" on Jumalan antaman Pyhän Hengen äänen kiistämistä, tai tuomitsemista ja Pyhän Hengen töiden tuomitsemista, sekä yrittämistä aiheuttaa harmia toisille ihmisille.

Esimerkiksi, se on puhumista Pyhää Henkeä vastaan, huhujen levittämistä, todisteiden väärentämistä, tai sellaisen kirkon tai pastorin tuomitsemista "harhaoppisena", missä Pyhän Hengen työt näkyvät, häiritäkseen herätyskokouksia tai kokoontumisia.

Mitä sitten tarkoittaa "Jokaiselle, joka sanoo sanan Ihmisen Poikaa vastaan, annetaan anteeksi?" "Ihmisen poika" tässä säkeessä viittaa Jeesukseen, joka ilmestyi ihmisenä ennen ristiinnaulituksi tulemistaan.

Jumalan poikaa vastaan puhuminen tarkoittaa olla tottelematta Jeesusta, tuntien ja tunnustaen hänet vain ihmisenä, koska hän tuli lihana maailmaan. Kykenemättömyys tunnustaa Jeesus pelastajaksi johtuu tiedon puutteesta. Tässä tapauksessa saat anteeksi ja pelastut vain, mikäli kadut syvällisesti ja hyväksyt Herran.

Senvuoksi, jos teet tällaisen synnin tietämättä totuutta, tai ennen Pyhän Hengen vastaanottamista, Jumala antaa sinulle mahdollisuuden katua ja tulla anteeksiannetuksi yhä uudelleen. Kuitenkin, jos et tottele ja vastusta Herraa, tietäen hyvin, kuka Jeesus Kristus on, sinun tulee tajuta, ettet voi koskaan saada tätä anteeksi, koska se on samaa, kuin Pyhää Henkeä vastaan puhuminen ja Pyhän Hengen töiden vastustaminen.

Kolmanneksi, jumalanpilkka tarkoittaa myös niiden asioiden häpäisemistä, jotka ovat jumalallisia, pyhiä ja puhtaita. Pilkka Pyhää Henkeä vastaan tarkoittaa myös Pyhän Hengen häpäisemistä, Jumalan hengen ja Jumalan jumalallisuuden häpäisemistä. On syntiä häpäistä Jumalan ikuista voimaa ja jumalallisuutta, syntiä, jos parjaat Pyhän Hengen töitä sanoen niiden olevan saatanan töitä, tai jos väität jonkin olevan Pyhän Hengen työtä, kun se ei sitä ole. Myös totuuden saarnaaminen epätotuutena, väittäminen epätoden olevan totta, ja totuuden tuomitseminen keksittynä ovat kaikki "Pyhän Hengen häpäisemistä."

Vanhoina aikoina, jos joku saatiin kiinni kuningasta häpäisevistä sanoista, tai teoista, sitä pidettiin petturuutena ja hänet tapettiin.

Jos häpäiset Jumalan, kaikkivaltiaan, pyhän jumalallisuuden, Jumalan, jota ei voi verrata kehenkään tämän maailman kuninkaaseen, et voi saada koskaan anteeksi.

Ei edes Jeesus, joka oli luonnostaan Jumala ja tuli tähän maailmaan lihana, tuominnut ketään. Jos sinä yhä tuomitset veljiä ja siskoja ja lisäksi häpäiset Pyhän Hengen suorittamia töitä, mikä kauhea synti se olisikaan! Jos kunnioitat ja pelkäät Jumalaa, et voi koskaan vastustaa, häpäistä, tai puhua Pyhää

Henkeä vastaan. Senvuoksi sinun tulee tajuta, ettei näitä syntejä voi koskaan saada anteeksi, ei nyt eikä myöhemmin, eikä sinun tulisi koskaan tehdä näitä syntejä. Vaikka olisitkin tehnyt näitä syntejä aiemmin, sinun tulisi etsiä Jumalan armoa ja katua koko sydämestäsi.

Jumalan Pojan saattaminen julkisen pilkan kohteeksi

Jumalan pojan ristiinnaulitseminen ja hänen julkinen pilkkaamisensa uudelleen johtaa sinut kuolemaan, kuten kuvattu Paavalin kirjeessä hebrealaisille 6.

Sillä mahdotonta on niitä, jotka kerran ovat valistetut ja taivaallista lahjaa maistaneet ja Pyhästä Hengestä osallisiksi tulleet ja maistaneet Jumalan hyvää sanaa ja tulevan maailmanajan voimia ja sitten ovat luopuneet - taas uudistaa parannukseen, he kun jälleen itsellensä ristiinnaulitsevat Jumalan Pojan ja häntä julki häpäisevät (Kirje hebrealaisille 6:4-6).

Jotkut ihmiset jättävät kirkon ja Jumalan tämän maailman kiusausten tähden ja syyllistyvät suureen Jumalan häpäisemiseen, vaikka he ovat vastaanottaneet Pyhän Hengen, tietäen, että on olemassa taivas ja helvetti ja uskoen totuuden sanaan. Me sanomme heidän tekevän syntiä ristiinnaulitsemalla Jumalan Pojan uudelleen ja saattavan hänet julkisen pilkan kohteeksi.

Tällainen henkilö ei ainoastaan tee monia, saatanan ohjaamia syntejä, vaan myös kieltää Jumalan ja vainoaa ja nöyryyttää kirkkoa ja uskovia.

He ovat jo antaneet omantuntonsa saatanalle, ja heidän sydämensa on täynnä pimeyttä.

Sen vuoksi, he eivät edes halua ollenkaan katua, eikä katumuksen henki tule heihin. Heillä ei ole mitään mahdollisuutta katua ja sen vuoksi heille ei voida koskaan antaa anteeksi.

Juudas Iskariot syyllistyi tähän syntiin. Hän oli yksi Jeesuksen kahdestatoista opetuslapsesta. Hän todisti monia ihmeitä ja tunnusmerkkejä, mutta tuli ahneeksi ja möi Jeesuksen kolmestakymmenestä hopearahasta. Myöhemmin hänen omatuntonsa oli poissa tolaltaan ja hän oli täynnä katumusta, mutta katumuksen henki ei tullut Juudakseen. Hänen syntiään ei voinut saada anteeksi ja lopulta hän teki itsemurhan, koska hän oli suuresti syyllisyyden riivaama (Matteus 27:3-5).

Jatkaa synnin tekemistä tahallaan

Viimeinen kuolemaan johtava synti on synnin tekemisen jatkaminen tahallaan, sen jälkeen, kun olet vastaanottanut totuuden tiedon.

Sillä jos me tahallamme teemme syntiä, päästyämme totuuden tuntoon, niin ei ole enää uhria meidän syntiemme edestä, vaan hirmuinen tuomion odotus ja tulen kiivaus, joka on kuluttava vastustajat

(Paavalin kirje hebrealaisille 10:26-27).

"Synnin tekemisen jatkaminen sen jälkeen, kun olet vastaanottanut totuuden" tarkoittaa sellaisten lainvastaisten asioiden toistamista, joita Jumala ei voi antaa anteeksi. Se tarkoittaa myös synnin tekemisen jatkamista, tietäen sen olevan syntiä, kuten *"Heille on tapahtunut, mitä tosi sananlasku sanoo, 'koira palaa oksennukselleen' ja 'pesty sika rypee rapakossa'"* (2. Pietarin kirje 2:22).

Yhtäältä, kun Jumalaa syvästi rakastava Daavid syyllistyi huorintekoon, se synnytti monia syntejä ja johti hänet murhaamaan yhden uskollisimmista sotilaistaan. Kuitenkin profeetta Nathanin osoittaessa hänen syntinsä, kuningas Daavid katui välittömästi.

Toisaalta kuningas Saul jatkoi synnin tekemistä profeetta Samuelin osoitettua hänelle hänen syntinsä. Daavid katui ja vastaanotti Jumalan siunaukset, kun taas Saul hylättiin, koska hän ei katunut ja jatkoi syntien tekemistä.

Lisäksi Balaam oli profeetta, jolla oli siunauksen ja kirouksen valta, mutta kun hän tuli maalliseksi saadakseen vaurautta ja kuuluisuutta, hänen kohtalonsa oli kurja.

Yhtäältä, Pyhä Henki häviää pois niiden sydämistä, jotka ovat tehneet syntiä tahallaan, sillä Jumala kääntää heille selkänsä. Sitten he menettävät uskonsa ja tekevät saatanan ohjaamia pahoja tekoja. Lopuksi Pyhä Henki heissä katoaa kokonaan, eikä heitä voida pelastaa, koska he eivät voi katua. Heidän nimensä pyyhitään pois elävien kirjoista (Ilmestyskirja 3:5).

Toisaalta, on olemassa ihmisiä, jotka jatkavat syntien

tekemistä, koska he ovat tietäneet Jumalan, mutta eivät usko häneen sydämissään. Heidän syntinsä voidaan antaa anteeksi ja heidät voidaan johtaa pelastuksen tielle, kun he katuvat läpikotaisin ja koko sydämestään ja kun heillä on tosi usko.

Sen vuoksi sinun tulisi tietää, ettet tule pelastetuksi, kun teet syntiä tahallasi tekemällä synnillisiä tekoja, vaikka olisit joskus ollut valaistunut, uskonut taivaaseen ja helvettiin ja kokenut Jumalan suuren armon.

Toivon sinun myös täysin ymmärtävän, että kaikki synnit ovat laittomuuksia ja pimeyttä ja, että Jumala vihaa niitä, vaikka jotkut niistä eivät johda kuolemaan. Ole viisas uskovainen, joka ei salli syntiä, eikä syyllisty mihinkään syntiin.

Ihmisen pojan liha ja veri

Säilyttääksesi terveellisen elämän sinun täytyy käyttää sopivaa ruokaa ja juomaa. Samalla tavoin, pitääksesi henkesi terveenä ja saavuttaaksesi ikuisen elämän, sinun täytyy syödä ihmisen pojan liha ja juoda hänen verensä.

Nyt tulet oppimaan, mitä ihmisen pojan liha ja veri ovat, ja miksi sinun täytyy syödä hänen lihansa ja juoda hänen verensä ansaitaksesi ikuisen elämän, perustuen allaolevaan tekstiin Johanneksen evankeliumista 6:53-55:

Niin Jeesus sanoi heille, "Totisesti, totisesti minä sanon teille; ellette syö ihmisen Pojan lihaa ja juo hänen vertansa, ei teillä ole elämää itsessänne. Joka syö minun lihani ja juo minun vereni, sillä on iankaikkinen elämä ja minä herätän hänet viimeisenä päivänä. Sillä minun lihani on totinen ruoka ja minun vereni on totinen juoma."

Mitä on Ihmisen Pojan liha?

Jeesus kertoo sinulle raamatussa taivaan salaisuudet ja Jumalan tahdon monissa vertauksissa. Tässä kolmiulotteisessa maailmassa elävien ihmisten on hyvin vaikea ymmärtää ja tajuta Jumalan tahtoa, Jumalan, joka asuu neljäulotteisessa maailmassa ja sen yläpuolella. Tämän vuoksi, Jeesus vertasi taivaallisia asioita ei eläviin asioihin, kasveihin, eläimiin ja elämään tässä maailmassa auttaakseen meitä paremmin ymmärtämään jumalallisen tahdon.

Tämän vuoksi Jumalan ainoaa poikaa Jeesusta verrataan kallioon ja tähteen, jotka ovat mittaamattomia, yksiulotteiseen viiniköynnökseen, kaksiulotteiseen lampaaseen ja kolmiulotteiseen Ihmisen Poikaan.

Jeesusta kutsutaan Ihmisen Pojaksi, niinpä Ihmisen Pojan liha on Jeesuksen liha.

Johanneksen evankeliumi 1:1 kertoo meille että, *"Alussa oli sana ja sana oli Jumalan tykönä ja sana oli Jumala."* Johannes 1:14 huomioi, että *"Ja sana tuli lihaksi ja asui meidän keskellämme ja me katselimme hänen kirkkauttansa, senkaltaista kirkkautta, kuin ainokaisella Pojalla on Isältä ; ja hän oli täynnä armoa ja totuutta."*

Jeesus on se, joka tuli Jumalan sanana tähän maailmaan lihana. Sen vuoksi Ihmisen Pojan liha on Jumalan sana, joka on itse totuus ja Ihmisen Pojan lihan syöminen on Jumalan sanan oppimista raamatussa.

Kuinka syödä Ihmisen Pojan lihaa?

2. Mooseksen kirjassa 12:5 ja sitä seuraavissa säkeissä Jeesus kuvataan "karitsaksi".

Karitsanne olkoon virheeetön, vuoden vanha urospuoli; lampaista tai vuohista se ottakaa. Pitäkää se tallella neljänteentoista päivään tätä kuuta; silloin Israelin koko seurakunta teurastakoon sen iltahämärässä. Ja he ottakoot sen verta ja sivelkööt sillä molemmat pihtipielet ja ovenpäällisen niissä taloissa, joissa he sitä syövät.

Yleisesti, monet uskovat ajattelevat karitsan viittaavan uusiin uskoviin, mutta tutkittaessa tarkoin raamattua, karitsa on Jeesuksen symboli.

Johannes kastaja, katsoen Jeesusta, joka tuli häntä kohti, sanoi Jonanneksen evankeliumissa 1:29, *"Seuraavana päivänä hän näki Jeesuksen tulevan tykönsä ja sanoi, 'Katso, Jumalan Karitsa, joka ottaa pois maailman synnin!'"* Ja apostoli Pietari viittasi Jeesukseen karitsana 1. Pietarin kirjeessä 1:18-19, *"tietäen, ettette ole millään katoavaisella, ette hopealla ettekä kullalla, lunastetut turhasta, isiltä peritystä vaelluksestanne, vaan Kristuksen kalliilla verellä, niinkuin virheettömän ja tahrattoman karitsan. "* Näiden lisäksi monet muut ilmaisut vertaavat Jeesusta karitsaan.

Miksi raamattu vertaa Jeesusta karitsaan? Karitsa on lauhkein ja tottelevaisin kaikista karjaeläimistä. Se tunnistaa paimenensa äänen ja tottelee häntä. Kukaan ei voi petkuttaa karitsaa, vaikka he yrittäisivät jäljitellä paimenen ääntä. Se antaa valkoista ja pehmeää villaa, lihaa ja kaikki ruumiiinsa osat ihmisille.

Samoin kuin karitsa uhraa kaiken ihmiskunnalle, Jeesus totteli Jumalan tahtoa täysin ja uhrasi kaiken meille.

Jeesus tuli tähän maailmaan lihana, vaikka on luonnostaan Jumala, saarnasi taivaan evankeliumia, paransi monia sairauksia ja vanhuudenheikkouksia ja ristiinnaulittiin. Jeesus luopui kaikesta lunastaakseen sinut synneistäsi.

Jeesusta verrataan karitsaan, koska hänen luonteenpiirteensä ja tekonsa muistuttavat lauhkeaa karitsaa ja karitsan syöminen symboloi Jeesuksen lihan syömistä, Ihmisen Pojan lihan syömistä.

Kuinka sinun sitten tulisi syödä Ihmisen Pojan liha? Katsokaamme 2. Mooseksen kirjaa 12:9-10, joka antaa meille seuraavan ohjeen:

Älkää syökö siitä mitään raakana tai vedessä keitettynä, vaan tulessa paistettuna päineen, jalkoineen ja sisälmyksineen. Älkääkä jättäkö siitä mitään huomenaamuksi; mutta jos jotain siitä jäisi huomenaamuksi, niin polttakaa se tulessa.

Ensinnäkin, sinun ei tulisi syödä Jumalan sanaa raakana

Mitä tarkoittaa syödä Ihmisen Pojan lihaa "raakana"? Yleisesti, ei ole hyväksi syödä raakaa lihaa. Jos syöt raakaa liha, saatat saada jonkun viruksen, tai bakteerin ja tulla sairaaksi. Samalla tavoin, Jumala käskee sinun olevan syömättä Jumalan sanaa raakana, koska se on vahingollista.

Jumalan sana on kirjoitettu Pyhän Hengen inspiroimana, sinun täytyy lukea se ja tehdä siitä ruokaasi Pyhän Hengen inspiroimana.

Mitä jos tulkitset Jumalan sanaa kirjaimellisesti? Ymmärtäisit todennäköisesti väärin Jumalan tarkoituksen. Sen vuoksi, "Jumalan sanan syöminen raakana" tarkoittaa raamatun tulkitsemista kirjaimellisesti.

Kuten Johanneksen evankeliumi 1:1 sanoo *"Sana oli Jumala,"* raamattu sisältää Jumalan sydämen ja tahdon ja kaikki asiat toteutuvat hänen sanansa mukaisesti.

Jumalan sana kertoo meille, kuinka pääsemme taivaaseen. Sinun täytyy ymmärtää täysin Jumalan sana saavuttaaksesi ikuisen elämän. Käänteisesti, maallinen ihminen ei voi nähdä hengellistä maailmaa, tai tarttua siihen.

Se on kuin sudenkorento, joka ei tiedä taivaan olemassaolosta ollessaan toukka maassa. Se on kuin kana, joka ei tiedä muusta maailmasta ollessaan vielä muna. Se on kuin lapsi, joka ei tiedä mitään maailmasta ollessaan vielä äitinsä kohdussa.

Vastaavasti, niin kauan kuin olet tässä lihallisessa maailmassa, et tiedä mitään hengellisestä maailmasta.

Jumala kertoo sinulle toisen maailman olemassaolosta tämän kolmiulotteisen maailman takana. Samoin kuin syntymättömän kanan täytyy rikkoa munankuori, myös sinun täytyy rikkoa omat lihalliset ajatuksesi ymmärtääksesi hengellisen valtakunnan ja päästäksesi sinne.

Esimerkiksi Matteus 6:6 sanoo, *"Vaan sinä, kun rukoilet, mene kammioosi ja sulje ovesi ja rukoile Isääsi, joka on salassa; ja sinun Isäsi, joka salassa näkee, maksaa sinulle."* Jos tulkitsisit nämä säkeet kirjaimellisesti, sinun tulisi rukoilla aina huoneessasi. Et voi kuitenkaan löytää ketään uskon edeltäjistä rukoilevan salassa huoneissaan.

Jeesus ei rukoillut huoneessaan, vaan läpi yön vuorella (Luukas 6:12) ja hiljaisessa paikassa aikaisin aamulla (Markus 1:35).

Lisäksi Daniel rukoili kolme kertaa päivässä ikkunat auki kohden Jerusalemia (Daniel 6:10) ja apostoli Pietari rukoili katolla (Apostolien teot 10:9).

Mitä sitten tarkoittaa, kun Jeesus sanoi, *"Mene omaan huoneeseesi, sulje ovi ja rukoile"?*

Tässä "huone" hengellisesti symboloi henkilön sydäntä. Niinpä sinun meneminen huoneeseesi tarkoittaa ajatustesi sivuuttamista ja menemistä syvälle sydämesi sisälle, samoin kuin sivuutat olohuoneen, tai makuuhuoneen matkalla omaan huoneeseesi. Vain sitten voit rukoilla koko sydämestäsi.

Kun menet omaan huoneeseesi, olet erilläsi ulkomaailmasta. Vastaavasti, kun rukoilet, sinun täytyy estää kaikki tarpeettomat ajatukset, huolet ja murheet ja rukoilla koko sydämestäsi.

Sen vuoksi sinun ei tule syödä Ihmisen Pojan lihaa raakana. Sinun ei tule tulkita Jumalan sanaa kirjaimellisesti. Se tarkoittaa, sinun tulisi tulkita Jumalan sanna hengellisesti Pyhän Hengen inspiroimana.

Toiseksi, älä syö Jumalan sanaa keitettynä vedessä

Mitä tarkoittaa "Älä syö vedessä keitettyä lihaa"? Se tarkoittaa, ettei meidän tule lisätä mitään Jumalan sanaan vaan syödä se puhtaana.

Ei ole oikein saarnata Jumalan sanaa ja sekoittaa sitä politiikkaan, yhteisön tarinoihin, ihailtujen sananparsiin, tai historiallisiin henkilöihin.

Jumala, joka loi taivaat ja maan ja hallitsee ihmisten elämää ja kuolemaa, siunausta ja kirousta, on kaikkivaltias eikä häneltä puutu mitään.

Paavalin 1. kirje korinttolaisille 1:25 sanoo, *"Sillä Jumalan hulluus on viisaampi kuin ihmiset, ja Jumalan heikkous on väkevämpi kuin ihmiset."* Tämä on kirjoitettu, jotta tajuaisit, että viisaintakaan ja täydellisintäkään ihmistä ei voi verrata Jumalaan.

Et ehdi saarnaamaan kaikkea raamatussa sanottua koko elinaikanasi. Kuinka sitten uskallat sekoittaa ihmisten sanoja Jumalan sanaan sanomaa toimittaessasi?

Ihmisten sanat muuttuvat aikojen kuluessa. Vaikka niissä olisi jotain totta, ne on jo sanottu raamatussa, ja ne on sanottu Jumalan viisaudella.

Sen vuoksi sinun ensimmäinen prioriteettisi, raamattua

opettaessasi, tulisi olla puhdas Jumalan sana. Luonnollisesti voit antaa joitakin vertauksia, tai kuvauksia, saadaksesi ihmiset helpommin ymmärtämään Jumalan sanaa ja hengellisen maailman salaisuuksia.

Sinun tulisi tajuta, että vain Jumalan sana on ikuista, täydellinen sekä koko totuus ikuiseen elämään. Täten sinun ei tulisi syödä Hänen sanaansa vedessä keitettynä.

Kolmanneksi, sinun tulee syödä Jumalan sanaa tulessa paistettuna

Mitä tarkoittaa "paistaa se tulessa päineen, jakoineen ja sisälmyksineen"? (2. Mooseksen kirja 12:9). Se tarkoittaa, että sinun tulisi tehdä Jumalan sanasta, Ihmisen Pojan lihasta, hengellistä ruokaasi kokonaisena, jättämättä mitään pois.

Esimerkiksi, jotkut ihmiset epäilevät sitä, että Mooses jakoi Punaisen Meren vedet. Jotkut ihmiset eivät edes yritä lukea 3. Mooseksen kirjaa, koska vanhan testamentin uhrauksia on vaikea ymmärtää. Toiset sanovat, että on vaikea uskoa Jeesuksen suorittamiin ihmetekoihin ja ajattelevat, että sellaiset ihmeteot saattoivat tapahtua vain 2.000 vuotta sitten. He jättävät pois monia asioita, jotka eivät sovi ihmisten ajatuksiin ja yrittävät ottaa katkelmia vain moraalisista opetuksista.

He eivät edes pidä mielessä sellaisia sanoja, kuin "rakasta vihollistasi", tai "vältä kaikkea pahaa", koska nuo sanat tuntuvat liian vaikeilta noudattaa. Onko heidän mahdollista pelastua?

Sen vuoksi, sinun ei tulisi ottaa raamatusta vain mitä haluat, kuten tyhmät ihmiset. Sinun tulisi syödä kaikki raamatun sanat kokonaisina, tulessa paistettuna ensimmäisestä Mooseksen kirjasta Johanneksen ilmestykseen.

Mitä sitten tarkoittaa Jumalan sanan syöminen "tulessa paistettuna"? Tuli tässä viittaa Pyhän Hengen tuleen. Sinun tulisi olla Pyhän Hengen täyttämä ja inspiroima lukiessasi ja kuunnellessasi Jumalan sanaa, koska se on kirjoitettu Pyhän Hengen innoittamana. Muutoin sanat ovat vain tietoa, ei hengellistä ruokaa,

Jotta voit syödä Jumalan sanaa tulessa paistettuna, sinun tulee rukoilla kiihkeästi. Rukoukset toimivat öljynä Pyhälle Hengelle. Jos syöt Jumalan sanaa Pyhän Hengen inspiroimana, se on hunajaakin makeampaa. Et myöskään koskaan ikävysty pitkäänkään saarnaan, koska se on niin arvokasta ja rakastat Jumalan sanan kuulemista vesipuroa etsivänä janoisena peurana.

Näin syöt Jumalan sanaa tulessa paistettuna. Vain näin ymmärrät Jumalan sanaa, teet siitä hengellistä lihaasi ja vertasi, sekä tajuat Jumalan tahdon ja seuraat sitä. Näin synnytät hengen Pyhään Henkeen, kasvat uskossasi, ja löydät kadonneen Jumalan kuvan löytämällä ihmisten koko velvollisuuden.

Kuitenkin, ne, jotka syövät Jumalan sanaa, yhdessä omien ajatustensa kanssa, paistamatta sitä tulessa, tuntevat Jumalan sanan pitkäveteiseksi, eivätkä muista sitä, koska he kuuntelevat sitä turhissa ajatuksissaan. He eivät voi kasvaa hengellisesti, tai saavuttaa tosi elämää.

Neljänneksi, sinun ei tulisi jättää Jumalan sanaa aamuksi

Mitä tarkoittaa "älä jätä siitä mitään aamuksi, jos jotain jää jäljelle aamuksi, polta se"?

Se tarkoittaa, että sinun tulisi syödä Ihmisen Pojan liha, Jumalan sana, yöllä. Maailma, jossa nyt elät, on pimeä, paholaisen hallitsema ja sitä voidaan hengellisesti kuvata yönä, tai yöaikana. Herramme tullessa takaisin, kaikki pimeys katoaa ja kaikki saadaan takaisin; tulee aamu, valon maailma.

Sen vuoksi "älä jätä mitään aamuksi" tarkoittaa, että sinun tulisi oppia Jumalan sana valmistaaksesi itsesi Herramme morsiameksi ennen Hänen paluutaan.

Lisäksi, riippumatta siitä, onko Herramme tulo lähempänä vai ei, sinä elät vain 70 tai 80 vuotta, etkä tiedä, milloin tapaat Herran. Herran tapaamiseen asti sinä kasvat hengellisesti niin paljon, kuin syöt Ihmisen Pojan lihaa ja juot Hänen vertaan. Niinpä sinun tulisi ahkerasti opetella Jumalan sanaa ja kasvaa hengellisesti.

Jos sinulla on isän usko jatkuvan hengellisen kasvun lisäämisen kautta, tulet saamaan kunniaa, kuin auringonpaiste Jumalan kruunun lähellä Hänen kuningaskunnassaan, koska sinä tiedät Jumalan, joka on aikojen alusta, vaalivan Pyhän Hengen ja autuuden yhdeksää hedelmää ja muistutat Jumalan hahmoa.

Ihmisen Pojan veren juominen

Elämän ylläpitämiseksi sinun täytyy syödä ruokaa ja juoda vettä. Ellet juo ollenkan vettä, ruoka ei sula ja sinä kuolet. Ruoan mennessä vatsaan ja sekoittuessa veteen, se sulaa, ravintoaineet imeytyvät ja kuona poistuu.

Samalla tavoin, syödessäsi Ihmisen Pojan lihaa, ellet juo Ihmisen Pojan verta, et voi sulattaa sitä. Sen vuoksi voit saavuttaa ikuisen elämän vain syömällä Ihmisen Pojan lihaa ja juoden Ihmisen Pojan verta.

"Ihmisen Pojan veren juominen" on Jumalan sanan panemista käytäntöön uskon avulla. Kuunneltuasi Jumalan sanaa, on hyvin tärkeää toimia sen mukaan, tämä on uskoa. Ellet toimi Jumalan sanan mukaan kuunneltuasi sitä ja tuntien sen, on hyödytöntä kuunnella sitä.

Samalla tavalla kuin ravintoaineet imeytyvät ja kuona poistuu sulattaessasi ruokaa, Jumalan sana, totuus, imeytyy ja epätosi ulostetaan toimiessasi Jumalan sanan mukaisesti puhdistaaksesi likaisen sydämesi.

Mitä sitten ovat "imeytynyt totuus" ja "ulostettu epätosi"? Sanokaamme, että olet kuunnellut Jumalan sanaa "älkää vihatko, vaan rakastakaa toisianne." Jos teet siitä ruokaasi ja toimit sen mukaan, rakkaudeksi kutsuttu ravintoaine imeytyy ja vihaksi kutsuttu kuona ulostetaan. Sydämesi tulee automaattisesti puhtaammaksi ja rehellisemmäksi ulostamalla likaiset ja irstaat ajatukset.

Toimi Jumalan sanan mukaan kuunneltuasi sitä

Ellet kuitenkaan toimi Jumalan sanan mukaan, et juo Ihmisen Pojan verta. Sen vuoksi Jumalan sana on vain pala tietoa päässäsi, etkä voi pelastua, ellet toimi sen mukaan.

Ihmisen Pojan veren juomista, toimimista Jumalan sanan mukaisesti ei voi tehdä ainoastaan ihmisten ponnisteluilla. Sinulla tulisi olla halu ja yritys toimia Hänen sanansa mukaan, ja vastaanottaa Jumalan armo, voima ja Pyhän Hengen apu rukoilemalla kiihkeästi.

Jos voisit päästä eroon synneistä omin voimin, Jeesuksen ei olisi tarvinnut tulla ristiinnaulituksi, eikä Jumalan olisi tarvinnut lähettää Pyhää Henkeä.

Jeesus Kristus ristiinnaulittiin sinun syntiesi anteeksiantamiseksi, koska et voi ratkaista synnin ongelmaa itse. Jumala on lähettänyt Pyhän Hengen auttamaan sinua muuttamaan likaisen sydämesi puhtaaksi sydämeksi.

Pyhä Henki, Jumalan henki, auttaa Jumalan lapsia elämään totuudessa ja vanhurskaudessa. Sen vuoksi, Pyhän Hengen avulla, Jumalan lasten tulisi elää Jumalan sanan mukaan päästen eroon synneistään ja vastaanottaa Jumalan rakkaus ja siunaus.

Anteeksianto vain kävelemällä valossa

Sanoa, että syöt Ihmisen Pojan lihaa ja juot Hänen vertaan tarkoittaa sinun toimivan valossa Jumalan sanan mukaan. Millaisiin tekoihin se sitten viittaa? Sinun täytyy käyttäytyä hyvin valossa. Jätät pimeyden ja toimit valossa syödessäsi Ihmisen Pojan lihaa, sulattaessasi sen ja tehdessäsi sydämesi todeksi. Toimiessasi valossa, Herran veri puhdistaa menneet, nykyiset ja tulevat syntisi.

Vaikkakin sinulla olisi syntejä, joita ei ole vielä poistettu, katuessasi koko sydämestäsi Jumalan edessä, syntisi voidaan antaa anteeksi Jumalan armosta. Ne jotka todella uskovat Jumalaan ja yrittävät saavuttaa vanhurskauden sydämissään, eivät ole enää syntisiä vaan vanhurskaita ihmisiä ja he voivat pelastua ja saavuttaa ikuisen elämän.

Jumala on valo

1. Johanneksen kirje 1:5 sanoo, *"Tämä on se sanoma, jonka olemme häneltä kuulleet, sen me teille julistamme; Jumala on valkeus ja ettei hänessä ole mitään pimeyttä."*

Apostoli Johannesta, joka kirjoitti Johanneksen 1. kirjeen, opetti Jeesus henkilökohtaisesti, Hän, joka oli tullut tähän maailmaan ja tuli tämän maailman valoksi sekä tieksi Jumalan luo.

Täten Jeesuksesta sanotaan Johanneksen evankeliumissa 1:4-5, *"Hänessä oli elämä, ja elämä oli ihmisten valkeus. Valkeus loistaa pimeydessä, ja pimeys ei sitä käsittänyt."* Jeesus julisti itsestään, *"Minä olen tie ja totuus ja elämä; ei kukaan tule Isän tykö muutoin kuin minun kauttani"* (Johanneksen evankeliumi 14:6).

Sen vuoksi Jeesuksen opetuslapset olivat todistajina tapahtumassa "Jumala on valo" Jeesuksen kautta ja heidän julistamansa sanoma on "Jumala on valo."

Hengellisesti valo tarkoittaa totuutta

Mikä sitten on "valo"? Hengellisesti valo tarkoittaa totuutta ja totuus on pimeyden vastakohta. Jumala kertoo meille Paavalin kirjeessä efesolaisille 5:8, "Ennen te olitte pimeys,mutta nyt te olette valkeus Herrassa; Vaeltakaa valkeuden lapsina." Ne, jotka kuuntelevat sanomaa, "Jumala on valo" ja oppivat totuuden Jumalasta voivat loistaa ja valaista tämän maailman, samoin kuin valo ajaa pois pimeyden. Valon lapset, jotka toimivat totuuden mukaan kantavat valon hedelmää. Sen vuoksi Paavalin kirjeessä efesolaisille 5:9 sanotaan 5:9, *"Sillä kaikkinainen hyvyys ja vanhurskaus ja totuus on valkeuden hedelmä."* Hengellinen rakkaus, kuvattu 1. Paavalin kirjessä korinttolaisille 13 ja Pyhän Hengen hedelmät, kuten rakkaus, ilo, rauha, kärsivällisyys, ystäväliisyys, hyvyys, uskollisuus, hellyys ja itsekuri ovat valon hedelmiä.

Sen vuoksi valo viittaa kaikkiin totuuden sanoihin hyvyydestä, vanhurskaudesta ja rakkaudesta, sellaisiin kuten "rakastakaa toisianne, vietä sapattia, noudata kymmentä käskyä", joista Jumala kertoo sinulle raamatussa.

Hengellisesti pimeys merkitsee syntiä

Pimeys viittaa tilanteeseen, jossa ei ole valoa ja hengellisesti se merkitsee syntiä.

Kaikki epätodet asiat, jotka ovat totuuden vastakohtia, ovat asioita, kuten kirjoitettu Paavalin kirjeessä roomalaisille 1:28-29, *"Ja niinkuin heille ei kelvannut pitää kiinni Jumalan tuntemisesta, niin Jumala hylkäsi heidät heidän kelvottoman mielensä valtaan, tekemään sopimattomia. He ovat täynnä kaikkea vääryyttä, pahuutta, ahneutta, häijyyttä, täynnä kateutta, murhaa, riitaa, petosta, pahanilkisyyttä."* Kaikki nämä ovat pimeyttä.

Raamattu käskee sinun päästä irti kaikesta pimeyteen kuuluvasta, kuten varastamisesta, murhasta, huorinteosta ja kaikenlaisesta pahuudesta.

Yhtäältä, jotkut ihmiset väittävät olevansa Jumalan lapsia, vaikkakaan he eivät tee, tai pidä sitä, mitä Jumala käskee heidän tehdä, vaan tekevät sitä, mitä Jumala kieltää heitä tekemästä, tai mitä Jumala käskee viskata pois. Tätä pimeyttä hallitsee vihollinen paholainen ja saatana ja se kuuluu tähän maailmaan, niinpä se ei voi koskaan olla yhdessä valon kanssa. Tämä on syy, miksi pimeydessä toimivat vihaavat valoa ja elävät poissa siitä.

Toisaalta, Jumalan tosi lasten, Jumalan, joka on valo ja jossa ei ole pimeyttä, tulisi päästä pois pimeydestä ja toimia valossa. Vasta sitten voit keskustella Jumalan kanssa ja kaikki menee elämässäsi hyvin.

Todiste Jumalan toveruudesta

Tavallisesti vanhempien ja lasten välillä on rakkauteen perustuva läheinen toveruus. Samalla tavoin, se on ilmeistä sinulle - joka uskot Jeesukseen Kistukseen - on toveruus Jumalan kanssa, henkesi Isän kanssa (1. Johanneksen kirje 1:3).

Toveruus tässä tarkoittaa ei vain yhden tuntevan toisen, vaan heidän tuntevan toisensa hyvin. Et voi sanoa olevasi presidentin toveri, vaikka tietäisit paljon hänestä. Samoin on toveruutesi kanssa Jumalaan. Jotta sinulla olisi tosi toveruus Jumalan kanssa, sinun tulisi tuntea Hänet yhtä hyvin, kuin hän tuntee ja tunnistaa sinut.

1 Johanneksen kirje 1:6-7 sanoo, *"Jos sanomme, että meillä on yhteys Hänen kanssaan, mutta vaellamme pimeydessä, niin me valehtelemme emmekä tee totuutta. Mutta jos me valkeudessa vaellamme, niinkuin hän on valkeudessa, niin meillä on yhteys keskenämme, ja Jeesuksen Kristuksen, Hänen Poikansa veri puhdistaa meidät 'kaikesta synnistä."*

Tämä tarkoittaa sinulla olevan toveruuden Jumalan kanssa vain, kun pääset irti synneistä ja toimit valossa. Jos sanot sinulla olevan toveruus Jumalan kanssa, samalla kun edelleen toimit ja elät pimeydessä, se on vale.

Toveruus Jumalan kanssa merkitsee hengellistä ja todellista toveruutta, ei vain ei jumalallista toveruutta tuntien hänet vain päässäsi olevilla tiedoilla. Sinun täytyy itsesi olla valo voidaksesi omata toveruuden Jumalan kanssa, koska Hän on valo. Pyhä Henki, Jumalan sydän opettaa sinulle selvästi Jumalan tahdon aina siihen asti, että pysyt totuudessa, niin että sinulla voi olla syvällisempi viestintä Jumalan kanssa lukiessasi Jumalan sanaa ja rukoillessasi.

Jos kuljet pimeydessä

Kerrot valeen, jos väität sinulla olevan toveruus Jumalan

kanssa, mutta kuljet pimeydessä tehden syntiä. Se ei ole totuudessa kulkemista ja vie väistämättä kuolemaan. 1. Samuelin kirjassa Elin, papin pojat toimivat pahuudessa ja tekivät syntiä. Hänen olisi tullut rangaista heitä, mutta Eli vain varoitti heitä, "miksi teette sellaisia asioita? Teidän ei tulisi tehdä niitä."

Lopulta Jumalan viha lankesi heidän päälle. Kaksi Eli papin poikaa kuoli taistelussa ja Eli kaatui tuolissaan taaksepäin portin vieressä; hän katkaisi niskansa ja kuoli. Jumalan viha lankesi myös hänen jälkeläisiinsä (1. Samuelin kirja 2:27-36, 4:11-22).

Sen vuoksi, kuten Paavalin kirjeessä efesolaisille 5:11-13 sanotaan, *"Älköönkä teillä olko mitään osallisuutta pimeyden hedelmättömiin tekoihin, vaan päinvastoin nuhdelkaakin niistä. Sillä häpeällistä on jo sanoakin, mitä he salassa tekevät; Mutta tämä kaikki tulee ilmi, kun valkeus sen paljastaa, sillä kaikki, mikä tulee ilmi, on valkeutta."*

Jos on joku, joka väittää omaavansa toveruuden Jumalan kanssa, mutta ei kulje valossa, sinun tulisi neuvoa häntä rakkaudella. Ellei hän silti valaistu, sinun tulisi moittia häntä ja johtaa hänet valoon, niin ettei hän mene kuolemaan.

Anteeksianto valossa kulkiessa

Tässä maailmassa on laki ja kun joku rikkoo sitä, häntä rangaistaan tekonsa mukaan. Kuitenkin, hän tuntee itsensä syylliseksi omassatunnossaan tekemänsä vahingon vuoksi, vaikka hän maksoi siitä mitä on tehnyt väärin ja häntä rangaistiin.

Vastaavasti, sinulla on edelleen synnillinen luonne

sydämessäsi, vaikka hyväksyisit Jeesuksen Kristuksen, saisit syntisi anteeksi ja olisit julistettu vanhurskaaksi. Sen vuoksi Jumala käskee sinua ympärileikkaamaan sydämesi, niin ettet tunne syyllisyyttä omassatunnossasi.

Kuten sanotaan Jeremiassa 4:4, *"Ympärileikatkaa itsenne Herralle ja poistakaa sydämenne esinahka, te Juudan miehet ja Jerusalemin asukkaat, ettei minun vihani syttyisi kuin tuli ja palaisi, eikä olisi sammuttajaa, teidän tekojenne pahuuden tähden,"* sydämen ympärileikkaus tarkoittaa sydämesi nahkan leikkaamista.

Sydämen nahkan leikkaaminen tarkoittaa raamatussa puhutun Jumalan sanan seuraamista, sellaista kuin "tee", "älä tee", tai "heitä pois". Toisin sanoen, se tarkoittaa kaiken sen ajamista pois, joka on Jumalan sanan vastaista, kuten epätosi, pahuus, vääryys, laittomuus, ja pimeys ja sydämen puhdistamista ja täyttämistä totuudella.

Sen vuoksi sinun tulee ahkerasti tehdä Jumalan sana ruoaksesi, imeä ravintoaineet elämällä sen mukaan, ja ulostaa pimeyteen kuuluva pahan kuona ja epätosi. Ympärileikatessasi sydämesi voit kasvaa hengellisesti.

Tullessasi hengelliseksi ja rehdiksi ihmiseksi ulostaen synnin ja pahan sinulla on toveruus Jumalan kanssa. Silloin Jeesuksen Kristuksen veri voi puhdistaa syntisi, koska sinulla on tämä toveruus.

Sen vuoksi sinun ei tulisi ainoastaan hyväksyä Jeesusta Kristusta ja tulla julistetuksi vanhurskaaksi, vaan myös muuttua todella vanhurskaaksi ihmiseksi syömällä Ihmisen Pojan liha ja juomalla Hänen verensä, sekä ympärileikkaamalla sydämesi.

Uskoa seuraavat teot ovat tosi uskoa

Yllätykseksesi näet monia ihmisiä. jotka eivät syvällisesti ymmärrä uskon merkitystä. Jotkut sanovat, "Mikset mene kirkkoon? Voit vielä pelastua."

Jos kuuntelet Jumalan sanaa ja tunnet sen, mutta et toimi sen mukaan, se on vain uskoa päässäsi olevan tiedon muodossa, ei todellista uskoa. Tällä tavalla et voi pelastua. Mikä on uskoa, jonka Jumala tunnistaa? Kuinka voit pelastua uskolla?

Todellinen katumus vaatii kääntymistä pois synneistä

1 Johanneksen kirje 1:8-9 sanoo, että *"Jos sanomme, ettei meillä ole syntiä, niin me eksytämme itsemme, ja totuus ei ole meissä. Jos me tunnustamme syntimme, on hän uskollinen ja vanhurskas, niin että hän antaa meille synnit anteeksi ja puhdistaa meidät kaikesta vääryydestä."*

Mitä sitten on tunnustaa syntisi?

Olettakaamme Jumalan sanovan sinulle "Itään meneminen on tie ikuiseen elämään ja minun tahtoni, mene itään." Kuitenkaan, jos jatkat kulkua länteen ja sanot "Jumala, minun tulisi mennä itään, mutta kuljen länteen, anna minulle anteeksi" ei ole synnintunnustus. Tämä ei ole Jumalaan uskomista ja Hänen pelkäämistään vaan Hänen pilkkaamistaan. Todellinen katumus tehdään, ei vain tunnustamalla syntisi huulillasi, vaan myös kääntymällä teoissasi kokonaan pois synneistäsi. Vasta silloin Jumala vastaanottaa sen katumuksena ja suo sinulle anteeksiannon.

Tapa, jolla kuolet, ellet syö yhtään ruokaa, vaikka tiedät sinun täytyvän syödä elääksesi, et puhdisu Herran veren kautta, jos vain tunnustat syntisi huulillsi, etkä käänny niistä pois.

Usko ilman tekoja on kuollut usko

Jaakobin kirjeessä 2:22 sanotaan, *"Sinä näet, että usko vaikutti hänen tekojensa mukana, ja teoista usko tuli täydelliseksi."* Säe 26 jatkaa: *"Sillä niinkuin ruumis ilman henkeä on kuollut, niin myös usko ilman tekoja on kuollut."*

Monet ihmiset menevät kirkoon, koska he ovat kuulleet taivaasta ja helvetistä. Kuitenkin, koska he eivät todella usko tähän sydemissään, teot eivät seuraa.

Tämä on vain uskoa tietona ja kuollutta uskoa.

Lisäksi, jos tunnustat huulillasi uskovasi, eläessäsi yhä synnissä, kuinka voit sanoa sinulla olevan tosi usko? Raamattu sanoo, tiedon kanssa tehty synti on pahempi, kuin synti ilman tietoa.

Tunnustaessasi, "minä uskon" ilman tekoja, saatat ajatella, että sinulla on usko, mutta Jumala ei tunnista tätä tosi uskona.

Egyptiin tulleet israelilaiset kokivat monia Jumalan tekoja. Jumala erotti Punaisen Meren vedet, antoi mannaa ja hunajaa sekä suojeli heitä päivällä pilvillä ja yöllä tulella.

Kuitenkin Jumalan käskiessä heitä huomaamaan Kaanaan maan, vain Joshua ja Kaaleb uskoivat Jumalan sanan ja voiman. Tämän vuoksi niillä isrealilaisilla, jotka eivät totelleet Jumalaa, koska heillä ei ollut riittävän vahva usko mennä Kaanaan mahan, oli 40 vuoden koettelemukset erämaassa ja lopuksi he kuolivat siellä.

Sinun tulee tajuta, että on hyödytöntä, ellet usko tai käyttäydy Jumalan sanan mukaan, vaikka todistat ja koet niin monia Jumalan töitä. Usko täyttyy teoilla.

Vain lakia noudattavat ovat vanhurskaita

Jumala kertoo Paavalin kirjeessä roomalaisille 2:13, että *"Sillä eivät lain kuulijat ole vanhurskaita Jumalan edessä, vain lain noudattajat vanhurskautetaan."*
Et ole vanhurskas vain osallistumalla jumalanpalvelukseen ja kuuntelemalla saarnoja. Sinut vanhurskautetaan vain epätoden sydämesi muuttuessa tosi sydämeksi toimiessasi Jumalan sanan mukaan.

Jotkut sanovat, että voit pelastua kutsumalla Jeesusta Kristusta "Herraksi" huulillasi, ymmärtäen väärin Pavalin kirjeen roomalaisille 10:13, *"Sillä jokainen, joka huutaa avukseen Herran nimeä, pelastuu."* Kuitenkin, tuo on täysin väärin. Kuten on sanottu Jesajassa 34:16, *"Etsikää HERRAN kirjasta ja lukekaa: ei yhtäkään näistä ole puuttuva, ei yksikään toistansa kaipaava, sillä minun suuni on niin käskenyt. Hänen henkensä on ne yhteen koonnut,"* Jumalan sanalla on parinsa ja se tulee täydelliseksi vain tulkitsemalla yhdessä parinsa kanssa.

Paavalin kirje roomalaisille10:9-10 sanoo, *"Sillä jos sinä tunnustat suullasi Jeesuksen Herraksi ja uskot sydämessäsi, että Jumala on hänet kuolleista herättänyt, niin sinä pelastut; sillä sydämen uskolla tullaan vanhurskaaksi ja suun*

tunnustuksella pelastutaan."
Vain ne, jotka todella uskovat sydämissään Jeesuksen ylösnousemiseen voivat tehdä todeksi tunnustuksen huulillaan, koska he elävät Jumalan sanan mukaan. He pelastuvat tunnustaessaan tällä tosi uskolla ja tulevat lisääntyvästi vanhurskaiksi, mutta ne, jotka eivät tunnusta tällä uskolla eivät voi pelastua.

Tämän vuoksi Jeesus sanoi Matteuksen evankeliumissa 13:49-50, *"Näin on käyvä maailman lopussa; enkelit lähtevät ja erottavat pahat vanhurskaista, ja heittävät heidät tuliseen pätsiin; siellä on oleva itku ja hammasten kiristys."*

Tässä "vanhurskaat" viittaa kaikkiin niihin, jotka tunnustavat Jumalan ja väittävät uskovansa. "Erottaen pahat vanhurskaista" tarkoittaa, että ne, jotka eivät toimi Jumalan sanan mukaan eivät pelastu, vaikka he käyvät kirkossa ja viettävät kristillistä elämää.

Jumala todella haluaa sydämen ympärileikkaamista

Jumala haluaa lastensa olevan pyhiä ja täydellisiä. Tästä syystä Hän kertoo meille 1. Pietarin kirjeessä 1:15, *"Vaan sen Pyhän mukaan, joka on teidät kutsunut, tulkaa tekin kaikessa vaelluksessanne pyhiksi"* ja Matteuksen evankeliumissa 5:48, *"Olkaa siis te täydelliset, niinkuin teidän taivaallinen Isänne on täydellinen."*
Vanhan testamentin aikaan ihmiset pelastuivat teoilla, edustuksena siitä mitä oli tuleva, mutta uuden testamentin aikoina Jeesuksen täyttäessä lain rakkaudella, sinä pelastut uskolla.

"Pelastua lain teoilla" tarkoittaa, että esimerkiksi, vaikka sinulla olisi likainen sydän murhaan, vihaan, huorintekoon, valheeseen, ja niin edelleen, sitä ei katsota synniksi, ellet toteuta niitä teoillasi.

Jumala ei tuominnut ihmisiä vanhan testamentin aikaan, elleivät he tehneet vääriä tekoja, koska he eivät voineet heittää pois itsestään syntejään ilman Pyhää Henkeä. Kuitenkin uuden testamentin aikoina, sinä pelastut vain ympärileikatessasi sydämesi uskossa Pyhän Hengen avulla, sillä Pyhä Henki on tullut sinuun. Pyhä Henki panee sinut ymmärtämään eron synnin ja vanhurskauden ja tuomion välillä ja antaa sinulle mahdollisuuden elää Jumalan sanan mukaan. Sen vuoksi, voit olla ilman epätotuutta ja ympärileikata sydämesi Pyhän Hengen avulla.

Sinun tulee tajuta Jumalan todella pytävän sinua ympärileikkaamaan sydämesi, pääsemään eroon synneistä, olemaan pyhä ja osallistuman taivaalliseen luontoon. Apostoli Paavali tiesi tämän Jumalan tahdon ja opetti sydämen, ei lihan ympärileikkaamista (Paavalin kirje roomalaisille 2:28-29). Hän neuvoi sinua vastustamaan aina veresi vuodattamiseen asti, taistelussasi syntiä vastaan, kohdistaen silmäsi Jeesukseen, uskon täydellistäjään (Paavalin kirje hebrealaisille 12:1-4).

Toivon sinulla olevan tosi usko tekojen seuraamana, tajuten, että et voi astua taivaaseen, vain sanomalla "Herra, Herra", vaan kulkemalla valossa ja ympärileikkaamalla sydämesi.

Kappale 9

SYNTYÄ VEDESTÄ JA HENGESTÄ

- Nikodemus tulee Jeesuksen luo
- Jeesus auttaa Nikodemuksen
  hengellistä ymmärtämistä
- Vedestä ja Hengestä syntyneenä
- Kolme todistajaa: Henki, vesi ja veri

Nikodemus niminen fariseus, juutalaisten hallitsija tuli yöllä Jeesuksen luo ja sanoi Hänelle, "Rabbi, tiedämme, että olet tullut Jumalasta opettajana, sillä kukaan ei voi tehdä näitä tunnusmrkkejä, joita sinä teet, ellei Jumala ole hänen kanssaan." Jesus vastasi ja sanoi hänelle, "Totisesti. totisesti, minä sanon sinulle, joka ei synny uudelleen, hän ei voi nähdä Jumalan valtakuntaa." Nikodemus sanoi Hänelle, "Kuinka ihminen, joka on jo vanha, voi syntyä? Hän ei voi mennä takaisin äitinsä kohtuun ja syntyä uudestaan, eihän?" Jeesus vastasi, "Totisesti, totisesti, minä sanon sinulle, joka ei synny vedestä ja hengestä, hän ei voi astua Jumalan valtakuntaan."

Johanneksen evankeliumi 3:1-5

Jumala lähetti ainoan poikansa Jeesuksen Kristuksen ja avasi tien pelastukseen. Kuka hänet hyväksyy saa oikeuden tulla Jumalan lapseksi ja nauttii siunatusta ikuisesta elämästä nyt ja ikuisesti. Kuitenkin näet, että nykyisin monilla ihmisillä ei ole tätä pelastuksen varmuutta, vaikka he ovat vastaanottaneet Jeesuksen Kristuksen. Sen lisäksi monet ihmiset väittävät vastaanottaneensa pelastuksen, mutta heiltä puuttuu tarpeellinen usko tulla pelastetuksi, tai jotkut toiset väittävät olevansa pelastettuja, koska he vastaanottivat joskus Pyhän Hengen, vaikka he eivät ole välittäneet teoistaan jälkeenpäin.

Tehdäksemme yhteenvedon ristin sanomasta, olkaamme selvillä, kuinka saavutamme täydellisen pelastuksen siitä hetkestä, jolloin vastaanotat Jeesuksen Krisuksen Nikodemuksen kertomuksen kautta.

Nikodemus tulee Jeesuksen luo

Jeesuksen aikaan fariseukset arvostivat suuresti Mooseksen lakia ja ylläpitivät vanhimpien traditiota. He olivat uskonnollisia johtajia niiden valittujen israelilaisten joukossa, jotka uskoivat Jumalan hallitsemiseen, ylösnousemukseen, enkeleihin, lopulliseen tuomioon ja Messiaan tuloon.

Kuitenkin Jeesus nuhteli heitä toistuvasti sanoen, *"Hävetkää fariseukset."* Tekopyhinä he vaikuttivat ihmisistä ulospäin pyhiltä, mutta olivat sisäisesti täynnä ahneutta ja ulkokultaisuutta, kuten valkeiksi kalkitut haudat (Matteus 23:25-36).

Nikodemuksella oli hyvä sydän

Nikodemus oli yksi fariseus juutalaisia hallitsevasta Sanhedrin neuvostosta. Hän ei kuitenkaan vainonnut Jeesusta muiden fariseusten tavoin. Sensijaan hän uskoi Jeesuksen tulleen Jumalasta, nähdessään Jeesuksen suorittamia ihmeitä ja tunnustekoja. Nikodemus tahtoi tietää, kuka Jeesus oli, koska hänellä oli hyvä sydän.

Iohanneksen evankeliumissa 7:51, Nikodemus kysyy Jeesuksen pidättämistä halunneilta fariseuksilta, puolustaen Häntä, *"Tuomitseeko lakimme ketään, ennenkuin häntä on kuulusteltu ja saatu tietää, mitä hän on tehnyt?"*

Ei ole voinut olla helppoa puhua tuolla tavalla Sanhedrin jäsenenä tuohon aikaan. Nykyisinkin, jos hallitus kieltää laittomana, tai lannistaa kristillisyyttä lailla, viranomaiset eivät voi olla kristillisyyden puolella. Vastaavasti tuohon aikaan israelilaiset pitivät kaikkia muita uskontoja, paitsi juutalaisuutta, väärinä. Nikodemus tiesi, että hänet voidaan erottaa, jos hän asettuu Jeesuksen puolelle.

Siitä huolimatta Nikodemus puolusti Jeesusta. Se todistaa hänen olleen vanhurskas ja olleen vahva uskossaan Jeesukseen. Johanneksen evankeliumi 19:39-40 näyttää meille tapahtuman välittömästi Jeesuksen ristinkuoleman jälkeen.

*Tuli myös Nikodemus, joka ensi kerran oli yöllä tullut
Jeesuksen tykö, ja toi mirhan ja aloen seosta noin sata
naulaa. Niin he ottivat Jeesuksen ruumiin ja käärivät
sen hyvänhajuisten yrttien kanssa käärinliinoihin,
niinkuin juutalaisilla on tapana haudata.*

Sen vuoksi Nikodemus uskoi Jeesuksen olevan Jumalan mies,
palveli Jeesusta muuttumattomana vielä Hänen
ristiinnaulitsemisen jälkeenkin, ja ansaitsi pelastuksen Hänen
ylösnousemuksen uskossa.

Nikodemus tulee Jeesuksen luo

Johanneksen evankeliumissa 3 on Jeesuksen ja
Nikodemuksen välinen keskustelu, ennen kuin hän ymmärsi
hengen totuuden.

Eräänä yönä Nikodemus tuli Jeesuksen luo ja tunnusti,
*"Tämä mies tuli Jeesuksen tykö yöllä ja sanoi Hänelle, 'Rabbi,
me tiedämme, että sinun opettajaksi tulemisesi on Jumalasta,
sillä ei kukaan voi tehdä niitä tunnustekoja, joita sinä teet,
ellei Jumala ole hänen kanssansa.'"* (säe. 2.)

Aluksi Nikodemus ei tiennyt Jeesuksen olevan Messias ja
Jumalan poika. Kuitenkin todistettuaan Jeesuksen ihmetekoja,
Nikodemus tajusi ja tunnusti Jeesuksen olevan Jumalan mies,
koska hänellä oli hyvä omatunto. Hyvän omantuntonsa kautta
hän tiesi vain kaikkivaltiaan Jumalan voivan nostaa kuolleen,

antaa sokean nähdä, ramman seistä, ja spitaalisen parantua. Miksi sitten hän tuli Jeesuksen luo yöllä? Hän oli samanlainen kuin ne ihmiset, jotka eivät käy avoimesti kirkossa, koska heillä ei ole luottamusta Jumalaan, Luojaan. Vaikkakin Nikodemuksella oli hyvä sydän, hänellä ei ollut tosi uskoa. Hänellä ei ollut luottamusta Jeesukseen Jumalan poikana ja Messiaana, niinpä hän ei käynyt Jeesuksen luona avoimesti päiväsaikaan. hän teki niin yöllä.

Jeesus auttaa Nikodemuksen hengellistä ymmärtämistä

Jeesus kertoi Nikodemukselle, *"Jeesus vastasi ja sanoi hänelle, 'Totisesti, totisesti, minä sanon sinulle; joka ei synny uudesti, ylhäältä, se ei voi nähdä Jumalan valtakuntaa'"* (Johanneksen evankeliumi 3:3).

Nikodemus ei kuitenkaan ymmärtänyt tätä ollenkaan. Siten hän kysyi uudestaan, *"Kuinka voi ihminen vanhana syntyä?"* Hänellä ei ollut hengellistä uskoa, niinpä hän ihmetteli, *"Vanha ihminen kuolee ja palaa maaksi, miten sitten hän voi syntyä uudestaan?"*

Silloin Jeesus kertoi hänelle vedestä ja Hengestä syntymisestä: *"Totisesti, totisesti, minä sanon sinulle: jos joku ei synny vedestä ja Hengestä, ei hän voi päästä sisälle Jumalan valtakuntaan. Mikä lihasta on syntynyt, on liha; ja mikä Hengestä on syntynyt, on henki"* (Johanneksen evankeliumi 3:5-6).

Nikodemuksen ollessa utelias Jeesuksen sanoista, Jeesus selitti sen vertauksessa: *"Tuuli puhaltaa, missä tahtoo, ja sinä kuulet sen huminan, mutta et tiedä, mistä se tulee ja minne se menee; niin on jokaisen, joka on Hengestä syntynyt."* (Johanneksen evankeliumi 3:8).

Aatamin tottelemattomuuden jälkeen jokaisen ihmisen henki kuoli ja senjälkeen jokainen oli tuomittu kuolemaan. Ihmisen henki kuitenkin virkoaa synnyttyään Pyhästä Hengestä. Hänen tullessaan hengelliseskis, hän tallettaa Jumalan kuvan ja pelastuu. Silti Nikodemus ei ymmärtänyt, mitä Jeesus tarkoitti (Johanneksen evankeliumi 3:9).

Niin hän kysyi, *"Kuinka tämä voi tapahtua?"* Jeesus vastasi: *Jos ette usko, kun puhun teille maallisista, kuinka te uskoisitte, jos minä puhun teille taivaallisista? Ei kukaan ole noussut ylös taivaaseen, paitsi hän, joka taivaasta tuli alas, Ihmisen Poika, joka on taivaassa. Ja niinkuin Mooses ylensi käärmeen erämaassa, niin pitää Ihmisen Poika ylennettämän, että jokaisella, joka häneen uskoo, olisi iankaikkinen elämä* (Johanneksen evankeliumi 3:12-15).

Mooseksen 4. kirjassa israelilaiset, jotka oli johdettu pois Egyptistä, puhuivat Moosesta vastaan, koska heidän matkansa Kaanaan maahan tuli yhä vaikeammaksi kestää. Silloin Jumala käänsi kasvonsa pois ja lähetti myrkyllisiä käärmeitä, jotka purivat ihmisiä.

Heidän huutaessaan apua, Jumala käski Moosesta tekemään pronssikäärmen ja pistämään sen seipään nokkaan. Jumala säästi kaikki, jotka katsoivat sitä, mutta itsepäiset ihmiset kuolivat, koska he eivät epäuskossaan viitsineet edes katsoa sitä.

Jumalan sanan ymmärtäminen hengellisesti

Miksi Jumala määräsi tehtäväksi pronssikäärmeen ja pantavaksi sen seipään nokkaan? Mooseksen 1. kirjasta 3:14 tiedämme käärmeen olleen kirottu. Lisäksi Paavalin kirje galatalaisille 3:13 says, "*Kirottu on jokainen, joka on puuhun ripustettu.*"

Sen vuoksi pronssisen käärmeen laittaminen seipään nokkaan symboloi, että Jeesus tultaisiin laittamaan puiselle ristille kirotun käärmeen lailla, pelastamaan sinut. Samoin kuin kaikki käärmettä katsoneet pelastuivat, pelastuvat kaikki Jeesukseen uskovat.

Nikodemus ei voinut ymmärtää Jumalan sanan merkitystä, koska hän ei ollut vielä syntynyt vedestä ja Hengestä ja hänen hengelliset silmänsä eivät olleet vielä avautuneet.

Jopa nykyäänkin, ellet ole syntynyt vedestä ja Hengestä ja elleivät hengelliset silmäsi ole auki, et voi ymmärtää hengellisen sanoman merkitystä, koska voit ottaa sen kirjaimellisesti ja väärinymmärtää sen.

Sinun tulee rukoilla kiihkeästi Jumalan sanan hengellisen merkityksen ymmärtämiseksi Pyhän Hengen inspiroimana. Sitten armon Jumala avaa sydämesi ja voit ymmärtää Jumalan sanan ja sinulla voi olla tosi usko.

Vedestä ja Hengestä syntyneenä

Jeesus kertoi Nikodemukselle hänen yöllisellä vierailullaan, *"Totisesti, totisesti, minä sanon sinulle: jos joku ei synny vedestä ja Hengestä, ei hän voi päästä sisälle Jumalan valtakuntaan. Mikä lihasta on syntynyt, on liha; ja mikä Hengestä on syntynyt, on henki."* (Johanneksen evankeliumi 3:5-6). Olkaamme selvillä, mitä merkitsee olla syntynyt vedestä ja Hengestä. Kuinka voit syntyä uudestaan vedestä ja Hengestä ja saavuttaa pelastuksen?

Vesi symboloi ikuisen elämän vettä

Vesi sammutaa janosi ja tasoittaa ruumiisi sisäiset elimet. Se myös puhdistaa kehosi niin ulkoa kuin sisältä.

Täten Jeesus vertasi ikuisen elämän vettä veteen selittääkseen, että se puhdistaa sinut ja tuo tullessaan elämän.

Jeesus sanoo meille Johanneksen evankeliumissa 4:14, *"Mutta joka juo sitä vettä, jota minä hänelle annan, se ei ikinä janoa; vaan se vesi, jonka minä hänelle annan, tulee hänessä sen veden lähteeksi, joka kumpuaa iankaikkiseen elämään."*

Juotuasi vettä et ole vähään aikaan janoinen, mutta lopulta tulet jälleen janoiseksi. Vesi tässä raamatun kohdassa tarkoittaa ikuista vettä. Kuka juo Jeesuksen antamaa vettä ei tule koskaan janoiseksi. Tarkoittaen, "ikuisesta elämästä pulppuava vesilähde" antaa sinulle elämän.

Johanneksen evankeliumi 6:54-55 sanoo, *"Joka syö minun*

lihani ja juo minun vereni, sillä on iankaikkinen elämä, ja minä herätän hänet viimeisenä päivänä. Sillä minun lihani on totinen ruoka ja minun vereni on totinen juoma." Se tarkoittaa Jeesuksen lihan ja veren olevan ikuinen vesi.

Sen lisäksi, Hänen "lihansa" viittaa raamatun sanaan, koska Jeesus on sana, joka tuli lihana maailmaan. Hänen lihansa syöminen viittaa Hänen sanansa pitämiseen mielessäsi lukemalla ramattua.

Jeesuksen veri on elämä, ja elämä on totuus. Totuus on Kristus, ja Kristus on Jumalan voima. Kaikki nämä ovat Jeesuksen veri. Koska Jumalan voima tulee uskosta, Jeesuksen veren juominen tarkoittaa Hänen sanansa noudattamista uskomalla.

Opit veden hengellisesti symboloivan Jeesuksen lihaa - se tarkoittaa Jumalan sanaa ja Jumalan karitsaa. Samoin kuin vesi puhdistaa ruumiisi, Jumalan sana pesee pahat asiat pois sydämestäsi.

Tämän vuoksi sinut kastetaan kirkossa vedellä ja kaste symboloi sinun olevan Jumalan lapsi, ja että sinun syntisi ovat anteeksiannetut. Lisäksi se tarkoittaa, että sinun tulisi mietiskellä Jumalan sanaa ja tulla sen puhdistamaksi joka päivä.

Syntyä uudestaan veden kera

Kuinka sitten voit pestä pois lian sydämestäsi Jumalan sanalla, joka on ikuinen vesi?

Jumala antaa meille neljänlaisia käskyjä: "Tee", "älä tee," "pidä jotakin," ja "heitä pois jotakin." Esimerkiksi, Jumala sanoi, älä tee asioita, kuten kateus, viha, tuomitseminen, varastaminen, huorinteko ja murha.

Samalla tavoin, sinun ei tule tehdä, mikä on kiellettyä ja samaan aikaan sinun tulisi heittää pois kaikenlaiset pahat asiat. Sinun tulisi myös viettää sapattia, evankelisoida, rukoilla ja rakastaa toinen toistanne. Sydämesi täyttyy silloin vähitellen totuudella Pyhän Hengen avulla ja Jumalan sana pesee pois ulkokultaisuutesi tai syntisi. Tällä tavoin sydämesi voi tulla ympärileikatuksi ja totuudenmukaiseksi toimimalla Jumalan sanan mukaan ja tämä on "syntynyt vedestä."

Sen vuoksi, koko pelastuksen vastaanottamiseksi, sinun ei tulisi ainoastaan hyväksyä Jeesus vaan myös ympärileikata sydämesi noudattamalla Jumalan sanaa joka elämäsi hetki.

Hengestä uudestisyntynyt

Pelastuksen saamiseksi, sinun tulisi olla vedestä ja Pyhästä Hengestä syntynyt. Kuinka voit olla Hengestä syntynyt? Apostolien teoissa 19:2, apostoli Paavali kysyi muutamalta opetuslapselta, "Saitteko Pyhän Hengen silloin, kun te tulitte uskoon?" Mitä on saada Pyhä Henki?

Ensimmäinen ihminen Aatami muodostui "hengestä", "sielusta" ja "ruumiista" (Paavalin 1. kirje tessalonikalaisille 5:23), mutta hänen henkensä kuoli tottelemattomuuden seurauksena. Sitten hänestä tuli olento, joka ei ole sielusta ja ruumiista tehtyä eläintä parempi (Salomon saarnaaja 3:18).

Jos kadut syntejäsi, hyväksyen olevasi syntinen, Jumala antaa sinulle Pyhän Hengen lahjana ja merkkinä siitä, että olet Hänen lapsensa (Apostolien teot 2:38).

Jokainen Jumalan lapsi, joka saa Pyhän Hengen, kykenee erottamaan hyvän ja pahan Jumalan sanan avulla ja elää Jumalan sanan mukaan taivaan voiman ja vahvuuden avulla kiihkeiden ja jatkuvien rukousten kautta.

Tällä tavoin muutut totuuteen ja sinulla on hengellinen usko aina siihen määrään asti, että synnytät hengen Pyhän Hengen kautta. Johanneksen evankeliumissa 3:6 sanotaan, *"Mikä lihasta on syntynyt, on liha; ja mikä Hengestä on syntynyt, on henki,"* ja Johannes 6:63 toteaa, *"Henki on se, joka eläväksi tekee; ei liha mitään hyödytä. Ne sanat, jotka minä olen teille puhunut, ovat henki ja ovat elämä."*

Tule hengen ihmiseksi seuraten Pyhää Henkeä

Kun synnyt vedestä ja Pyhästä Hengestä saat taivaan kansalaisuuden (Paavalin kirje filippiläisille 3:20). Jumalan lapsena, osallistut jumalanpalveluksiin, ylistät Häntä ilolla ja ponnistelet elääksesi valossa.

Ennen Pyhän Hengen saamista elit pimeydessä, sillä sinä et tiennyt totuutta. Kuitenkin saatuasi Pyhän Hengen yrität elää valossa.

Ajan kuluessa huomaat, että samanaikaisesti kun sinulla on ilo sydämessäsi, sinä taistelet jatkuvasti. Näin koska Hengen laki, joka seuraa Pyhän Hengen toiveita, taistelee synnillisen luonteen lakia vastaan - luonteen, joka on seurannut synnillisen ihmisen haluja, hänen silmiensä himoa ja ylpeänä elämistä (1. Johanneksen kirje 2:16).

Apostoli Paavali puhui tästä kilvoittelusta: *"Sillä sisällisen ihmiseni puolesta minä ilolla yhdyn Jumalan lakiin, mutta jäsenissäni minä näen toisen lain, joka sotii minun mieleni lakia vastaan ja pitää minut vangittuna synnin laissa, joka minun jäsenissäni on. Minä viheliäinen ihminen! Kuka pelastaa minut tästä kuoleman ruumiista?"* (Paavalin kirje roomalaisille 7:22-24)

Kun olet syntynyt vedestä ja Hengestä, olet tullut Jumalan lapseksi. Se ei tarkoita sinun olevan hengellisesti täydellinen ihminen.

Siksi Paavalin kirje galatalaisille 5:16-17 kertoo meille, *"Minä sanon; vaeltakaa Hengessä, niin ette lihan himoa täytä. Sillä liha himoitsee Henkeä vastaan, ja Henki lihaa vastaan; nämä ovat nimittäin toisiansa vastaan, niin että te ette tee sitä, mitä tahdotte."*

Pyhän Hengen seuraamiseksi, sinun tulisi elää Jumalan sanan mukaan ja tehdä tahdosta Jumalan hyväksymä ja Häntä miellyttävä. Täten, jos seuraat Hengen haluja, et tule houkutelluksi ja kykynet voittamaan vihollisen paholaisen ja saatanan, joka houkuttelee sinua seuramaan synnillisen luonteen himoja. Voit elää totuudessa ja omistaa itsesi uskollisesti Jumalan valtakunnalle ja Hänen vanhurskaudelleen.

Kun seuraat Pyhän Hengen haluja, olet ilossa ja rauhassa. Kuitenkin, seuratessasi synnillisen luonteen himoja olet onneton ja taakan alla.

Uskosi kypsyessä, voit heittää pois syntisi ja seurata kaikissa asioissa Pyhän Hengen haluja. Sinussa olevat synnillisen luonteen himot katoavat. Lisäksi, sinun ei tarvitse taistella syntien poisheittämiseksi, etkä ole onneton. Voit olla aina iloinen kaikissa olosuhteissa.

Jumala on mielissään heistä, jotka elävät Hengen toiveiden mukaisesti. Hän antaa heille heidän sydäntensä toiveet, kuten hän lupaa Psalmeissa 37:4, *"Jos sinulla on ilo HERRASSA, ja hän antaa sinulle, mitä sinun sydämesi halajaa."*

Jos vaihdat sydämesi totuudella täytettyyn, Jumala on hyvin tyytyväinen sinuun ja tekee sinulle kaiken mahdolliseksi. Toivon sinun syntyvän vedestä ja Hengestä ja elävän Hengen toiveiden mukaisesti.

Kolme todistajaa: Henki, vesi ja veri

Kuten jo selitin, sinun tulisi syntyä vedestä ja Hengestä pelastuaksesi. Kuitenkin täydellisen pelastuksen saamiseksi, sinun täytyy puhdistautua synneistä Jeesuksen verellä kulkemalla valossa.

Ellei sydämesi ole puhdistunut, sinulla on edelleen syntejä. Sen vuoksi, tarvitset Jeesuksen Kristuksen verta puhdistautuaksesi lopuistakin synneistä.

Tästä Johanneksen 1. kirje sanoo seuraavaa:

> *Kuka on se, joka voittaa maailman, ellei se, joka uskoo, että Jeesus on Jumalan Poika? Hän on se, joka on tullut veden ja veren kautta, Jeesus Kristus, ei ainoastaan vedessä, vaan vedessä ja veressä. Henki on se, joka todistaa, sillä Henki on totuus. Sillä kolme*

on, jotka todistavat: Henki ja vesi ja veri, ja ne kolme pitävät yhtä.

Jeesus tulee vetenä ja verenä

Johanneksen evankeliumi 1:1 sanoo *"Sana oli Jumala"* ja Johannes 1:14, *"Ja sana tuli lihaksi ja asui meidän keskellämme, ja me katselimme hänen kirkkauttansa, senkaltaista kirkkautta, kuin ainoalla Pojalla on Isältä; ja hän oli täynnä armoa ja totuutta."* Tämä on, Jeesus, Jumalan ainoa Poika ja itse Jumalan sana tuli maahan lihana antamaan anteeksi meidän syntimme. Vielä tänäkin päivänä, Hän jatkaa puhdistustamme Jumalan sanalla - raamatulla.

Et voi kuitenkan elää Jumalan sanan mukaan ilman Pyhän Hengen apua. On mahdotonta heittää pois synnit omin voimin. Sinun tulisi saada Pyhän Hengen apua kiihkeillä rukouksilla niin, että voit poistaa synnillisen luonteen halut, silmiesi himon ja ylpeän elämäsi. Vain sitten voit ajaa pois valheen pimeyden sydämestäsi.

Lisäksi, sinä tarvitset veren vuodattamista saadaksesi anteeksi. Kirjeessä hebrealaisille 9:22 sanotaan, että *"Niin puhdistetaan lain mukaan miltei kaikki verellä ja ilman verenvuodatusta ei tapahdu anteeksiantamista."* Tarvitset Jeesuksen verta, koska vain Hänen syytön ja tahraton verensä antaa sinulle anteeksiannon.

Sinun täytyy uskoa Jeesukseen, joka tuli vetenä ja verenä ja saada Pyhä Henki Jumalan lahjana saavuttaaksesi pelastuksen, jota varten tarvitset seuraavaa kolmea: Henki, vesi ja veri.

Jos ei ole verenvuodatusta, ei ole anteeksiantoa ja olet yhä synnissä. Et tarvitse vain sanaa - vesi - tullaksesi puhtaaksi, vaan myös Pyhän Hengen auttamaan sinua elämään täysin tämän sanan mukaan. Nämä kolme ovat yhdessä.

Sen vuoksi, sinun tulisi, saatuasi syntisi anteeksi Jeesuksen Kristuksen hyväksymisen jälkeen, jatkaa syntymällä vedestä ja Hengestä saavuttamaan täydellinen pelastus, ymmärtäen, että Henki, vesi ja veri yhdessä pelastavat sinut ja johtavat sinut taivaaseen.

Kappale 10

MITÄ ON HARHAOPPI?

- Raamatun määritelmä harhaoppisuudesta
- Totuuden henki ja vääryyden henki

*Mutta myös valheprofeettoja oli
kansan seassa, niinkuin teidänkin
keskuudessanne on oleva
valheenopettajia, jotka salaa
kuljettavat sisään turmiollisia
harhaoppeja, kieltävätpä
Herrankin, joka on heidät ostanut,
ja tuottavat itselleen äkillisen
perikadon. Ja moni on seuraava
heidän irstauksiaan, ja heidän
tähtensä totuuden tie tulee
häväistyksi; ja ahneudessaan he
valheellisilla sanoilla kiskovat
teistä hyötyä; mutta jo ammoisista
ajoista heidän tuomionsa valvoo,
eikä heidän perikatonsa torku.*

Pietarin 2. kirje 2:1-3

Materialismin kasvaessa kulttuurissa ihmiset kielsivät Jumalan, koska he luottavat viisauteensa ja tietoonsa. Synnin levitessä ihmisten henki tuli pimeämmäksi ja ihmiset korruptoituivat. Sen vuoksi monet ihmiset tulevat valheen pettämiksi, koska he eivät voi erottaa totta ja valhetta toisistaan. He myös erehtyvät tuomitsemaan toisia ihmisiä perustuen heidän omiin vanhurskauden tietoihinsa ja teorioihinsa.

Matteuksen evankeliumissa 12:22-32, Jeesus paransi riivatun miehen, joka oli sokea ja mykkä. Kuitenkin fariseusten kuultua tästä, he sanoivat, *"Tämä ei aja riivaajia ulos kenenkään muun kuin Beelsebulin, riivajain päämiehen voimalla"* (säe. 24). He katsoivat Jeesuksen työn olevan riivaajain työtä.

Jeesus sanoi heille Matteuksen evankeliumissa 12:31-32, *"Sentähden mnä sanon teille; jokainen synti ja pilkka annetaan ihmisille anteeksi; mutta Hengen pilkkaamista ei anteeksi anneta. Ja jos joku sanoo sanan Ihmisen Poikaa vastaan, niin hänelle annetaan anteeksi; mutta jos joku sanoo jotakin Pyhää Henkeä vastaan, niin hänelle ei anteeksi anneta, ei tässä maailmassa eikä tulevassa."*

Fariseukset päättivät, että mitä Jeesus teki Jumalan voimalla, oli riivaajan työtä. Tämä on Pyhän Hengen pilkkaamista. Tämän vuoksi fariseuksille ei voitu mitenkään antaa anteeksi.

Jos erotat selvästi toden ja valheen ramatun avulla, et

tuomitse toisia ihmisiä, etkä tule valheen pettämäksi.

Katsokaamme syvemmälle "harhaoppisuuteen" Jumalan näkökannalta, kuinka erottaa Jumalan Henki ja pahan henki, sekä joitakin harhaoppisia lahkoja, joita sinun tulee varoa.

Raamatun määritelmä harhaoppisuudesta

Oxford sanakirja määrittelee "harhaoppisuuden" "uskona tai mielipiteenä jostakin, joka on vastoin jotakin nimenomaista uskontoa." Jotkut ihmiset arvostavat vain sitä, mitä uskovat oikeaksi, mutta pitävät muita uskontoja harhaoppisuutena. Esimerkiksi buddhalaiselle vain buddhalaisuus on totta ja oikea tie. Heille muut uskonnot, kuten Konfutselaisuus ei ole totta.

Paavali syytettynä harhaoppisen lahkon johtajana

Apostolien teot 24:5 sanoo, että *"Me olemme havainneet, että tämä mies on ruttotauti ja metelinnostaja kaikkien koko maailman juutalaisten keskuudessa ja nasaretilaisten lahkon päämies."* Tässä "nasaretilaiset" viittaa "harhaoppisuuden lahkoon" ja tämä on ensimmäinen kerta, kun sana "harhaoppinen" on mainittu raamatussa.

Juutalaiset syyttivät Paavalia kuvernöörin edessä, koska he ajattelivat Paavalin saarnaaman evankeliumin olevan harhaoppista. Paavali osoitti syytökset vääriksi ja ennusti kohtalonsa, kuten on kirjoitettu apostolien teoissa 24:13-16.

*Eivätkä myöskään voi näyttää sinulle toteen sitä,
mistä he nyt minua syyttävät. Mutta sen minä sinulle
tunnustan, että minä sitä tietä vaeltaen, jota he
lahkoksi sanovat, niin palvelen isieni Jumalaa, että
minä uskon kaiken, mitä on kirjoitettuna laissa ja
profeetoissa, ja pidän sen toivon Jumalaan, että on
oleva ylösnousemus, jota nämä itsekin odottavat, sekä
vanhurskasten että vääräin. Sentähden minä myös
ahkeroitsen, että minulla aina olisi loukkaamaton
omatunto Jumalan ja ihmisten edessä.*

Oliko apostoli Paavali todella harhaoppinen?

Sinun tulisi katsoa raamatun määritelmää harhaoppisuudesta,
koska raamattu on Jumalan sana, ainoa todellinen lähde, joka voi
erottaa oikean väärästä. "Harhaoppiseen lahkoon" viittaavia
kohtia on raamatussa viisi kappaletta. Kuitenkin
harhaoppisuuden määritelmästä puhutaan vain kerran:

*Mutta myös valheprofeettoja oli kansan seassa;
niinkuin teidänkin keskuudessanne on oleva
valheenopettajia, jotka salaa kuljettavat sisään
turmiollisia harhaoppeja, kieltävätpä Herrankin, joka
on heidät ostanut, ja tuottavat itselleen äkillisen
perikadon* (2. Pietarin kirje 2:1).

"Herra, joka osti heidät" viittaa Jeesukseen Kristukseen.
Ihminen kuului alunperin Jumalalle ja eli Hänen tahtonsa

mukaan. Kuitenkin tottelemattomuutensa jälkeen Aatami tuli
syntiseksi kuuluen paholaiselle. Jumala kuitenkin sääli ihmisiä,
jotka olivat matkalla kuolemaan. Jumala lähetti Jeesuksen,
ainoan Poikansa tarjoten ja sallien hänen ristiinnaulitsemisensa
niin, että hän saattoi avata verellään tien pelastukseen.
Jumala toimi puolestamme, meidän, jotka olimme kerran
kuuluneet paholaiselle, antaakseen meille syntimme anteeksi, jos
uskomme Jeesukseen Kristukseen. Me myös saamme elämän ja
tulemme jälleen kuulumaan Jumalalle. Tämän vuoksi voimme
sanoa Jeesuksen ostaneen meidät ristiinnaulitsemisellaan, ja
raamattu kertoo meille, että Jeesus on täysivaltainen Herra, joka
osti heidät."

Harhaoppiset kieltävät Jeesuksen Kristuksen

Nyt tiedät "harhaoppisuuden" viittavan "heihin, jotka
kieltävät Herran, joka osti heidät, ja tuottavat itselleen äkillisen
perikadon" (2. Pietarin kirje 2:1). Tätä termiä ei oltu käytetty
ennen kuin Jeesus oli suorittanut tehtävänsä pelastajana. Nimi
"Jeesus" tarkoittaa "[se, joka] tulee pelastamaan Hänen
ihmisensä heidän synneistään." "Kristus" on "kuninkaaksi
voideltu." Jeesuksesta tuli pelastaja vasta hänen suoritettuaan
työnsä - tultuaan ristiinnaulituksi ja ylösnousseeksi.
Tämän vuoksi et voi löytää tätä termiä vanhasta
testamentista, tai Matteuksen, Markuksen, Luukkaan ja
Johanneksen evankeliumeista, joissa kerrotaan Jeesuksen
elämästä. Jopa fariseukset, lain opettajat ja papit, jotka syyttivät
Jeesusta, eivät käyttäneet tätä termiä. Myöskään korkeimmat

papit eivät sitä käyttäneet.

Vasta Jeesuksen ylösnoustua täyttämään tehtävänsä Kristuksena, "ihmiset, jotka kieltävät Herran, joka osti heidät", ilmestyivät. Vasta sitten raamattu alkoi varoittamaan meitä näistä harhaoppisista.

Sen vuoksi, jos ihmiset uskovat Jeesukseen Kristukseen "Herrana, joka osti meidät," he eivät ole harhaoppisia. Jos he kuitenkin kiistävät tämän, he ovat harhaoppisia.

Apostoli Paavali ei kieltänyt Jeesusta Kristusta, joka oli ostanut hänet kalliilla verellään. Sen sijaan Paavali kiitti Jeesusta Kristusta, jota hän julisti kaikkialla, minne hän meni, ja Paavalia syytettiin ja hänen täytyi maksaa korkea hinta. Viisi kertaa juutalaiset ruoskivat häntä neljäkymmentä miinus yhdellä raipaniskulla. Kerran häntä kivitettiin. Hänet laitettiin vankilaan, syytettiin pakanain ja omien maanmiestensä toimesta ja hänet petettiin niiden toimesta, joihin hän oli luottanut. Kaikesta tästä huolimatta Paavalista tuli suuren voiman ihminen voittaen nuo kärsimykset ilolla ja kiitollisuudella ja hän ylisti Jumalaa parantamalla lukemattomia ihmisiä Jeesuksen Kristuksen nimeen, kunnes hän kuoli marttyyrin kuoleman.

Paavali saarnasi evankeliumia osoittaen Jumalan voiman

Sinun tulisi tietää, ettei Jumalan voimaa voida näyttää niille, jotka kieltävät Jumalan, Luojan ja Jeesuksen Kristuksen, joka on itse luonnoltaan Jumala, sillä raamattu sanoo yksiselitteisesti, *"Kun Jumala on puhunut kerran, kaksi kertaa olen tämän kuullut: Se valta kuuluu Jumalalle"* (Psalmit 62:11).

Sinun ei tule tuomita henkilöä, joka esittelee Jumalan voimaa, koska se voima todistaa Jumalan olevan hänessä ja tuon ihmisen rakastavan Häntä suuresti. Galatalaisille 1:6-8, Paavali, jota kutsuttiin nasaretilaisen lahkon johtajaksi, varoittaa ankarasti seuraamasta tai saarnaamasta muuta evankeliumia, kuin ristin sanomaa.

Minua kummastuttaa, että te niin äkkiä käännytte hänestä, joka on kutsunut teidät Kristuksen armossa, pois toisenlaiseen evnkeliumiin, joka kuitenkaan ei ole mikään toinen; on vain eräitä, jotka hämmentävät teitä ja tahtovat vääristellä Kristuksen evnkeliumin. Mutta vaikka me, tai vaikka enkeli taivaasta julistaisi teille evankeliumia, joka on vastoin sitä, minkä me olemme teille julistaneet, hän olkoon kirottu!

Jopa tänäkin päivänä jotkut ihmiset tuomitaan harhaoppisiksi, vaikka he eivät koskaan kiellä Jeesusta Kristusta, vaan ainoastaan saarnaavat Kristuksen evankeliumia ja julistavat elävää Jumalaa näyttäen Hänen voimansa ja työskennellen sen kanssa.

Älä sattumanvaraisesti tuomitse toisia harhaoppisiksi

Olen myös itse kärsinyt ja kestänyt joukon koettelemuksia syytettynä harhaoppisuudesta näyttäessäni Jumalan voimaa ja kirkkoni kasvaessa suuremmaksi. Itse asiassa seurakunnan koko on kasvanut yli 80.000 jäseneen kahdessa vuosikymmenessä kirkon perustamisesta vuonna 1982. Olin kärsinyt monista sairauksista seitsemän vuotta ja parannuin kerran Jumalan voimalla. Sitten yritin elää Jumalan ylistykseksi, söin tai join sitten apostoli Paavalin tavoin tai en. Annoin elämäni Jumalan käsiin ja keskityin ajatukseen "vain Jeesus, aina Jeesus."

Aina siitä ajasta asti, jolloin olin maallikko, yritin todistaa Jumalan parantaneen minut ja saarnata evankeliumia. Saatuani kutsun Jumalan palvelijaksi, saarnasin ristin sanomaa ja julistin elävää Jumalaa ja Jeesusta pelastajaa. Todistin Jumalasta jopa ollessani virantoimituksessa häissä, koska halusin innokkaasti johtaa enemmän ihmisiä pelastuksen tielle.

Tajusin, että sekä Jumalan voimakas sana, että elävän Jumalan todistaminen olivat välttämättömiä todistamaan Herraa tmaailman ääriin. Niinpä rukoilin innokkaasti, kuten uskon esi-isät tekivät, saadakseni Jumalan voiman ja läpäistäkseni kaikki minulle annetut kokeet kiitollisuudella ja ilolla.

Joskus koin kuolemankaltaisia koettelemuksia. Kuitenkin, kuten Jeesus sai ylösnousemuksen autuuden syyttömänä kuolemansa jälkeen, Jumala lisäsi voimaani tahtonsa mukaisesti aina voittaessani koettelemuksen yksi toisensa jälkeen.

Tämän seurauksena, joka kerta todistaessani kaikkialla maailmassa, miksi Jumala on ainoa oikea Jumala ja miksi pelastut uskoessasi Jeesukseen Kristukseen - Keniassa, Ugandassa, Hondurasissa, Japanissa, jopa vahvasti muslimilaisessa Pakistanissa ja hindulaisessa Intiassa vuodesta 2000 - kymmenet tuhannet ihmiset katuivat, sokeat saivat näön, mykät puhuivat, kuurot kuulivat, ja sellaiset parantumattomasti sairaat, kuten

AIDS ja syöpäpotilaat, parantuivat. Nämä ihmeet ylistivät suuresti Jumalaa.

Sen vuoksi, se joka todella ymmärtää, mitä harhaoppisuus on, ei tuomitse toisia huolimattomasti harhaoppisiksi. Apostolien teoissa 5:33-42, voit lukea Gamalielista, lain opettajasta, jota kaikki ihmiset kunnioittivat. Kuinka hän toimi?

Tuohon aikaan Sanhedrinin fariseukset kielsivät Pietaria ja Johannesta todistamasta Jeesuksesta Kristuksesta, mutta he olivat täynnä Pyhää Henkeä, eivätkä totelleet neuvostoa. Tämän vuoksi Sanhedrinin jäsenet tahtoivat tappaa apostolit. Kuitenkin Gamaliel nousi ylös Sanhedrinissa ja määräsi miehet laitettavaksi ulos vähäksi aikaa. Sitten hän puhui neuvostolle:

> *Israelin miehet, kavahtakaa, mitä aiotte tehdä näille miehille. Sillä ennen näitä päiviä nousi Teudas, sanoen jokin olevansa, ja häneen liittyi noin neljäsataa miestä. Mutta hänet tapetiin, ja kaikki, jotka olivat häneen suostuneet, hajotettiin, ja he joutuivat häviöön. Hänen jälkeensä nousi Juudas, galilealainen, verollepanon päivinä ja vietteli kansaa luopumaan puolellensa; hänkin hukkui, ja kaikki, jotka olivat suostuneet häneen, hajotettiin. Ja nyt minä sanon teille: pysykää erillänne näistä miehistä ja antakaa heidän olla; sillä jos tämä hanke eli tämä teko on ihmisistä, niin se tyhjään raukeaa; mutta jos se on Jumalasta, niin te ette voi heitä kukistaa. Varokaa, ettei teitä ehkä havaittaisi sotiviksi itse Jumalaa vastaan.* (Apostolien teot 5:35-39).

Lukiessasi tämän viestin, tajuat, että ellei ihmeteko olisi Jumalasta, se epäonnistuisi, vaikkei ihmiset tekisi mitään sen pysäyttämiseksi. Kuitenkin, vaikka he vastustaisivat tai häiritsisivät tekoja, jotka ovat Jumalasta, he eivät voi pysäytttää noita tekoja. Sen sijaan heidän yrityksensä eivät eroa Jumalaa vastaan taistelemisesta ja he tulevat olemaan Hänen rangaistuksensa ja tuomionsa kohteita.

Joskus ihmiset tuomitsevat toisia harhaoppisiksi raamatun tulkinnan yksityiskohtien vuoksi, Pyhän Hengen näkyjen vuoksi, ja jopa kielilläpuhumisen vuoksi, vaikka he kaikki hyväksyvät kolminaisuuden ja Jeesuksen tulemisen lihana.

Jotkut ihmiset jopa sanovat, etteivät he tarvitse kielilläpuhumista tai näkyjä, ja että nämä Pyhän Hengen työt ovat väärin, koska ei ole todisteita, että Jeesus puhui kielillä tai näki näkyjä. Kuitenkin raamattu sanoo näiden olevan meille hyväksi:

Mutta kullekin annetaan Hengen ilmoitus yhteiseksi hyödyksi. Niinpä saa Hengen kautta toinen viisauden sanat, toinen tiedon sanat saman Hengen vaikutuksesta; toinen saa uskon samassa Hengessä, toinen taas terveeksitekemisen lahjat siinä yhdessä Hengessä; toinen lahjan tehdä voimallisia tekoja; toinen profetoimisen lahjan, toinen lahjan arvostella henkiä; toinen eri kielillä puhumisen lahjan, toinen taas lahjan selittää kieliä. Mutta kaiken tämän vaikuttaa yksi ja sama Henki, jakaen kullekin erikseen, niinkuin tahtoo (Pavalin 1. kirje korinttolaisille 12:7-11).

Vastaavasti sinun ei tulisi panetella tai tuomita harhaoppisina heitä, joilla on erilainen Hengen lahja, vain koska et koe samaa lahjaa itse.

Totuuden henki ja vääryyden henki

Pietarin 2. kirjeessä 2:-3 on selitys harhaoppisuudesta. Raamattu varoittaa sinua vääristä profeetoista ja opettajista, jotka salaa tuovat tuhoavia harhaoppeja. *"Ja moni on seuraava heidän irstauksiaan, ja heidän tähtensä totuuden tie tulee häväistyksi; ja ahneudessaan he valheellisilla sanoilla kiskovat teistä hyötyä; mutta jo ammoisista ajoista heidän tuomionsa valvoo, eikä heidän perikatonsa torku"* (Pietarin 2. kirje 2:2-3).

Myös Johanneksen 1. kirjeessä 4:1-3 sanotaan, *"Rakkaani, älkää jokaista henkeä uskoko, vaan koetelkaa henget, ovatko ne Jumalasta; sillä monta väärää profeettaa on lähtenyt maailmaan. Tästä te tunnette Jumalan Hengen: jokainen henki, joka tunnustaa Jeesuksen Kristukseksi, lihaan tulleeksi, on Jumalasta; ja yksikään henki, joka ei tunnusta Jeesusta, ei ole Jumalasta; se on antikristuksen henki, jonka olette kuulleet olevan tulossa, ja se on nyt maailmassa."*

Kokeile jokainen henki, onko se Jumalasta vai ei

On olemassa Jumalalle kuuluvia pelastukseen johtavia hyviä henkiä ja on myös olemassa pahoja henkiä, jotka harhauttavat sinut tuhoon.

Yhtäältä, se jolle on annettu Jumalan Henki tunnustaa Jeesuksen Kristuksen tulleen lihaan. Hän uskoo kolminaisuuteen - Jumalaaan, Jeesukseen Kristukseen ja Pyhään Henkeen, niinpä hän on suojassa Jumalan lapsena. Hän voi ymmärtää totuuden ja elää totuudessa Hengen avulla.

Toisaalta, se jolla on antikristuksen henki, vastustaa Jeesusta Kristusta Jumalan sanalla ja kiistää Hänen lunastuksensa. Sinun täytyy olla varovainen ja kyetä erottamaan antikristus, sillä antikristus toimii usein uskovien joukossa väärinkäyttäen Jumalan sanaa.

Joka tapauksessa Jeesuksen Kristuksen kieltäminen ei poikkea Jumalaa vastaan taistelemisesta, joka lähetti Hänet tähän maailmaan.

Raamattu varoittaa antikristuksesta Johanneksen 2. kirjeessä 1:7-8 seuraavasti:

> Sillä monta villitsijää on lähtenyt maailmaan, jotka eivät tunnusta Jeesusta Kristukseksi, joka oli lihaan tuleva; tämä tämmöinen on villitsijä ja antikristus. Ottakaa vaarin itsestänne, ettette menetä sitä, minkä me olemme työllämme aikaansaaneet, vaan että saatte täyden palkan.

Johanneksen 1. kirjeessä on toinen varoitus meille:

> Meistä he ovat lähteneet, mutta he eivät olleet yhtä meidän kanssamme; sillä jos he olisivat olleet yhtä

meidän kanssamme, niin he olisivat meidän kanssamme pysyneet; mutta heissä oli tuleva ilmi, että kaikki eivät ole yhtä meidän kanssamme.

On kahdentyyppistä antikristusta: ihminen, jossa on antikristuksen henki, ja ihminen, joka on antikristuksen hengen petkuttama. Ne molemmat yrittävät johtaa harhaan ihmisiä joka paikassa, missä asuu Pyhä Henki. Ne kaappaavat ihmisiä vastustamaan Jumalan sanaa ja harhauttavat heitä ajatuksillaan. Ihmisiä, joiden ajatuksia valvoo täysin antikristuksen henk,i kutsutaan "riivatuiksi."

Jos papille olisi annettu antikristuksen henki, kirkon jäsenet kulkisivat kohden tuhoa antikristuksen hengen kaappaamina.

Sen vuoksi sinun tulee tietää hyvin totuuden Hengestä ja vääryyden hengestä, ettet tulisi antikristuksen pettämäksi, vaan että eläisit totuuden ja valon mukaan.

Kuinka erottaa henget toisistaan

Johanneksen 1. kirje 4:5-6 sanoo, *"He ovat maailmasta; sentähden he puhuvat, niinkuin maailma puhuu ja maailma kuulee heitä. Me olemme Jumalasta. Joka tuntee Jumalan, se kuulee meitä; jok ei ole Jumalasta, se ei kuule meitä. Siitä me tunnemme totuuden hengen ja eksytyksen hengen."*

Termi "valhe" viittaa "lausuntoon, joka ei ole totta." Valheen henki on maallinen henki, joka pettää sinut uskomaan epätotuuteen, niinkuin se olisi totta, ja se laittaa sinut jättämään uskon rajat. Nimittäin, joka on Jumalasta, kuuntelee totuuden sanaa, mutta se joka kuuluu maailmaan, kuuntelee maallisia sanoja, ei totuutta. Täten on helppo tunnistaa ne. Tulee ilmiselväksi, onko se valoa vai pimeyttä, jos tunnet totuuden. Sitten voit sanoa, "Tämä henkilö on totuudessa, mutta tuo henkilö on pimeydessä." Esimerkiksi, jos joku sanoo sunnuntaina, "menkäämme iltapäivällä piknikille. Mennään vain aamujumalanpalvelukseen. eikö se ole yhtä hyvä?", tai jos hän yrittää tuhota Jumalan valtakunnan tekemällä pahoja tekoja ja silti väittää uskovansa Jumalaan, se on valheen henki.

Saatat ymmärtää monia asioita, joita Jumala antaa sinulle vapaasti, jos saat totuuden Hengen, joka on Jumalasta (Paavalin 1. kirje korinttolaisille 2:12). Tämän vuoksi Pyhä Henki asuu sinussa - Jumalan arvokkaassa lapsessa. Hän on totuuden Henki ja opastaa sinut kaikkeen totuuteen. Hän ei puhu omiaan; Hän puhuu vain, mitä Hän kuulee, ja Hän kertoo sinulle, mitä on vielä tuleva.

Sen vuoksi Jeesus sanoo Johanneksen evankeliumissa 14:17, *"Totuuden Hengen, jota maailma ei voi ottaa vastaan, koska se ei näe häntä, eikä tunne häntä; mutta te tunnette hänet, sillä hän pysyy teidän tykönänne ja on teissä oleva."* Johanneksen evankeliumi 15:26 antaa meille toisen muistutuksen Pyhästä Hengestä: "Mutta kun Puolustaja tulee, jonka minä lähetän teille Isän tyköä, totuuden Henki, joka lähtee Isän tyköä, niin hän on todistava minusta."

Myös Paavalin 1 kirjeessä korinttolaisille 2:10 lukee, *"Mutta meille Jumala on sen ilmoittanut Henkensä kautta, sillä Henki tutkii kaikki, Jumalan syvyydetkin."* Kuten on kirjoitettu, Pyhä

Henki on ainoa, joka täysin tuntee ja aistii Jumalan mielen. Tämän seurauksena, ne jotka saavat totuuden Hengen kuuntelevat ja noudattavat totuuden sanaa. Mitä enemmän Jumalan valtakunta ja Hänen vanhurskautensa laajenee, sitä enemmän he iloitsevat. He ovat täynnä elämää, kaivaten taivaallista valtakuntaa.

Kuitenkin jotkut käyvät kirkossa ilman iloa, koska heillä ei ole Jumalan luomaa uskoa. He kuuluvat yhä mailmaan ja panevat etusijalle maallisia asioita, kuten raha ja viihde. Täten he eivät voi elää totuudessa, kaivata taivaallista valtakuntaa, tai rakastaa Jumalaa koko sydämestään.

Lopuksi, nämä ihmiset jättävät Jumalan valheen hengen kautta, sillä he kuuluvat maailmaan, eikä heillä ole totuuden Henkeä. Myös, jos joku panettelee tai levittää huhuja toisista uskon veljistä ja siskoista, tai häiritsee toisia kateudesta heidän uskollisuudestaan Jumalan valtakunnalle ja Hänen vanhurskaudestaan, hän ei ole totuuden Hengestä.

Älä anna kenenkään johtaa sinua harhaan

Johanneksen 1. kirje 3:7 kehottaa meitä seuraavasti: *"Lapsukaiset, älköön kukaan saako teitä eksyttää. Se, joka vanhurskauden tekee, on vanhurskas, miinkuin Hän on vanhurskas."* Sinun ei tulisi kääntyä pois Jumalan sanasta, ettet tule harhautetuksi valheen tiedolla, sillä vain Jumalan sana voi sinua opettaa. Vain sitten, saat täyden pelastuksen, olet menestyvä tässä maailmassa ja nautit ikuisesta elämästä taivaallisessa valtakunnassa.

Kuitenkin paholainen yrittää kaikkensa estääkseen Jumalan lapsia elämästä sanan mukaan ja panee sinut tekemään kompromissin maailman kanssa, kääntymään pois Jumalasta, epäilemään Häntä ja vastustamaan Häntä. Pietarin 1. kirje 5:8 sanoo, *"Olkaa raittiit, valvokaa. Teidän vastustajanne, perkele, käy ympäri niinkuin kiljuva jalopeura, etsien, kenen hän saisi niellä."*

Kuinka sitten vihollinen, paholainen ja saatana huijaavat Jumalan lapsia? Voit verrata tätä naiseen, jota mies houkuttelee. Jos nainen on miellyttävä ja arvokkaasti ja hyvätapaisesti käyttäytyvä, miehet eivät uskalla houkutella häntä. Muutoin mies voi helposti houkutella häntä, joka ei käyttäydy asianmukaisesti. Vastaavasti, vihollinen paholainen ja saatana lähestyy sitä, joka ei ole uskossa vahva ja epäilee Jumalaa. Paholainen houkuttelee näitä ihmisiä kääntymään pois Jumalasta ja vastustamaan Häntä ja lopulta johtaa heidät kuoleman tielle. Paholainen houkutteli myös Eeva saatuaan hänet kiinni Jumalan sanan vääristämisestä.

Luonnollisesti saatat kokea koettelemuksia, vaikka sinussa ei ole vikaa. Näin, sillä Jumala haluaa siunata sinua, tavalla, jonka näet Danielin koettelemuksessa tulla heitetyksi leijonien luolaan, tai Aabrahamin koettelemuksessa uhrata poikansa poltettuna uhrilahjana.

Kun koet koettelemuksia tai vaikeuksia, koska et pysy tiukasti totuudessa, sinun tulisi välittömästi kääntyä pois synneistäsi katumuksella, ajaa pois kaikki kiusaukset ja koettelemukset Jumalan sanan avulla ja yrittää parhaasi pysyä lujana totuuden kalliossa.

Pysy lujana totuudessa; älä tule petetyksi

Paavalin 1. kirjeessä Timoteukselle 4:1-2, kirjoitetaan, *"Mutta Henki sanoo selvästi, että tulevina aikoina moniaat luopuvat uskosta ja noudattavat villitseviä henkiä ja riivaajien oppeja valheenpuhujain ulkokultaisuuden vaikutuksesta, joiden omatunto on poltinraudalla merkitty."*

Tämä viittaa myöhempiin aikoihin, jolloin jotkut ihmiset, jotka väittävät olevansa uskossa, tulevat kääntymään pois uskostaan seuraamalla riivaajien opettamia pettäviä henkiä ja asioita

Petetyt ovat ulkokultaisia, vaikka heidän tekonsa näyttävät uskollisilta ja vanhurskailta. He rukoilevat ennen muita ja yrittävät olla uskollisia rahan vuoksi, eivät Jumalan armon kiitollisuudesta. Lopuksi he hylkäävät uskonsa ja menevät kuoleman tietä, sillä heidän omattuntonsa ovat kuin kuuman silitysraudan polttamat valehtelusta, elämisestä ilman totuutta ja maallisten huvitusten nauttimisesta.

Jumala varoittaa sinua raamatun kautta, ettet tulisi petetyksi. Jeesus varoittaa meitä Matteuksen evankeliumissa 7:15-16: *"Kavahtakaa vääriä profeettoja, jotka tulevat teidän luoksenne lammasten vaatteissa, mutta sisältä ovat raatelevia susia. Heidän hedelmistään te tunnette heidät. Eihän orjantappuroista koota viinirypäleitä eikä ohdakkeista viikunoita?"*

Sanat ja teot heijastavat ajatuksia ja tahtoa. Se tarkoittaa, että tunnistat ihmiset heidän hedelmistään. Jos jollakulla on pahan, vihan, kateuden ja mustasukkaisuuden hedelmä totuuden, hyvyyden ja vanhurskauden hedelmän sijasta, hän on väärä profeetta.

Monia vääriä profeettoja, antikristus, on jo läsnä tässä maailmassa. Sen vuoksi Jumalan lapsilla tulee olla vahva ymmärrys harhaoppisuudesta ja heidän tulee erottaa totuuden henki valheen hengestä.

Vihollinen, paholainen ja saatana eivät koskaan kadota mahdollisuutta huijata Jumalan lapsia ja laittaa heidät tekemään syntiä heidän poiketessaan totuudesta. Kun olet uskossasi vakaa ja noudatat sitä, et tule valheen hengen huijaamaksi, vaan voitat sen helposti, vaikka se sinua lähestyisikin.

Sinun ei tule myöntyä tai kiinnittyä mihinkään toisiin opetuksiin, tai tulla niiden opetusten huijaamaksi, jotka ovat vastoin totuutta. Sen sijaan noudata Jumalan sanaa ja seuraa Pyhän Hengen haluja, niin että saatat olla rohkea ja syytön Herramme Jeesuksen Kristuksen toisessa tulemisessa.

"Tule, Herra Jeesus!"

Kirjailija
Dr. Jaerock Lee

Dr. Jaerock Lee syntyi Muanissa, Jeonnamin provinssissa, Korean Tasavallassa vuonna 1943. Nuoruudessaan Dr. Lee kärsi useista parantumattomista sairauksista seitsemän vuoden ajan. Ilman toivoa parantumisesta hän odotti kuolemaa. Eräänä päivänä keväällä 1974 hänen siskonsa johdatti hänet kirkkoon, ja hänen kumartuessaan rukoilemaan Elävä Jumala paransi hänet välittömästi kaikista hänen sairauksistaan.
Siitä hetkestä lähtien kun Dr. Lee tapasi Elävän Jumalan tuon ihmeellisen tapahtuman kautta hän on rakastanut Jumalaa vilpittömästi koko sydämellään, ja vuonna 1978 hänet kutsuttiin Jumalan palvelijaksi. Hän noudatti Jumalan Sanaa ja rukoili kuumeisesti saadakseen selvyyden Jumalan tahdosta voidakseen toteuttaa sitä. Vuonna 1982 hän perusti Manminin Central Churchin Soulissa, Koreassa, ja siitä lähtien kirkossa on tapahtunut lukemattomia Jumalan töitä, parantumisia ja muita ihmeitä mukaanlukien.
Vuonna 1986 Dr. Lee vihittiin pastoriksi Korean Jesus' Sungkyul Churchin vuotuisessa kirkkokouksessa, ja neljä vuotta myöhemmin vuonna 1990 hänen saarnojansa alettiin lähettää Australiaan, Venäjälle, Filippiineille ja useisiin muihin maihin Far East Broadcastin Companyn, the Asia Broadcast Stationin ja the Washington Christian Radion Systemin kautta.
Kolme vuotta myöhemmin vuonna 1993 Christian World Magazine (US) valitsi Manmin Central Churchin yhdeksi "maailman 50:stä huippukirkosta", ja hän vastaanotti kunniatohtorin arvonimen jumaluusopissa Christian Faith Collegesta, Floridassa ja vuonna 1996 teologian tohtorin arvonimen Kingsway Theological Seminarysta Iowassa.
Vuodesta 1993 lähtien Dr. Lee on johtanut maailmanlaajuista missiota useiden kansainvälisten ristiretkien kautta jotka ovat suuntautuneet Yhdysvaltoihin, Tansaniaan, Ugandaan, Japaniin, Pakistaniin, Keniaan,

Filippiineille, Hondurasiin, Intiaan, Venäjälle, Saksaan sekä Peruun, ja vuonna 2002 Korean kristilliset sanomalehdet kutsuivat häntä "kansainväliseksi pastoriksi" hänen lukuisten ulkomaisten ristiretkien aikana tekemänsä työn johdosta.

Maaliskuussa 2010 Manmin Central Church on seurakunta joka muodostuu yli 100,000 jäsenestä sekä 9,000 koti- ja ulkomaisesta jäsenkirkosta kautta maailman. Se on lähettänyt yli 131 lähetyssaarnaajaa 23:n maahan, mukaanlukien Yhdysvaltoihin, Venäjälle, Saksaan, Kanadaan, Japaniin, Ranskaan, Intiaan, Keniaan sekä useaan muuhun maahan.

Tähän päivään mennessä Dr. Lee on kirjoittanut 60 kirjaa, mukaanlukien bestsellerit *Tasting Eternal Life Before Death (Ikuisen elämän maistaminen ennen kuolemaa)*, *My Life My Faith (Minun elämäni, minun uskoni)*, *The Message of the Cross (Ristin Sanoma)*, *The Measure of Faith (Uskon Mitta)*, *Heaven (Taivas) I & II*, *Hell (Helvetti)* sekä *The Power of God (Jumalan Voima)*. Hänen teoksiaan on käännetty yli 45 kielelle.

Hän on kirjoittanut kristillisiä kolumneja useisiin sanomalehtiin, mukaanlukien *The Hankook Ilbo*, *The JoongAng Daily*, *The Dong-A Ilbo*, *The Munhwa Ilbo*, *The Seoul Shinmun*, *The Kyunghyang Shinmun*, *The Hankyoreh Shinmun*, *The Korea Economic Daily*, *The Korea Herald*, *The Shisa New* ja *The Christian Press*.

Dr. Lee on tällä hetkellä usean lähetysorganisaation ja – seuran johdossa, mukaanlukien The United Holiness Church of Jesus Christ (presidentti), Manmin World Mission (presidentti), The World Christianity Revival Mission Association (pysyvä puheenjohtaja), Manmin TV (perustaja), Global Christian Network (GCN) (perustaja ja johtokunnan jäsen), The Worlds Christian Doctors Network (WCDN) (Perustaja ja puheenjohtaja), sekä Manmin International Seminary (MIS) (perustaja sekä johtokunnan jäsen.)

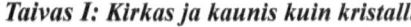

Taivas I: Kirkas ja kaunis kuin kristalli

Yksityiskohtainen luonnos ihanasta elinympäristöstä, josta taivaalliset kansalaiset nauttivat Jumalan kunnian keskellä ja kuvaus koko taivaasta, joka muodostuu viidestä tasosta taivaallisia valtakuntia.

Taivas II: Täynnä Jumalan ylistystä

Kutsuu sinut uuden Jerusalemin pyhään kaupunkiin, jonka kaksitoista porttia ovat tehdyt kimaltelevista helmistä, ja joka on keskellä laajaa taivasta kimaltaen loistokkaasti kuin hyvin arvokkaat jalokivet.

Helvetti

Rehellinen viesti koko ihmiskunnalle Jumalalta, joka toivoo ei yhdenkään sielun putoavan helvetin syvyyksiin! Tulet löytämään koskaan ennen paljastamattoman julmuuden todellisuuden manalan ja helvetin valtiaasta.

Minun Elämäni, Minun Uskoni I

Dr. Jaerock Leen omaelämäkerta, joka välittää lukijoilleen kauniin hengellisen aromin. Leen elämän on perustunut Jumalan rakkauteen hänen kerran koettua pimeyden tummat aaallot, sen kylmän ikeen ja syvimmän epätoivon.

Minun Elämäni, Minun Uskoni II

Lukemattomat ihmiset ovat maistaneet elämän sanaa ja ratkaisseet elämänsä ongelmia. Me näemme Jeesuksen elämän hänen uskossa ottamiensa askelten kautta, jotka hän otti katse ristiin suunnattuna.

www.ingramcontent.com/pod-product-compliance
Lightning Source LLC
Chambersburg PA
CBHW030405130626
46549CB00004B/1646